全国普通高等教育"十二五"规划教材

形势与政策

范小强　王红英　主编

中 国 林 业 出 版 社

图书在版编目(CIP)数据

形势与政策/范小强，王红英主编. —北京：中国林业出版社，2015.8
全国普通高等教育"十二五"规划教材
ISBN 978-7-5038-8116-9

Ⅰ.①形… Ⅱ.①范… ②王… Ⅲ.①时事政策教育－高等学校－教材 Ⅳ.①G641.41

中国版本图书馆 CIP 数据核字(2015)第 193356 号

中国林业出版社·教育出版分社

策划、责任编辑：许 玮

电 话：(010)83143559 传 真：(010)83143516

出版发行 中国林业出版社(100009 北京市西城区德内大街刘海胡同 7 号)
E-mail：jiaocaipublic@163.com 电话：(010)83143500
网 址：http：//lycb.forestry.gov.cn

经 销 新华书店
印 刷 北京宝昌彩色印刷有限公司
版 次 2015 年 8 月第 1 版
印 次 2015 年 8 月第 1 次
开 本 787mm×1092mm 1/16
印 张 14.5
字 数 326 千字
定 价 30.00 元

全国普通高等教育“十二五”规划教材

《形势与政策》编审委员会

编写成员名单

主　　编　范小强　王红英

副 主 编　王建利　李相阳

编写成员　（按姓氏拼音排序）

范小强　高建伟　李相阳

刘海燕　刘丽萍　马　宁

王红英　王建利　张彦敏

前言

党的十八大以来，以习近平总书记为核心的新一届党中央对意识形态工作高度重视，从坚持和发展中国特色社会主义的大局着眼，对意识形态工作进行了明确定位。越来越多的人认识到，意识形态工作是一项事关党的领导和社会主义政权建设全局、必须高度重视、一刻也不放松的特别重要工作。“形势与政策”是教育部确定的大学生日常思想政治理论课之一，是对大学生进行形势与政策教育的主渠道和主阵地，在引导学生正确认识国际国内形势、正确理解党和国家方针政策方面具有不可代替的重要作用，是培养大学生树立正确的价值观的重要课程之一。作为思想政治理论课程，“形势与政策”具有其特殊性，相比其他思想政治理论课程，全国高校对形势与政策课程的设置没有统一模式和固定体系，基于课程的特殊性和各高校的实际情况，本课程教材呈现出各高校自身的特色。

本教材坚持以马列主义、毛泽东思想、中国特色社会主义理论为指导，针对“形势与政策”课程的特点，并参照教育部每学期教育教学要点，从大学生的思想实际出发，结合农业院校学生专业特点编写，其目的是加强形势与政策教育内容的规范化、系统化和针对性。本教材围绕社会主义核心价值观教育、侧重介绍农业安全、农村土地政策、“三农”发展、都市农业等基本农业形势，同时重视依法治国、国家主权等重要内容的引导，教育学生在认识基本形势、掌握分析形势基本规律的基础上，学会分析和判断社会热点难点问题，从而正确理解和把握国家政策。本教材的相关内容，突出农业院校形势与政策教育教学特色，希望本教材能为大学生学习分析国内国际基本形势、理解和把握国家相关政策提供帮助。

本教材主要由北京农学院的教师编写而成，范小强和王红英担任主编，高东研究员对教材进行主审。各章撰写分工如下（按撰写章节先后为序）：

第一章 形势与政策基本理论　　王红英
第二章 高校形势与政策教育概述　　王红英
第三章 培育和践行社会主义核心价值观　　马　宁
第四章 凝聚中国力量 实现中国梦　　王建利
第五章 全面推进依法治国　　范小强
第六章 生态文明铸就美丽中国　　刘丽萍（北京林业大学）
第七章 中国海洋与海洋权益　　王建利

第八章 持续发展的中国“三农”事业　　李相阳
第九章 农业安全　　刘海燕
第十章 中国农村土地政策　　张彦敏
第十一章 发展中的北京都市现代农业　　高建伟

本教材在编写过程中，参考了大量书籍、网络资料，借鉴和吸收了国内国际专家学者的诸多观点和研究成果，在此表示诚挚的敬意和衷心的感谢。同时，本教材出版还得到了北京农学院、中国林业出版社的热情支持和帮助，在此一并致以衷心的感谢。

由于编者受研究能力、学术水平所限，教材难免有疏漏和不足之处，敬请同仁和读者批评指正，以便今后进一步修订和完善。

编　者
2015 年 5 月

目　录

第一章　形势与政策基本理论

古往今来，人们都很关注国内外政治、经济形势，日常工作、学习中既有科学分析形势、作出科学决策的典型事例，也有不少错误判断形势的历史教训。可以说，形势与政策的知识源远流长。当代大学生对形势与政策的认识和认同关系着国家发展，民族复兴，乃至世界和平发展。形势教育是帮助大学生认识国内外形势发展变化的教育活动；政策教育是帮助大学生理解党和国家的路线、方针、政策的教育活动；形势与政策教育引导学生正确认识世情、国情，只有认清形势与政策，才能增强大学生的忧患意识和使命意识，也才能少走弯路，健康成长。所以，作为思想政治理论课的重要组成部分，大学生必须掌握形势与政策基本理论知识，才能更好地分析形势，理解政策。

马克思主义理论，是我们这个“时代精神的精华”。马克思主义的形势观和政策观为我们科学地分析时代和形势，正确地制定政策和策略，提供了科学的世界观和方法论。

第一节　形势概述

当今世界，国际形势总体上趋向缓和，和平与发展仍然是时代主题，这个基本判断没有变，各国人民要和平、求发展的呼声正在倡导和形成许多新的人类价值观念，并逐步渗透到每个国家的社会生活和精神观念中，推动着人类社会的发展进步。但与此同时，冷战思想仍然存在，新霸权主义还在发展，天下仍不太平。

回顾 2014 年，从国际形势看，这一年并不消停，国际形势正继续发生深刻复杂变化，大国之间的战略对抗加剧，且越来越依赖军事力量的竞争，分离主义和恐怖主义呈上升趋势，世界多极化、经济全球化深入发展，文化多样化、社会信息化持续推进，中国、东盟、印度等新兴力量崛起催生新秩序，国际格局和国际秩序加速调整演变。世界各国正抓紧调整各自发展战略，推动变革创新，转变经济发展方式，调整经济结构，开拓新的发展空间。2015 年是特殊的一年，正值世界反法西斯战争(第二次世界大战)和中国人民抗日战争胜利及联合国成立 70 周年，大国关系的新演变成为“战后国际秩序”何去何从的重要看点。国际关系领域专家对2015年国际形势作出了相关判断：中俄、中日、中美三组大国关系引人注目；围绕全球治理，发达国家与发展中国家博弈继续加剧；让人忧虑的世界公共安全问题。中国大外交“稳中求进”，积极引领周边及国际秩序新变革。

从国内形势看，当代中国正处于深化改革开放、加快转变经济发展方式的攻坚时期，潜在挑战和困难更加凸显。那么，当代大学生如何才能洞察事物的本质，在纷繁复杂的局势中，正确认识和清醒判断不断变化的国内外形势，准确理解和把握政策，这需要掌握分析形势、把握政策所应具备的正确立场、理论依据和基本方法，学习形势与政策的有关基础知识。

一、形势的含义及其分类

（一）形势的概念

形势，是指客观事物发展的状态和趋势。在人类活动领域，形势是社会各领域事物的现状和发展态势的综合反映，即一定社会政治、经济、文化等领域静态和动态的统一，是现象与本质的统一，是各领域内部诸多因素的综合反映。

形势有“形”和“势”两层含义，第一层含义是指“形”，形是客观事物发展的现状，即客观事物在某一阶段、某一时期或某一区域所表现出来的外在形象，这是事物的静态状况。第二层含义是指“势”，势是客观事物发展的趋势，即事物在发展变化过程中的某一阶段、某一时期或某一区域呈现出来的某种趋势，这是事物的动态状况。因此，形势是客观事物静态和动态、现状和趋势的统一体。看形势，既要看当前的静态表象，也要透过表象看由于各种因素影响将出现的发展趋势。

（二）形势的分类

世界是丰富多彩的，形势的类别也是多种多样的，按照不同的分类标准，形势可以划分为不同的种类。

1. 从地理空间的角度划分

可以分为国际形势、地区形势、国内形势等，而国内形势又包括内地形势、沿海形势、特区形势、省市自治区形势、农村形势、工厂形势、学校形势等。

2. 从发生时间的角度划分

可以分为过去形势、当前形势、将来形势。过去形势是指过去已发生的有定论的形势；当前形势分为两种情况，一种是正处于发展过程中、情况尚不完全明确的形势，另一种是发展现状明确的形势；将来形势是指超前预测的发展趋势等。

3. 从具体内容的角度划分

可以分为政治形势、经济形势、军事形势、外交形势、文化教育形势、科技形势等。政治形势即社会管理形势，具体包括政治思想、政治文化、政治制度等。经济形势又可以细分为工业形势、农业形势、商业形式、金融形势等。

4. 从作用层次的角度划分

可以分为主要形势和非主要形势、基本形势和非基本形势、全局形势和局部形势、一般形势和特殊形势等。

形势作为社会各领域事物现状和发展态势的综合反映，各种形势之间是相互联系的，不存在某方面孤立的不受其他方面影响的形势，并且，在各方面形势中必定有一方起着主导作用，这种起主导作用的形势往往决定着全局形势的发展趋势。因此，形势分类要注意区分主次，注意相互间的交叉，不能截然分开。

我们在考察形势时应进行综合分析，形势的发展受诸多因素的影响和制约，致使形势有时发展变化无常，异常复杂，但人们在形势分析中总可以抓住某些关键因素，对形势发展做出较为科学的判断。形势的发展变化又是动态连续的，对现状的分析总是建立在对过去研究的基础上，而对未来形势的预测也是以现状分析为依据的，所以，了解形势其实就是认识其过去、现在以及分析其将来状况的活动，充分认识形势的基本特征，有利于我们正确分析、判断形势，把握机遇，因势利导，真正做到审时度势。

二、形势的基本特征

形势变化无常，但也是有规律可循的，形势具有以下基本特征：

(一)客观性与可知性

我们在生活中经常发现，形势的出现和发展是不以人的意志为转移的，无论我们主观上承认与否，它都是客观存在的，这就是形势的客观性特征。形势的客观性是指形势具有独立于人们意识之外的不以人们的意志为转移的基本属性，形势的发展变化有其自身的规律。可知性是指形势的发展变化的规律是可以被认知的。认识到形势的客观性和可知性特征，可以帮助我们从实际出发，正确地对待人生的境遇，无论顺境或逆境，要实事求是地对形势作出客观正确的判断，把握形势发展的规律，充分发挥人的主观能动性，始终保持冷静的头脑和前进的动力，促使形势朝着有利的方向发展。

(二)变化性与相关性

形势总是处于不断的连续变化之中，今天的情况是由昨天的形势演变而来的，明天的形势又是从今天的形势顺序发展的结果，这是形势的变化性特征。所谓有“果”必有“因”，各类形势之间，形势的不同内容之间以及影响因素之间都是相互关联的，没有孤立的形势。形势的相关性是指在时空和内容上具有相互联系、相互影响的性质。这种形势的相关性表现在三个方面：从时间顺序上，未来的形势是由当前形势、当前形势是由过去形势发展变化而来的，过去的形势对当前形势、当前形势对未来的形势有影响；在空间范围上，国际形势与国内形势，全国形势与省市形势，全局形势与局部形势之间互有联系。在内容上，政治形势与经济形势，工业形势与农业形势诸方面也是互相联系的。认识形势的变化性与相关性特征，可以帮助我们正确的判断，没有一成不变的形势，但也不是没有规律可循，我们可以“以史为鉴”，从变化中寻找形势的发展轨迹，总结出可以把握的规律。

(三)规律性

形势的规律性是指形势具有本质的、必然的、内在的联系，而这种联系又表现一定的规律性。认识形势的规律性，就是要求人们在观察形势和制定政策时必须用联系的观点，努力使自己的方针、政策符合形势发展的客观规律，减少工作的盲目性，引导形势向好的方向发展。

(四)前进性与曲折性

这是形势的时间特征——在不同时期、不同阶段，形势会表现出一定的差别，因为形势在不断的发展变化，总要从一个阶段发展到新的阶段。前进性是指形势发展比较顺利，朝着有利方向发展的状态，是形势基本的、主导的方面。曲折性是指形势发展过程中顺利局面的暂时中断，出现反复甚至倒退的状态。就形势发展的总过程而言，形势的曲折性只是历史发展过程中的一股逆流和漩涡，终究改变不了历史长河的滔滔东流。前进性和曲折性的对立统一，是事物发展波浪式进程的表现。因此，我们在顺利时一定要保持清醒的头脑，未雨绸缪，防患于未然；在处于逆境和挫折时，又要增强信心，鼓足勇气，去迎新新局面的到来。

充分认识形势的基本特征，对于开展分析形势、把握政策的有关训练具有重要的现实意义。

三、观察分析形势的马克思主义立场、观点、标准和基本方法

(一)坚持以马克思主义的基本立场观察分析形势

1. 立场的含义

观察形势，首先必须有一个正确的立场。什么是立场？立场一般是指观察和处理问题时所处的地位和所持的态度，即站在谁的角度上来看问题。看问题的立场关系到能否正确观察形势，能否抓住形势发展的主流和本质，从而也关系到人们的行为是顺应历史潮流而动，还是阻止形势向好的方向发展。

2. 正确的立场是观察和分析形势的根本要求

马克思主义认为，立场问题至关重要，评价形势的立场不同，直接决定人们对待形势的态度也就不同，有的说“形势好得很”，有的说“形势糟得很”，都反映了看问题的立场问题。毛泽东在1927年撰写《湖南农民运动考察报告》中写到，农民运动“从中层以上社会至国民党右派，无不一言以蔽之曰：‘糟得很’”，但“你若是一个确定了革命观点的人，而且是跑到乡村里看过一遍的，你必定觉到一种从来未有的痛快。”“农民的举动，完全是对的，他们的举动好得很!”，“糟得很”与“好得很”是“立场”问题，认为“糟得很”是站在地主阶级立场上否定农民

运动的理论，而站在农民的立场上看问题，则是“好得很”。这就说明，由于立场不同，对同一客观形势，往往会得出不同的结论，甚至完全相反的结论。由此可见，对于社会形势的认识，观察者的基本立场是至关重要的。立场不同，分析形势的结论就不同，错误的立场甚至会导致比无知离真理更远的错误结论。因此，观察分析形势首先必须解决立场问题。正确的立场，就是人民根本利益的立场、党的立场，这是正确观察和分析形势的根本要求。

3. 当代大学生必须以正确的立场认识和分析形势

大学生是中国特色社会主义事业的接班人，要自觉地、坚定地从正确立场出发观察和分析形势，正确的立场在哪里？我们所应采取的正确立场，就是马克思主义的立场，即最广大人民群众的立场。当今我国正处在改革开放、发展中国特色社会主义事业的关键时期，我们的政治立场就是要坚持四项基本原则，坚持改革开放，坚持稳定发展的大局，坚持维护祖国领土完整和统一的中华民族大众的根本利益，时刻以这一立场为出发点去正确地认识分析形势，否则，站在错误立场上必将得出错误的结论，甚至与人民为敌，害人害己。

4. 大学生应加强学习，树立正确的立场

正确的立场从哪来？大学生要通过认真的学习和理性的思考来确定自己的立场，马克思主义关于立场问题的基本原理并没有过时，马克思主义的基本立场和观点是我们观察形势、制定政策的指导理论，大学生必须认真学习、掌握马克思主义的有关理论和方法，才能指导自己提升认识问题、解决问题的理性思考能力和综合素质，也才能指导自己在认识规律、把握规律、运用规律的基础上更好地改造客观世界和主观世界。大学生只有认真学习马列主义、毛泽东思想和中国特色社会主义理论体系，才能树立正确的政治立场。毛泽东思想和中国特色社会主义理论体系是当代中国的马克思主义，是我党在新民主主义革命时期和建设时期和改革开放时期运用马克思主义的立场、观点和方法解决中国问题的思想结晶，是当代鲜活的马克思主义，对大学生树立正确的立场具有现实的指导意义。

（二）坚持以马克思主义的基本观点观察分析形势

唯物主义辩证法和唯物史观是马克思主义理论的重要基本观点，也是我们分析形势认识形势应当坚持的基本方法。观察分析形势应遵循的马克思主义基本观点如下。

1. 坚持实事求是的观点

实事求是是观察分析形势的基本原则。这一原则要求我们要从实际情况出发，探求形势发生发展的规律，按客观规律观察和分析形势，充分体现了马克思主义唯物辩证的思想方法，是党的思想路线的核心、毛泽东思想的精髓。只有坚持实事求是的基本观点，才能透过纷繁复杂的现象世界，抓住事物的本质，对形势有正确的判断和分析。实事求是是正确分析形势的基本观点。

2. 坚持普遍联系的观点

要正确认识形势，就要注意事物的联系，事物间的联系具有普遍性、多样性和相对独立性。用联系的观点观察形势，就是从事物固有的联系中去把握形势，切忌主观随意性。还要对不同的联系进行具体分析，防止简单化，反对形而上学的孤立静止的观点。同时，还要考虑到事物的普遍联系中有相对独立的系统、考虑到事物在普遍联系中各种条件的作用，只有这样，才能对形势做出符合实际的正确判断。因此，联系的观点是正确认识形势的基本前提。

3. 坚持发展的观点

要正确认识形势，既不能否认事物发展过程的变化性，把运动发展着的事物凝固化，又不能否认具体事物在一定条件下的相对稳定性，把事物看得瞬息万变、不可捉摸；还要注意事物发展的渐进性和飞跃性。只有这样，才能从动态中和本质上正确认识形势。因此，发展的观点是把握形势的思想指导。

4. 坚持全面的观点

要正确认识形势，就必须学会全面地看问题，不能盲人摸象，只抓住一个局部、一个侧面，或者一段时间、一个时期就片面地概括整个形势。要从总体上把握形势的特点、分清本质和现象、主流和支流，对形势形成正确的认识。全面性的观点可以使我们防止由于片面性导致的错误并防止僵化的认识和分析形势。因此，全面的观点是分析形势的根本要求。

用实事求是的观点分析形势，既要坚持唯物主义又要坚持辩证法的基本观点，同时，在观察分析形势时必须用联系的观点、发展的观点和全面的观点，才可能得到正确结论。

(三)判断形势的标准

观察分析形势除了要解决立场、观点问题外，还必须掌握判断形势的客观标准。这个客观标准就是生产力标准。

1. 生产力标准是衡量社会发展形势的根本标准

生产力标准即生产力的发展是社会进步的根本标准。生产力是一切社会发展的最终决定力量，以是否促进生产力的发展作为观察形势的标准，就是指以有利于生产力的发展为尺度去考察社会政治、经济等各种现状，以判定社会进步程度和形势好坏。毛泽东曾经指出，“中国一切政党的政策及其实践在中国人民中所表现的作用的好坏、大小，归根到底，看它对中国社会的生产力的发展是否有帮助及其帮助之大小，看它是束缚生产力，还是解放生产力”。只有坚持这一标准，千方百计发展生产力，社会主义才具有生机与活力。

将生产力标准作为衡量社会发展形势和党的政策根本标准的原因是：第一，生产力是社会发展的最终决定力量，生产力的发展水平决定社会发展的程度。第二，生产力是衡量一个社会发展形势的客观物质力量，是推动社会发展的最积极、最活跃、最革命的因素。第三，生产力是衡量人类社会进步的标志，生产力发展水平决定人类社会进步的水平。

坚持生产力标准，必须防止把生产力标准庸俗化，必须全面、科学把握生产力标准：第一，要看是否有利于物质财富的增长和劳动生产率的提高；第二，要看是否有利于劳动者素质的全面提高和发挥；第三，要看是否有利于人的活动、实现人的全面发展，和生态环境的平衡与和谐。此外，还必须对生产力的发展水平给予历史的考察，否则观察形势就会得出错误的结论。

2. 评价形势的标准是一个综合指标体系

生产力的发展是衡量形势与政策的根本标准，但不是唯一标准。社会形势实际上是以生产力为基本内容的，包括社会性质(生产关系、经济基础、上层建筑)以及其他各种社会因素的综合反映和综合发展态势，它既包括生产力发展程度，还包括经济、政治、思想、文化、道德、军事、科技、外交等各个方面的发展程度。因此，判断形势好坏，不仅要看生产力是否发展了，还要看社会精神文明是否上去了，社会治安状况，人民的教育水平、文化素质，社会风尚，道德风貌，人们的思想观念，意识形态进步与否等等，其中最为重要的是人民利益标准，要看人民生活改善的速度、人民得到实惠的程度。只有掌握了社会各个方面大量准确的事实，建立一个全面的、科学的评价形势和综合指标体系，并以此为参照，才能对社会形势做出恰如其分的正确评价。

(四)正确分析形势的基本方法

正确分析形势，就是根据实事求是原则，按照判断形势的客观标准，采用正确的分析方法对客观事物的现状和发展趋势进行科学的分析和认识，从中找出其内在的、本质的、必然的联系的一种实践活动。分析形势的基本方法主要有以下几种。

1. 矛盾分析方法和阶级分析方法

矛盾就是对立和统一，就是运用马克思主义的对立统一规律，在对立中把握统一，又在统一中把握对立，坚持一分为二地看问题，坚持具体问题具体分析，善于在对立面的统一中把握矛盾的各个方面，抓事物的主要矛盾和矛盾的主要方面，研究矛盾的普遍性和特殊性。矛盾分析法是我们认识事物、解决矛盾的根本方法。我们观察分析形势，就是要承认矛盾、分析和解决矛盾，以推动事物的不断发展，达到对形势的正确认识。

阶级分析方法就是用马克思主义的阶级观点，从阶级对立和阶级斗争的角度分析社会现状和历史现象的方法。只有用阶级分析方法去分析阶级社会中的社会问题和社会形势，才能透过错综复杂、千变万化的社会现象，看到社会生活的本质，掌握社会发展的客观规律，认清形势的本质和主流以及历史发展的总趋势。坚持阶级分析方法，首先，就要分析各阶级在一定生产关系中的经济地位及不同阶层的差别和矛盾，这是分析形势、制定政策的基础。其次，要分析各阶级的政治立场和意识形态及其力量对比的变化。这是及时准确地把握阶级关系和阶级力量对比的变化，正确分析形势、区分敌友、制定和调整党的路线、方针和政策的重要保证。第三，还要认真分析社会主义初级阶段阶级斗争的新特点。既要反对阶级斗争扩大化，又要反对阶级斗争熄灭论的观点，从社会主义初级阶段阶级斗争特点出发去分析和观察形势。

2. 归纳法和演绎法

归纳法是一种由个别到一般的论证方法，它通过许多个别事实，然后归纳出它们所共有的特性，从而得出一个一般性的结论。在社会形势方面，通过对各类、各方面形势的观察归纳，可以从中提炼出对形势的总体估计，并从中引出形势发展的固有规律性。

演绎法是从普遍性结论或一般性事理推导出个别性结论的论证方法，是从真实的前提中一定能得出真实结论的一种必然性推理，是人们作出科学预见的一种手段，因而也是科学认识形势的一种十分重要的方法。

归纳和演绎是相辅相成的。演绎必须以归纳为基础，归纳必须以演绎为指导，它们相互联系、相互补充，推动人们认识的不断深化。

3. 分析法和综合法

分析法就是通过对事物原因或结果的周密分析，从而证明论点的正确性、合理性的方法。通常的做法是把整体分解为部分、把复杂的事物分解为简单要素分别加以研究。应用分析法分析形势，必须从分析主要矛盾出发，如果各方面的情况有利于主要矛盾的解决，说明形势是好的。反之就说明形势的发展存在问题。认识不能只停留在分析上，而必须把分析和综合统一起来。

综合法是把对象的各个部分、各个方面和各种因素联结起来总体考虑的一种方法，是把对象的各个本质方面按其内在联系有机地结合成一个统一的整体。综合法与分析法相辅相成，既分析形势的各部分的因素，也把握了形势本来的联系，揭示了其分割状态下不曾显现出来的整体特性。

认识过程是分析和综合的辩证统一。分析是综合的基础，综合是分析的完成。只有把分析和综合结合起来，才能组成一个完整、科学的方法。如果离开二者的结合，那就无法正确认识和观察形势。这是正确认识形势最起码的一般方法。

4. 比较法和分类法

比较法是确定研究对象之间差异点和共同点的一种方法。认识形势离不开比较的方法。形势的比较一般有空间上的横向比较和时间上的纵向比较。横向比较是在同一时期内将一个国家与其他国家的情况作比较，纵向比较是在不同的历史时期与自身的情况作比较，而这两方面的比较往往是结合使用的。运用比较方法，可以对客观事物进行定性鉴别和定量分析，可以揭示出事物不易直接观察到的运动和变化，可以对理论结果与观察事实是否一致作出明确的判断。

分类法是根据对象共同点和差异点，将对象区分为不同种类的方法。分类以比较为基础，根据共同点将事物归成较大的类，根据差异点将事物分成较小的类。以比较为基础的分类，可以使人们对形势获得更为深刻的认识，主要的任务在于探索造成差异的原因，对比较的结果进行归类，使大量繁杂的材料条理化、系统化，为进一步的探索研究创造条件，增强科学预见性，为人们提供认识上的向导。

比较和分类是认识事物的两种基本方法，比较是分类的前提，分类是比较的结果，有比较才能鉴别，这是认清形势的本质和主流最重要的方法。

5. 实践调查方法

实践调查方法，是指人们在实践中对客观实际情况的调查了解和分析研究。观察分析形势必须通过实践调查获得丰富的第一手材料，然后经过“去粗取精、去伪存真、由此及彼、由表及里”的加工制作，使感性认识上升到理性认识，这样才能对形势得出比较正确的结论。

调查按其对象的广泛程度，可分为普遍调查、典型调查和抽样调查。

普遍调查就是把有关范围内的所有对象都逐一进行调查。这类调查的好处是周密、详细、完整，具有普遍性，局限是由于点多面广，对每个对象只能提出很简单的问题，并且很多问题无法深入了解，得不到许多生动的材料。

典型调查是从有关范围内所有的对象中选出几个典型例子进行分析研究。这类调查的优点是了解的情况生动具体，对问题的研究深入细致，调查的方法灵活多样，投入的人力和经费也比较经济，缺陷是典型毕竟不能代表全体，也不能把对典型调查的结果推论到全体，并且如果典型选择不当，还会失去典型的意义。

抽样调查是从调查总体中选择若干样本作调查，然后把对样本调查的结果推及总体。抽样调查一般是以概率论为基础进行的抽样，这种方法简便易行，较为科学可靠。调查的方式可因时因地因事制宜，一般有开调查会、收集书面材料、参观访问、口头询问、直接观察以及利用各种会议附带调查等多种方式。

实践调查应把握好材料的收集、整理和使用三个环节。即收集材料要辨别真伪，力求翔实可靠；整理材料要简明具体，做好整理分类；使用材料要目的明确，做到审查慎用。只有把握好这三个环节，才能从大量客观材料中引出正确的结论。这是正确分析形势最可靠的方法。

上述方法仅是分析形势的几种常用的方法。需要指出的是，任何方法都不是万能的，都有一定的局限性，因此，我们在运用上述方法时，还必须注意学习和借鉴现代综合性学科的观点和方法，如系统论、信息论、控制论、情报学等的观点和方法，积极采用先进的现代科学技术手段，如计算机和现代通讯技术等手段，并注意这些方法的灵活掌握，综合运用。例如，在归纳中就要运用分析（在分析的基础上进行归纳），比较又有赖于综合（综合出整体特征后才能进行正确的比较），至于实践调查就更是各种方式方法的综合性运用。

四、正确分析判断形势的重要作用

无论是一个人还是一个单位，无论是一个政党还是一个集团，无论是一个民族还是一个国家，凡是能取得胜利的，都是对形势正确地分析、判断的结果；凡是遭受挫折的，都是对形势错误地分析、判断的结果。

第二节 政策概述

一、政策的含义、分类与基本特征

(一)政策的含义

1. 政策的概念

在古代，政策就是管理的谋略。在当代，政策是国家、政党为实现一定历史时期的奋斗目标或完成一定任务而制定的行动依据和准则，是领导和管理社会的手段。政策属于上层建筑范畴，由经济基础决定并为经济基础服务，其本质是阶级利益和阶级意志的体现，具有强烈的阶级性。正如孙光在《政策科学》里所说，“政策是国家和政党为了实现一定的总目标而制定的行动准则，她表现为对人们的利益进行分配和调节的政治措施和复杂过程”，政策的实质是阶级利益的观念化、主体化、实践化反映。

政策与路线、方针有着十分密切的联系。政策是在路线、方针的指导下而制定的，受路线、方针的制约，并为路线、方针服务。人们有时把总路线或基本路线称之为总政策，在实际工作中又常常把路线、方针、政策分开使用。

2. 政策必须具备的要素

政策必须具备四项条件，即主体、对象、内容和作用。政策的主体是指政策的所属，回答是谁制定的政策，它不仅包括政党、国家，而且包括所有国际国内可以制定政策的组织，如政党政策、国家政策、国际组织政策等。政策的对象是指政策的适用范围，回答政策针对何事何物，如农业政策、外交政策、对外开放政策等。政策的内容是指政策解决什么问题，如路线、方针、原则、谋略、措施、对策等。政策的作用是指政策的效力，如政策的指导性、规范性等。

(二)政策的分类

政策总体说来是一个既相互联系又相互区别的体系。政策从范围和结构上看是多层次、多侧面的，从作用上看是多功能的。据此，政策按不同属性可分为如下类别。

1. 从范围上看，政策有广义和狭义之分

广义的政策包括总政策、基本政策、一般政策、具体政策和具体政策规定，狭义的政策仅指各项具体政策。

总政策是政策体系中总的政策，它在多项政策中起统帅作用，居于政策体系中的最高层次，是国家和政党在一定历史时期所确定的总的行动准则。在我国，总政策和总路线、总方针、总任务常常通用，是指导一定历史时期全局性活动的高度原则性指针，具有较强的稳定性。十一届三中全会以后，党在新时期的总政策或基本路线是“领导和团结全国各族人民，以经济建设为中心，坚持四项基本原则，坚持改革开放，自力更生，艰苦创业，为把我国建设成为富强、民主、文明的社会主义现代化国家而奋斗”。

基本政策是某一领域或某一个大的方面的最高层次政策，是该领域全局性、战略性的政策。基本政策是总政策的具体化，是具体政策的原则化，是连结总政策和具体政策的中间环节，一般具有较强的稳定性。在我国，基本政策有时又称根本政策、基本国策等。党和国家在许多领域和大的方面，例如经济、科技、文化、教育、民族、军事、外交、统一战线等领域，都有自己的基本政策。

具体政策是基本政策的具体化，是为了贯彻基本政策而制定的具体行动准则。它体现和服从于总政策和基本政策，是实现基本政策的手段和方法。具体政策内容极其广泛，涉及面很宽，而且一般都用文件形式作出具体规定。执行政策往往直接体现在执行具体政策上。具体政策是相对总政策和基本政策而言的，具体政策又可以分为若干等级层次，如按劳分配政策和工资政策同属于具体政策，但前者相对于后者来说是高一层次的根本性政策，而后者则是从属于前者的次一层次政策。

具体政策规定是在政策实施中对具体政策所作的有关界限的规定。它对政策的实施可以起到强化和细化的作用。具体政策规定的内容十分丰富。还包括政策性措施等，例如，实施政策的细则的方法、步骤，以及政策的工作措施等。

可以这样认为，路线相当于高层次的广义政策，方针相当于高层次的狭义政策。平时人们并列提及路线、方针、政策时，并不意味着路线、方针、政策不属于同一个范畴，相反，它们之间不过是大政策与小政策，总政策、基本政策与一般政策、具体政策，在政策集合体内部的层次关系。在实际运用上，哪些叫路线，哪些叫方针，哪些叫政策，并无严格的界限。有些大的政策原则叫方针，如“双百”方针、教育方针等。有的既可以叫方针，又可以叫政策，还可以叫路线。如“改革开放”叫路线、方针、政策都可以。在一般情况下，可以把路线、方针、政策统称为政策。

2. 从纵向上看，政策按层次可分为宏观政策和微观政策

宏观政策是带有全局性的、考虑长远利益的政策，它是阶级、政党、国家在一定历史时期的总路线、总方针、总政策和总目标，是政治利益与经济利益最集中最根本的体现，社会各阶级、各政党、各集团，都要受宏观政策的支配和指导。

微观政策是局部的、考虑目前利益或某一方面利益的政策，它隶属于宏观政策，由宏观政策决定，并为宏观政策服务，是实现战略任务的手段和方式。宏观政策与微观政策是相对的，在一定范围内的宏观政策，在另一范围可能会成为微观政策，反之亦然。

3. 从横向上看，政策按领域可分为对外政策和对内政策

对外政策是党和国家处理国家之间和政党之间关系的行动准则。对内政策是党和国家领导自己内部各方面工作的行动准则，它包括对内的各种行业性政策。

具体讲，我国的对外政策，在国家关系上是独立自主的和平外交政策，这个

政策要求我们坚持对外开放、坚持反对霸权主义和维护世界和平，以和平共处五项原则为基础，发展同世界各国的友好合作关系；在政党关系上是独立自主、完全平等、互相尊重和互不干涉内部事务的原则。

对内政策的各种行业性政策，可分为经济政策、政治政策、社会政策、科技政策、文化政策、教育政策、军事政策等。其中每一类又可以分为若干子类。如经济政策可以分为产业政策、财经政策、价格政策、外贸政策、税收政策、商业政策等。此外，随着改革开放的日益深化，我们党和国家还制定了一系列特殊的新政策，如经济特区政策，“一国两制”政策等。

4. 从作用上看，政策还可分为鼓励性政策和限制性政策

鼓励性政策在于扩大人们行为的选择范围，它是一种带有奖励手段的、激励人们朝着某一方向努力的政策。这种政策以调动人们的积极性、促进某项事业发展为目的，具有诱导功能。鼓励性政策是一种人们比较容易接受的政策。在执行这类政策时应当根据实际情况，在其许可的范围内用够用足，看准了的就大胆地闯、大胆地干，要从实际出发，敢于探索。

限制性政策在于限制人们的选择范围，它是一种带有警戒性质的、限制人们某种行为的政策。一般说来，与鼓励性政策相比，这种政策以限制人们某种行为为目的，具有抑制功能。由于限制性政策限制人们行为的选择范围，政策要求与政策对象之间存在矛盾，因而容易受到各种抵制。在制定和实施限制性政策过程中，必须堵塞政策漏洞，防止钻政策空子、躲风头等不良行为，消除“上有政策、下有对策”的现象。

（三）政策的基本特征

1. 原则性与灵活性

政策作为一种行动准则，体现了事物的本质和规律，具有高度的原则性。任何组织和个人，都必须坚持维护政策的权威性和严肃性。政策的灵活性是指允许人们在基本政策的指导下，可以因时因地，制定一些具体的、灵活的政策，执行政策时也能体现一定的灵活性。

2. 现实性与长远性

所谓现实性，就是政策要指导现实，能够把现阶段党和政府的纲领、任务付诸实施，变为现实。当然，政策的现实性决不等于政策的临时性，不是权宜之计。政策的制定和实施，不仅要着眼于现实，而且也要着眼于长远，着眼于长远任务的完成，要把现实性与长远性结合起来，既要注意现实任务的完成，又要注意长远目标的实现，注意政策的前后衔接，保持政策的连续性。

3. 稳定性与可变性

政策应具有相对的稳定性，政策的稳定性是稳定社会、稳定人心、促进社会经济持续发展的保证。但是，政策又具有可变性，必须根据形势的变化和实践的检验，坚持正确的政策，完善不足的政策，改变错误的政策，废弃过时的政策。政策是稳定性和可变性的辩证统一，它要求人们在理解和执行基本路线即总政策

时，注重其稳定性的特征，比如我们强调坚持党的基本路线一百年不动摇，就是强调党的总政策要稳定，但在具体的政策上则要根据变化了的客观实际不断加以调整，以适应经济社会发展的需要。

二、制定政策的科学依据、原则

（一）制定政策的科学依据

1. 制定政策必须从国情出发，以客观形势为依据

制定政策，坚持从国情出发、从实际出发，就可以避免主观主义错误，从而确立一个正确的出发点和立足点。我国制定内外政策的客观事实依据，就是中国的国情，即中国的经济状况、政治状况、阶级关系、人口状况、自然资源状况、科技文教状况、社会性质状况，以及我们所处的国际环境等。准确地审时度势，才能制定出正确的路线、方针、政策，从而推动形势向好的方向发展。

2. 制定政策必须以科学理论为指导，按客观规律办事

马克思主义科学理论是指导我们制定政策的理论依据。党的十一届三中全会以来，我们党把马克思主义与当代中国实际和时代特征相结合，开辟了中国特色社会主义道路。党的十八大阐明了科学发展观与马克思主义一脉相承，是中国特色社会主义理论体系最新理论成果。在制定政策时以科学理论为指导，就是以马克思主义和中国特色社会主义理论体系为指导，全面贯彻科学发展观，使政策尽可能符合客观规律、反映事物本质，在实践中产生更好的实效。

3. 制定政策必须从人民利益出发，坚持以人为本，促进科学发展

政策只有符合人民的利益，才能调动群众的积极性，才有利于社会的发展，这是党和国家制定政策的出发点和归宿。实践证明，十一届三中全会以来的路线、方针、政策，给广大人民群众带来了看得见的实惠，发展为了人民、发展依靠人民、发展成果由人民共享，这些政策切实符合人民群众的根本利益，得到人民群众的衷心拥护，激发了广大人民群众的积极性。

（二）制定政策的基本原则

1. 坚持实践性和群众性原则

群众性、实践性是制定政策的一个根本原则，离开了人民群众，离开了人民群众的伟大实践，就无法制定出正确的政策。到群众中进行深入的调查研究，掌握足够的、准确的信息，调查研究就是从群众手中获取准确的第一手材料，这是制定政策的基础性工作。尤其要注意倾听与政策内容有关的地区和部门的群众意见，以便确定最佳方案或完善政策。

2. 坚持民主化和科学化的原则

决策民主化，是指在制定政策的过程中，要坚持民主原则，发扬民主作风，善于广泛听取各方面的意见，包括不同意见和反对意见，能够集思广益，集中大家的智慧，反复研究，反复比较，才能使集体智慧得到充分发挥，制定出正确的

政策。在顾全大局的前提下，充分发挥各个社会成员的积极性和创造性。决策科学化，是指运用有关科学方法，力求使决策更完备、更正确、更能反映客观事物的规律性。决策民主化是决策科学化的保证，决策科学化则是决策民主化的结果。

3. 坚持可行性和实效性的原则

政策制定和实施的首要目的，是为了要把党和国家的目标、任务变成现实，为此，制定政策必须注意对政策所要指导的某个事物、某项工作的发展趋势作出正确的预测评估。只有对未来趋势、发展规律把握得好，才能使政策现实可行。此外，政策的可行性还包括政策既要有一定的超前性，但又不能脱离群众的认识水平和物质制约水平，同时还要考虑执行起来易于操作。因此，制定政策必须在可行性上特别是在政策的可操作性上下工夫。

政策一经实施就必将产生一定实效，为增强政策的实效性，必须加强政策的预测性研究，做好新政策需求趋势的预测，根据形势发展，及时和适时地制定相应的新政策，以便及时解决刚刚出现或将要出现的问题。

4. 坚持系统性和连续性原则

政策的系统性，是指政策的各层次、各类别之间，相互作用、相互依赖，共同结合成具有特定性质和功能的有机整体的特性。制定政策时，要注意从系统的观点出发，做到统筹兼顾，全面安排，使政策配套，既有指导大系统的总政策，又有指导分系统的具体政策，各项具体政策都为完成大系统总政策中的总目标服务，这样，政策才能组成一个配套的有机整体，形成强大的合力。

政策的连续性，就是前后政策内容的继承性、一贯性。政策的可靠性，有效时间的持久性，是政策稳定性的动态表现。政策是否有连续性，关系到国家政局的稳定和经济的发展。诚然，政策要依据形势的变化而发展，但一般不应全盘否定前一政策，而要保持前一政策的合理内容。“政策不稳，人心不定”。政策的连续、稳定，可取信于民，取信于国际社会，有利于国内经济的发展和局势的稳定，有利于国际交往。

三、制定政策的一般程序

(一)明确问题，确定目标

明确问题、确定目标是制定政策的起点。要求首先把问题搞清楚，进而确定要达到的目标。只有经过细致的周密的观察了解，才能在诸多问题中抓住所要解决的主要问题，并对其性质、特点、范围、症结、缘由及其发展过程作出科学的分析，从而确定正确的、包含一定质和量要求的奋斗目标。因此，在制定政策时，领导必须掌握全面情况，采取专家与群众相结合的方法，听取各方面的意见，群策群力，慎重决策。

(二)调查研究，拟定方案

问题明确，目标确定之后，就要深入实际进行调查研究，搜集各方面资料，认真分析所要解决问题涉及的各种因素和条件。调查中，要坚持实事求是的态度，克服主观主义、片面性和绝对化，注意运用现代化手段和方法，通过抽样调查、数据分析、模型推导等办法，搜集和筛选资料，分析研究实际情况，为宏观决策提供有效的依据。

在此基础上，拟定出实现目标的政策方案。在制定政策方案时，通常要设想和拟制多种方案，以便决策时进行利弊得失的权衡比较。只有经过反复调查、反复锤炼，从不同角度和多个方面拟订出若干方案，并对各个方案及其实施细节进行科学的预测评估，才能为下一步的论证决策打下良好基础。

(三)科学论证，择优决策

论证择优是制定政策的关键。为了避免政策失误，必须对拟制定的政策方案进行反复论证的择优决策。所谓论证就是对方案的技术可行性和经济、政治上的效益性进行分析、比较、权衡，为选出最佳方案提供依据。论证可以从多方面进行，既可以理论推导论证，也可以事实列举论证，还可以类比、差比论证，以及把几个方面结合起来论证。在论证中，既要考虑政策自身的内在因素，又要考虑外部的相关因素，在反复论证的基础上，从诸方案中选出最佳方案，或者综合一些方案的优点形成新的最优化方案，然后将选定的方案送决策机关进行决策。

为了保证决策的科学化，必须坚持决策的民主化，即提出问题、确定目标、制定方案、直到最后决策，都必须按一定的民主程序进行，必须坚持从群众中来，到群众中去的路线，最后由决策机关研究决定，选定的政策方案就成了即将颁布实施的政策。

(四)试点验证，反馈信息

试点验证、反馈是制定政策的要求。经过抉择和决策之后，选定的政策方案就成了政策，就可以付诸实施了。

但由于我国是实行集中统一领导的社会主义国家，重大决策往往驾驭全局，决定着各方面、各部门、各地区的发展方向，关系到人民的切身利益和国家的前途命运，因此，为了尽力避免不必要的失误和偏差，在重大决策全面实施前，可先采取局部试点的办法加以验证，取得经验后，再普遍推广。

政策实施以后，还要注意搜集政策执行情况，根据各种反馈信息，不断总结经验教训，作出追踪决策，并及时作补充、修正或局部调整，使之不断完善。

四、检验政策的客观标准

客观形势是检验政策的唯一标准。政策是否正确，是否符合客观实际，政策本身是无法检验自己的。检验政策符合客观实际的程度、判断政策是正确还是错误，只有根据政策颁行之后对形势带来什么样的影响和后果才能说得清楚。

政策实施中，最容易暴露问题、发现问题。因此必须在实践中，用客观形势对政策进行检验，通过收集情况、反馈信息、补充调整来完善甚至改变政策。即使经过局部试点付诸全面实施的政策，也仍然存在接受实践检验的问题。这是因为“点”相对于“面”来说，既有共性也有个性，试点要从“面”上的普遍性着眼，全面实施则要考虑“点”上的特殊性，这样既产生了推广政策的灵活性问题，又会产生一些在试验中不会出现的新问题，另外，还有从局部试验到全面推广的“时间差”问题。所以，不管是局部试点还是全面实施，始终都要接受实践的检验，用客观形势的发展变化来反观政策，不断地使政策趋于完善、定型，使政策走上正轨，才能保持政策的相对稳定。

形势作为检验政策的唯一标准，必然有其具体的内容。具体说，就是要看过去存在的问题是否解决，预定的目标是否达到；要看社会生产力是否发展，国家、民族和人民的利益是否得到保障，国内各方面的利益和相互关系是否得到良好的协调，经济形势是否持续、稳定、协调地向前发展，政治局面是否保持团结稳定，思想文化是否健康发展繁荣兴盛等。总而言之，有好的政策才有好的形势；而只有好的形势才能证明政策的正确性。

五、实施政策的原则、方法和程序

制定政策是为了在实践中贯彻实施，因而可以把实施政策看作是制定政策的归宿。实施政策是政策运动的重要环节，为此，懂得实施政策的原则和方法是十分必要的。

（一）实施政策的一般原则

1. 实施政策要靠组织路线来保证

组织路线是为政治路线服务的，是实现政治路线的保证。为了正确有效地实施政策，必须加强党的组织领导，抓好各级领导班子和干部队伍的建设，提高政策执行者的政策水平和执行政策的艺术，不断提高工作的坚定性、系统性、预见性、创造性，提高领导水平，是保证政策的执行力的基础。只有这样，才能全面、准确地把握政策，才能创造性地执行政策，才能较为熟练地运用实施政策的艺术，才能保证政策的有效实施。

2. 实施政策要靠严明的组织纪律

严明的组织纪律是提高政策执行力的基本保证。政策是进行社会管理的指导方针和确定的途径，具有严肃性的特点，执行政策必须有严格纪律的约束，绝不允许各行其是的自由主义。政策一经颁布，就须严格执行，在执行的过程中，允许评论，允许就不理解、不清楚甚至不同意的地方向上级提出意见和要求，但不允许不执行。对政策的评论、意见必须是在执行的前提下进行的。每个政策执行者，在重大政策问题上，不得各行其是。要修正不适合实际情况的过时政策，必须通过民主集中制程序；需要变通执行的，必须请示汇报，经过批准；执行中遇到困难时，要调查研究，积极摸索，发挥主动精神。

3. 实施政策要把坚定的原则性和最大限度的灵活性结合起来

把坚定的原则性和最大的灵活性结合起来，做到“两个吃透、一个结合”是保证政策执行力的关键和重要特征。首先，要吃透中央或上级政策的精神实质，避免盲目照搬和随心所欲的乱撞，使之在党和政府的政策轨道上运行。其次，是吃透下情，就是要了解所负责的地区、部门、单位的实际情况。再次，做好“一个结合”，就是将中央或上级的政策同本地的实际情况结合起来。只有结合，才能找到解决实际问题的办法和措施。只有结合，才能创造性地执行政策，使政策充分发挥其应有的作用。就本质意义而言，改革是对现行政策、规范的突破。一方面客观形势的发展变化很快，一些政策的制定、修改、调整往往跟不上；另一方面对一些问题的探索和认识、有权制定和颁发政策的上级主管部门还未能突破原有框框，以致原有政策影响了改革开放的深化，束缚了生产力的发展。处在实践第一线的同志感受更直接。在这种情况下，一方面要积极向上级反映情况，争取对原有政策规定作修改或调整；另一方面在不违反党和国家基本政策、法令，又有利于生产力的解放和发展的前提下，只要是看准了的就可以大胆地试，大胆地闯。

4. 实施政策要注意典型性和普遍性相结合

在实施政策过程中要贯彻典型性原则，要注意在政策试点中选择好各类典型，即这些点要具有真正的代表性，只有在具有代表性的点上取得的经验，才能指导面上的工作。此外还要在各类典型中注意政策普遍性的适用情况，以便通过个别典型总结出具有普遍指导意义的经验。贯彻普遍性原则，要注意政策的普遍指导意义。政策虽然从个别中产生，但却包含了共性的内容，决不能借口情况特殊另搞一套，以促使政策得到全面的贯彻落实。此外，还要把政策恰当地、正确地运用于本地区和本部门的工作，鼓励干部群众发扬创新，使政策的普遍原则在指导个别的过程中发挥更大的威力。

（二）实施政策的方法和程序

1. 拟定计划，做好准备

任何一项政策，都只能确定目标和实现目标的基本途径，而不能代替具体的实施计划。因此，在实施政策时，必须根据实际情况确定具体的实施计划。它一般应包括总体计划和分期分批的执行计划。总体计划要明确执行部门的责任范围、目标指数、给定条件以及实现目标的期限等。计划拟定之后，由决策机关向执行机构下达指令，付诸实施。

2. 宣传动员，组织力量

一项重大政策决定，既要通过党政渠道传达贯彻，也要通过报纸、广播、电视等大众传播媒介广为宣传，重大问题让人民知道，使人民群众了解政策、掌握政策，干部群众才会自觉地执行政策。在此基础上，把力量组织起来，才能形成一致的行动，这是实施政策的物质保证。一项政策的实施，如果没有人力、财力、物力的保证，不可能达到预期效果。

3. 落实责任，督促指导

这是提高政策执行力的落脚点。在实施政策的过程中，一方面要建立严格的岗位责任制，明确分工，实行定任务、定人员、定质量、定时间，并把权力、利益和责任统一起来；另一方面要健全监督机构，负起监督、指导的职能，保证决策方案在实践中贯彻执行。如果没有监督或监督不得力、没有指导或指导不及时，政策执行中出现的错误倾向或不当措施得不到及时制止和纠正，政策效力目标就难以如期实现。

第三节 形势教育与政策教育的辩证关系

一、形势与政策的关系

形势与政策具有辩证统一的关系，二者是一对矛盾的统一体，既有联系又有区别。

1. 形势是制定政策的客观依据，也是检验政策的客观标准

把握形势的现状和发展趋势，对形势作出科学分析和判断，是研究、制定和执行政策的依据与前提，符合一切从实际出发的原则。形势是客观的，而政策是人们为了达到一定的目的而制定的行为准则，是主观对客观认识的成果。我们制定政策应该根据形势的需要，所以政策是形势的反映。如果没有正确地认识形势，制定的政策就必然缺乏科学的依据，很可能给国家和人民造成巨大的损失。作为政策，一方面要保持相对的稳定性；另一方面还要随着客观形势的变化而变化，但绝不能朝令夕改。政策的基本特征贯穿着一条基本要求，就是必须建立在对于形势的正确认识之上，必须以客观实际情况为依据，准确地审时度势，才能制定出正确的路线、方针、政策，从而推动形势向好的方向发展。相反，不从客观形势出发，或者从对形势的错误判断出发，就不能制定出科学的、正确的政策。

2. 政策反作用于形势

形势是客观存在的物质运动，是人们制定政策的客观基础，可以说形势决定政策。而政策是人们根据客观形势所制定的主观指导性行动准则，它对形势的发展具有强大的推动作用，也就是说政策对形势具有导向作用。既然政策对形势的发展能起推动作用，那么，必然有正作用与反作用。政策以顺应形势为基本前提，正确的政策有利于形势向好的方面转化，当人们能够正确地分析、判断和把握形势并制定贯彻正确的政策时，就会引导和推动形势朝着有利的方向发展，这是主观和客观相一致。反之，错误的政策将阻碍形势向我们的期望发展，当人们错误地估量形势并制定贯彻了错误的政策时，就会引导和推动形势朝着不利的方向发展，必然受到客观规律的无情惩罚。制定政策的目的就是要通过执行政策的实践，努力去发展有利的形势，消除或者减少不利的形势，所以政策极为重要。如改革开放作为一种政策，是我国的国策，对于中国的全面发展和人民生活水平的提高有帮助，所以有助于形势的好转。由此可见，形势决定政策、检验政策，政策推动形势、影响形势。我们必须正确认识两者的辩证关系，恰当地处理好两

者的关系，使政策不断推进形势的健康发展。

二、形势教育与政策教育的辩证关系

形势教育与政策教育有着密切的联系，也是辩证的关系。

(一)形势教育是政策教育的前提

形势决定政策。由于任何政策都是根据形势的变化发展趋势以及存在的突出社会问题而制定出来的，因此要进行政策教育，首先必须引导受教育者了解政策制定的问题背景以及政策环境状况，这就必然要进行形势教育。通过形势教育，引导当代大学生正确估计形势，才能比较正确地理解党和政府的政策背景和意图或政策精神实质，从而自觉地、准确地贯彻执行政策，而不至于发生偏差。

(二)政策教育是形势教育的目的和归属

政策对形势具有能动作用。人们驾驭形势的发展变化趋势，主要是通过制定和执行政策来实现的，因此，制定和执行政策是分析判断形势的目的。而要执行政策，首先必须将政策意图、政策目标、政策实施范围和政策措施要点让大学生所认知、了解和理解并产生认同。政策只有转化为大学生的自觉行动，政策教育才能取得实效，才能促进形势向着有利的方向发展。因此，形势教育本身不是目的，形势教育是为了帮助大学生正确认识和驾驭形势，而要驾驭形势就必须实施政策教育。所以，政策教育是形势教育的目的和归属。

(三)形势教育与政策教育相互渗透

在形势教育中有政策教育的目标要求和内容；在政策教育中有形势教育的目标要求和内容，形势教育与政策教育的内容是相互渗透和交叉的。

(四)形势教育与政策教育统一于思想政治教育，归属于思想政治教育的范畴

无论是形势教育还是政策教育都是政党和政府所实施的思想政治教育的领域，都具有鲜明的阶级性质和政治性质。形势教育的核心内容是形势观的教育，政策教育的核心内容是政策观的教育。思想政治教育或政治观教育就是教育者通过教育活动，把社会所提倡的主导政治观转化为受教育者个体的政治品德和政治行为，也就是要使受教育者形成社会所需要的政治品德和政治行为。一定社会的主导政治观就是统治阶级的政治观，是国家和执政党所倡导的政治观。这种主导政治观包括了主导的形势观和政策观。因此，形势观教育和政策观教育属于思想政治观教育的范畴。

思考题

1. 什么是形势？如何分析形势？
2. 什么是政策？如正确地认识和把握政策？
3. 如何理解形势与政策的关系？

第二章　高校形势与政策教育概述

形势与政策教育是我国高校思想政治教育的重要内容和途径，担负着重要使命，具有不可替代的作用，党和国家对加强高等学校学生形势与政策教育越来越重视。自20世纪80年代始，高校将形势与政策教育作为思想政治理论课的重要组成部分统一纳入学校教学计划，主要是以课堂教学为主导的课程教学活动，是对大学生进行形势与政策教育的主渠道和主阵地，形势与政策课教师在教学活动中发挥主导作用。形势与政策课程教学内容综合性强，涉及面广，知识融合度高，具有政治性、时效性、针对性和系统性等特性，帮助学生认清国内外形势，教育和引导学生全面准确地理解党的路线、方针和政策，坚定在中国共产党领导下走中国特色社会主义道路的信心和决心，积极投身改革开放和现代化建设伟大事业。为了贯彻落实中央16号文件《关于进一步加强和改进大学生思想政治教育的意见》及中宣部、教育部13号文件《关于进一步加强高等学校学生形势与政策教育的通知》精神，形势与政策课教学实施了全员覆盖所有在校大学生、大学四年不断线的课程教学模式。广泛深入地开展大学生形势与政策教育对高校思想政治教育教学工作提出了新的挑战。

第一节　高校形势与政策教育的定位

一、高校形势与政策教育的指导思想与总体要求

(一)指导思想

中共中央宣传部、教育部13号文件对形势与政策教育的地位作用、指导思想和任务、教学内容和形式、教学时数和考试、教材和队伍建设以及领导体制和工作机制都做了明确规定。文件指出：形势与政策教育要坚持以马克思列宁主义、毛泽东思想、邓小平理论和“三个代表”重要思想为指导，牢固树立和认真落实科学发展观，紧密结合全面建设小康社会的实际，针对学生关注的热点问题和思想特点，帮助学生认清国内外形势，教育和引导学生全面准确地理解党的路线方针政策，坚定在中国共产党领导下走中国特色社会主义道路的信心和决心，

积极投身改革开放和现代化建设伟大事业。要根据新世纪新阶段面临的新情况新问题，加强形势与政策教育教学的针对性。当前和今后一个时期，要着重进行党的基本理论、基本路线、基本纲领和基本经验教育；进行国家重大方针政策、重大活动和重大改革措施教育；进行当前国际形势与国际关系的状况、发展趋势和我国的对外政策，世界重大事件及我国政府的原则立场教育；进行马克思主义形势观、政策观教育。

文件还指出：形势与政策课是高校思想政治理论课的一门重要课程，是对学生进行形势与政策教育的主渠道和主阵地，是每个学生的必修课程，在大学生思想政治教育中担负着重要使命，具有不可替代的作用。

(二)总体要求

根据中共中央国务院 16 号文件及中宣部、教育部 13 号文件等精神，特别是 13 号文件强调，“要把形势与政策课作为重点课程加强建设，作为考核评估高等学校教学质量和水平的重要指标，纳入高等学校党建工作和思想政治教育工作评估体系。”各高校结合自身实际情况，制定形势与政策教育制度。

二、高校“形势与政策”课程的性质、任务及发展过程

(一)课程性质

党和国家历来重视高等学校学生“形势与政策”教育教学，中央 16 号文件强调指出：“形势与政策教育是思想政治教育的重要内容和途径”。2004 年 11 月，中宣部 、教育部下发 13 号文件，对“形势与政策”课程性质明确规定：“形势与政策课是高校思想政治理论课的重要组成部分，是对大学生进行形势与政策教育的主渠道、主阵地，在大学生思想政治教育中担负着重要使命，具有不可替代的重要作用。”因此，“形势与政策”课是贯彻落实党的路线方针政策的重要途径，是每个学生的必修课程。

(二)课程的主要任务

“形势与政策”课程就是以马克思列宁主义、毛泽东思想和建设中国特色社会主义理论体系为指导，系统介绍当今国际国内时事的发展态势，系统学习党和国家的基本路线和基本政策。帮助大学生认清国内外形势，增强对形势与政策的科学分析与理解能力，培养大学生深刻理解和贯彻执行党的基本路线、方针、政策的能力，确立为实现社会主义现代化、实现中华民族伟大复兴而奋斗的政治方向，激发大学生的爱国精神，增强民族自尊心、自信心和社会责任感，自觉珍惜和维护国家稳定大局，为振兴中华而读书。

(三)改革开放以来课程的发展过程

早期进行形势与政策教育并不是通过形势与政策课程来完成的，主要是通过

社会政治运动和进行实施政治学习的方式进行。我国高校形势与政策教育始终是与新中国的建设和发展息息相关的，先后经历了两次课程化建设(第一次课程化建设是在20世纪五六十年代，第二次课程化建设发生在20世纪80年代)，最终发展成今天较为成熟的学科教育模式。当然，高校形势与政策课程化建设经历了较长时间的不规范的发展(1949—1957年)，甚至出现过更长时间的严重的倒退(1966—1976年)，我们重点介绍改革开放以来形势与政策课程化建设的历程，主要分为两个时期：一个是第二次课程化建设时期(1977—1989年)；另一个是课程规范化时期(1990年至今)。

1. 第二次课程化建设时期

形势与政策第二次课程化建设是在粉碎“四人帮”之后，高校的思想政治教育获得正常开展，形势与政策教育也逐渐走上了正轨，并进入曲折的第二次课程化建设时期。

第一阶段，党的十一届三中全会的召开标志着中国进入改革开放的新时期，国际国内形势在这一时期发生了复杂而深刻的变化，大学生的思想政治教育也面临新的挑战。大学生们关心时事政治，但是难以对时局做出正确的判断，为了适应新形势发展的需要，各高校在教学内容中增加了当前的形势和党的方针政策，加强对学生的思想基本原则教育、革命理想教育和共产主义道德品质教育。但鉴于林彪、“四人帮”的破坏对学生思想上的毒害，各高校学生思想政治工作都很薄弱，与新时期总任务的要求很不适应。为此，1980年4月29日，教育部、共青团中央联合发布了《关于加强高等学校学生思想政治工作的意见》，提出要“系统地对学生进行形势与任务的教育”，“把大家的思想统一到党的政治路线、思想路线和组织路线上来，统一到党中央的一系列重大决策上来”。这是改革开放以来国家明确要求对大学生进行形势与政策教育(时称“形势与任务教育”)的第一份正式文件，标志着改革开放以来高校形势与政策教育的正式起步。同年7月，教育部印发了《改进和加强高等学校马克思列宁主义课的试行办法》，明确了高校学生形势与政策教育的内容，提出“形势教育主要是讲解国内外形势，帮助学生正确理解党的路线、方针和政策”。

第二阶段，1981年1月，中共中央书记处提出中央直接抓高等学校政治教材和加强读书育人的意见，强调高校的政治理论课必须加强。1992年10月9日教育部下发了《关于在高等学校逐步开设共产主义思想品德课程的通知》，明确要求“形势任务教育和思想品德课可利用每周一次的思想政治教育时间，平均每周两学时，具体内容由各校根据情况统筹安排”。

第三阶段，1985年8月1日，中共中央发出《关于改革学校思想品德和政治理论课程教学的通知》。这是改革开放后，党中央发布的第一个全面部署学校思想品德和政治理论课程建设的重要文件，该文件对高校马克思主义理论课程设置提出了重要的改革要求，要求在大学的各项思想品德和政治理论课程教育中“要适时地穿插各种切合学生需要的时事教育”。通知指出高校在进行中国革命史等思想政治教育时“要适时地穿插各种切合学生需要的时事教育、文学艺术教育和课外活动，激发学生为社会主义伟大事业而奋斗的献身精神；还应向学生介绍当代世界政治经济的基本状况、国际关系的基础知识，帮助学生开阔视野，使他们在对外开放的环境下有坚定的立场和较强的适应能力。”

第四阶段，1986年7月9日，中宣部、国家教育委员会联合发布《关于对高等学校学生深入进行形势与政策教育》的通知，强调因势利导，教育和引导学生正确认识当前的形势和各项方针政策，有针对性的进行形势与政策教育。

第五阶段，1987年5月中共中央在《关于改进和加强高等学校思想政治工作的决定》要求各高校将形势、政策教育列入教学计划，“要经常地、有针对性地进行形势、政策教育”。1987年10月国家教育委员会发布的《关于高等学校思想教育课程建设的意见》明确规定：在大学生思想教育课程中设置形势与政策课程，该门课程为必修课，每学期均开设，教学时数由各高校自行安排。1988年5月24日，国家教委发布《关于高等学校开设形势与政策课的实施意见》，就课程性质、课程任务、教学内容、教学原则、教学安排都做了具体规定，至此形势与政策教育作为高校一门独立的课程正式确立下来。大学生形势与政策教育进入课堂，“形势与政策”课正式成为一门必修课程。但由于这一时期在高校思想政治理论课程建设中，把主要的精力放在学科思想政治理论课程体系的构建上，学科思想政治理论课程得到了强化，而其他类型的思想政治理论课程却没有引起足够的重视，包括“形势与政策”课在内的活动思想政治理论课程不仅没有成为学科思想政治理论课程的有益补充，而且其本身的建设也受到了不同程度的忽视，以至于在人们的观念中形成了思想政治理论课程就是学科思想政治理论课程，即马克思主义理论课和思想品德课的思维倾向，制约了思想政治理论课程观念的发展。

2. 课程规范化建设时期

1992年2月，邓小平的南方讲话站在时代的高度，精辟分析了当时国际国内形势，深刻总结了十多年改革开放的经验教训，明确回答了经常困扰和束缚我们思想的许多重大认识问题，全面解决了困扰人们的姓“社”姓“资”问题。同年10月，党的十四大对改革开放以来党领导全国各族人民的伟大实践作了基本总结，重申了党的“一个中心、两个基本点”的基本路线，确立了中国特色社会主义理论在全党的指导地位。

1993年8月，中组部、中宣部、国家教委联合颁布了《关于新形势下加强和改进高等学校党的建设和思想政治工作的若干意见》，要求“注意加强教学的针对性，从理论和实践的结合上，回答学生普遍关心的‘热点’问题”，强调“特别要重视社会主义市场经济条件下的理想、信念和人生观、价值观的教育，帮助学生运用马克思主义的立场、观点、方法来分析问题、解决问题，（使学生）沿着正确的方向健康成长”。1994年8月，中共中央颁发了《关于进一步加强和改进学校德育工作的若干意见》，明确要求“高等学校和高中阶段要开设时事政策课或讲座，以国内外形势及党和国家主要方针政策为主要内容，对学生进行生动、现实的国情教育”。为贯彻落实中央精神，国家教委于1995年10月印发了《关于高校马克思主义理论课和思想品德课教学改革的若干意见》，规定"适时地和经常地进行形势政策教育"，同年 11 月，国家教委颁布试行《中国普通高等学校德育大纲》，把党的路线方针政策和形势教育列为高校德育的重要内容，并把"形势与政策"课和日常思想教育工作规定为落实这项德育内容的两个途径。

第一阶段，1996 年 10 月国家教委发布的《关于进一步加强高等学校形势与政策课程建设的意见》要求，加强教学管理，加强课程建设。进一步明确了课程的性质和地位，提出了高校形势与政策教育的内容、途径和方法 1998 年 6 月，中宣部、教育部联合印发《关于普通高等学校"两课"课程设置的规定及其实施工作的意见》，指出把形势与政策课的管理纳入思想品德课的课程管理体系，形势与政策课列入大学教育全过程，实行学年考核制度，纳入学籍管理。这标志着形势与政策课规范化建设得到进一步发展。

第二阶段，2004 年"形势与政策"课程教学改革进入一个新阶段，2004—2005 年两年中，中共中央、国务院、教育部、中宣部等连续下发了一系列文件，其中包括：中共中央、国务院《关于进一步加强和改进大学生思想政治教育的意见》(中发［2004］16 号)，中宣部、教育部《关于进一步加强高等学校大学生形势与政策教育的通知》(教社政［2004］13 号)、《关于进一步加强和改进高等学校思想政治理论课的意见》(教社政［2005］5 号)、关于印发《〈中共中央宣传部、教育部关于进一步加强和改进高等学校思想政治理论课的意见〉实施方案》的通知(教社政［2005］9 号)等，突出体现了党和国家对加强高等学校学生形势与政策教育的重视程度，表明高等学校形势与政策课程的重要性。中发 16 号文件对高校形势与政策教育的实施提出了指导性意见："形势与政策教育是思想政治教育的重要内容和途径。学校要紧密结合国际国内形势的变化和学生关注的热点、难点问题，制定形势与政策教育教学计划，认真组织实施。"为贯彻 16 号文件精神，中宣部教育部 2004 年 11 月发布《关于进一步加强高等学校学生形势与政策教育的通知》，对高等学校学生形势与政策教育的地位、作用、做法等提出了更加明确、更加系统、更加规范的意见，突出强调：要以规范化、制度化建设为重点，加强形势与政策课教学管理，按平均每学期 16 周，每周 1 学时计算，本科四年期间的学习计两个学分，专科期间的学习计 1 个学分；同时还要求高校积极探索新形势下开展形势与政策教育的新方式和新途径。形势与政策的地位和作用再次得以彰显。

中央 16 号文件的下发和执行，为新时期大学生思想政治教育工作指明了方向；"05 方案"的全面施行，适应了新形势、新任务的要求。在党中央和高校上级直属部门下发的一系列文件精神指引下，"形势与政策"课程深入推进马克思主义中国化的最新成果进课堂、进教材、进学生头脑，课程规范性建设逐步完善和加强。随着马克思主义理论一级学科及所属二级学科的建立，各大高校纷纷成立了独立的思想政治教学科研部门，形势与政策课也是其中一个重要的组成部分，高校形势与政策教育更加规范化和科学化。大学生形势与政策教育和高校"形势与政策"课的与时俱进，适应了当代大学生成长的需要，受到社会各界的普遍欢迎。总的说来，目前，高校形势与政策教育的发展环境更加宽松，“形势与政策”课的教学、管理等各项工作在实践中得以不断完善，关于大学生形势与政策教育和高校“形势与政策”课的研究正在蓬勃兴起。

三、“形势与政策”课程的重要性和必要性

（一）“形势与政策”课是对大学生进行形势与政策教育的主渠道和主阵地

“形势与政策”课程是根据中宣部、教育部《关于进一步加强高等学校学生形势与政策教育的通知》（教社政〔2004〕13 号）而开设的课程，是我国高校思想政治理论课的一个重要组成部分，是对大学生进行形势与政策教育的主渠道和主阵地，也是课程的根本特色，主要体现在两个方面。从教学目标看，课程通过跟踪研究最新的有重大影响、全社会及大学生普遍关注的热点问题，帮助大学生正确认识党和国家面临的国际国内形势及其肩负的历史任务，全面了解我们党和政府出台的重大政策，增强大学生执行党和政府重大路线、方针和政策的自觉性和责任感，坚定实现社会主义现代化建设宏伟目标的信心。从教育效果看，课程涉及的都是重大现实问题，与每个人的利益密切相关，也是人们关注的热点，用事实说话，讲授真实情况，解答人们存在的矛盾和困惑，具有雄辩的说服力，强大的感染力，因此，形势与政策教育帮助大学生积极思考国家的命运和自己的社会角色，从国家发展和民族复兴的高度认识自己、把握自己，帮助他们开阔视野，开阔胸襟，励志奋斗。

（二）“形势与政策”课是培养高素质都市型农业人才的需要

都市型高等农业教育是立足于大城市都市型现代农业发展、适应城乡一体化发展的需求，对都市型农业人才提出了新的要求：专业化、个性化、复合型、创业型。适应都市型现代农业发展要求，都市型农业院校的人才培养目标是全力培养具有创新精神和实践能力的应用型、复合型的技术人才、经营人才和管理人才。完善课程体系设置，加强“形势与政策”教育教学，确保人才培养质量，是实现都市型现代农业发展对高素质人才需求的需要。“形势与政策”课程是以马列主义、毛泽东思想和中国特色社会主义理论体系为指导，结合十八大提出的全面建成小康社会的新要求，针对国内外形势与政策重大问题等，着重进行党和国家基本理论、基本纲领、重大方针政策、重大活动、改革措施、国际形势、我国对外政策及我国在世界重大活动中的原则立场等教育，引导学生形成正确的形势与政策观，掌握科学地分析形势的方法，正确理解党的路线、方针、政策，既看到我国改革开放和现代化建设取得的成就，也能正确认识我们党和国家面临的困难和问题，坚定信心和决心，积极投身到中国特色社会主义现代化建设中，努力成为思想觉悟高、精神面貌好、人生追求高尚的社会主义合格建设者和可靠的接班人。所以，形势与政策教育在培养政治立场坚定、视野开阔的高素质都市型农业人才中担负着重要使命。

(三)"形势与政策"课是完善都市农业特色课程体系的需要

以北京农学院为例，适应首都和郊区经济发展的需要，构建了5个学科群：植物科学学科群、畜牧兽医学科群、农林经济与法学学科群、生物技术与食品学科群、生态环境建设与城镇规划学科群，进一步凝练学科方向，整合资源，突出重点，形成以都市型现代农业为鲜明特色，学科结构更加合理，学科间相互支撑，有机协调、优势互补的学科体系。围绕这一学科体系，全校课程按基础课、专业课和公共选修课等分类建设，"形势与政策"课程属于公共基础课。加强"形势与政策"课程建设，是完善都市型特色课程体系的需要，特别是《形势与政策》特色教材编写，对教学和课程的改革以及教学质量的提高将产生直接影响，同时也完善了都市型农业所需的特色教材建设理论保障体系。

四、"形势与政策"课程的主要内容

"形势与政策"课的主要内容既有相对稳定的政策部分，也有不断发展变化的形势部分，所以"形势与政策"课程的教育内容必须按照《中共中央宣传部、教育部关于进一步加强高等学校学生形势与政策教育的通知》要求，分为几个部分：一是系统介绍当今国际国内时事的发展态势，着重进行党的基本理论、基本路线、基本纲领和基本经验教育，目的在于提高学生认识形势、理解政策的理论水平。二是注重国内形势教育，主要包括我国改革开放和社会主义现代化建设的形势、任务和发展成就教育、党和国家的重大活动和决策、大学生普遍关心的社会问题，目的是结合当前国内的重大事件对学生进行国情教育和党的路线方针政策教育。三是进行当前国际形势与国际关系状况、发展趋势和我国的对外政策、世界重大事件及我国政府的原则立场教育，重点包括四个方面：中国周边形势教育；大国外交形势教育；世界热点形势教育；马克思主义形势观、政策观教育。

五、"形势与政策"课程特点

(一)动态性与时效性极强

形势与政策教育的内容包含形势与政策两部分内容。形势是国际和国内社会政治和经济发展的状况和态势，政策是党和国家为实现一定时期的目标和任务而制定的行为准则。"形势与政策"课程的动态性，是指课程教学内容涉及的国际国内形势瞬息万变，突发事件众多纷呈，教学内容始终处于不断的发展变化之中，必然导致课程是动态的，多变的。课程的时效性是指政策的制定要以形势为客观依据，并根据形势的发展变化做必要的调整，形势与政策教学要紧密结合瞬息万变的形势变化，及时把握、了解学生关注的热点和难点，及时地调整教学内容，使形势与政策教育能够紧跟形势的发展，准确把握形势变化的内在规律，及时解答学生关注的问题。现实形势的不断演变，使得课程的内容常讲常新，这也是形势与政策不容易写成教材的主要原因。

(二)政治性与政策性突出

形势与政策教育旨在帮助学生正确认识国内外形势，正确理解党的路线、方针和政策，坚定为建设中国特色社会主义而奋斗的政治方向，鲜明地体现了党的主张和国家意志，具有鲜明的政治性和意识形态性。形势与政策教育从抓住学生关注的热点问题入手，坚持分析形势与解读政策的统一，把大学生的思想和行动统一到对党和国家的政策上来，引导大学生理解党和国家的政策，坚定信仰，为国家长治久安、稳定发展而努力奋斗。

(三)思想性与知识性统一

“形势与政策”课的性质与任务决定了课程具有思想政治教育功能，其教育功能的实现建立于知识讲授的基础之上。思想政治教育课程的功能体现在通过对国内外重大事件、热点问题、党的政策等的宣讲与分析，帮助学生认清国内外形势，教育和引导学生全面准确地理解党的路线、方针和政策，坚定对党的领导的信心和决心，积极投身改革开放和现代化建设伟大事业。由于国内外各种事件和问题的形成与发展都涉及大量相关的背景知识，因此，教学过程中不能简单、中立地就事论事地讲述时事、转述新闻，而要全面分析时事的发生历史、发展趋势及其与相关事件的联系，阐明党和政府的立场、观点、态度，使得教学具有思想性与知识性相融的特点。

(四)理论性与实践性结合

“形势与政策”课以时事和政策为教学内容，以培养大学生树立马克思主义形势观、政策观为教学目的，课程教学具有理论性与实践性相结合的特点，是一门应用性较强的课程。在课程教学中，无论是宣讲党的路线、方针和政策，还是对国内外重大事件、热点问题的分析，都离不开对相关理论问题全面而充分地阐述，只有采取“以理服人”的方式，讲活、讲透和讲深相关的理论，才能使学生真心接受教育，学习、掌握和运用马克思主义的世界观和方法论。只有在学生树立了正确的形势观和政策观的基础上，才能指导他们清晰地了解、认识和把握国际国内的新形势、新问题，回答和解决他们在成长过程中所面对的各种现象、问题。

(五)规范性与多样性并存

2012 年 3 月教育部印发的《教育部关于全面提高高等教育质量的若干意见》，明确把“加强形势与政策教育教学规范化、制度化建设”作为课程建设的主要任务，为高校“形势与政策”课程建设发展指明了方向。

2004 年 11 月《中宣部教育部关于进一步加强高等学校学生形势与政策教育的通知》(教社政[2004]13 号)，对形势与政策课规范化建设进一步作出具体规定，并成为指导高校“形势与政策”课程建设的重要指导性文件。

因此，“形势与政策”课程规范性主要是指根据中央文件精神，课程进教学计划、进课表、进课堂，加强形势与政策课程教学管理、教学内容、教学学时、课程考核、教师队伍等方面的规范化建设。多样性是指形势与政策课程教学模式建立起以课堂讲授为主的多样化教学体系，既包括理论教学，也包括实践教学，既有生动的看视频讨论，也有系统的课堂讲授，还包括专家专题讲座，授课方式灵活多样，生动活泼。

（六）全员性与连续性突出

“形势与政策”课程覆盖面广，面向全体在校的本专科学生授课，是每一位大学生的必修课程，可谓全员覆盖，每位学生都能受益。形势与政策教育贯穿大一到大四的全部学习过程，从大学一年级第一学期到四年级第一学期，每位学生每学期都要接受形势与政策教育，每周学习 2 学时。

“形势与政策”课程特点决定其与其他思想政治理论课相比具有的特殊地位，在进行思想政治教育方面具有无可替代的作用。

上述“形势与政策”课教学所固有的特点对教学效果具有双重影响：一方面，它们既是课程教学的亮点，可以增强课程教学的生命力、吸引力，有助于形成师生互动的教学方式，这成为课程的魅力所在；另一方面，它们也是课程教学的难点，教学内容变动性和广泛性强而连贯性、系统性相对不足，使任课教师因知识结构局限而难以驾驭所有讲授内容，易导致课堂教学有广度而无深度，影响教学效果。为此，扬优避劣、扬长避短以获得最佳的教学效果，应成为“形势与政策”课教学策略设计的重要指导思想。

第二节　高校学生形势与政策教育的成绩与经验

一、高校形势与政策教育取得的成绩

（一）实现了形势与政策教育的课程化、规范化

各个高校按照上级文件精神，建立健全了思想政治理论课教学管理机制，由党委统一领导，宣传部、思政部牵头，教务处、学生工作部、团委多部门参与的领导体制和工作机制。形势与政策教育作为独立课程，以课堂教学为主，其他形式为辅的教育形式，逐渐完成了规范化的建设。作为一门必修课程，按照文件规定列入教学计划，进课表、进课堂、有考核、学分计入学籍管理。从课程管理体制、教学内容、教学模式、教学评价及教师队伍建设等方面实现了课程教学的规范化、科学化。

（二）形成了相对稳定的专兼职结合的教师队伍

形势与政策作为课程建设以后，逐渐形成了一支以思想政治理论课教师为

主、以思想政治教育工作队伍为辅的相对稳定的专兼职教师队伍，这支队伍在形势与政策教育教学过程中经过历练，形成了政治坚定、思维敏锐的品质，使形势与政策教育具有强大的生命力。

(三) 提升了学生对形势的判断能力和对党的大政方针的理解能力

形势与政策教育坚持课堂教学与课外实践、讨论相结合、坚持系统讲授与专题报告相结合、坚持请进来与走出去相结合，实现了形势与政策教育的多样性，使学生通过实践了解国情世情，增强了对形势与政策现状的理解，能够正确认识社会存在的问题，树立正确的形势观、政策观，为大学生树立正确的理想信念奠定坚实的理论基础和思想基础。

二、高校形势与政策教育的基本经验

(一) 坚持指导思想的与时俱进，保证形势与政策教育的发展方向

形势政策教育的根本目标是引导受教育者坚定走中国特色社会主义道路和促进人的全面发展，具体目标体现为帮助受教育者树立正确的形势观和政策观，提高他们的形势判断能力，促进政策认知和认同，提高受教育者的政治思想素质，使其积极投身中国特色社会主义现代化建设事业。因此，形势与政策教育带有鲜明的政治色彩，这是其与生俱来的特性，也是其存在的价值，坚持党的领导，坚持党的指导思想的与时俱进，对高校形势与政策教育的改革与发展起着至关重要的作用。马克思主义是我们立党立国的根本指导思想，是社会主义意识形态的旗帜和灵魂。加强和改进高校学生形势与政策教育，必须坚持以马克思列宁主义、毛泽东思想、邓小平理论和“三个代表”重要思想为根本指导，牢固树立和认真落实科学发展观，紧密结合全面建设小康社会的实际，针对学生关注的热点问题和思想特点，帮助学生认清国内外形势，教育和引导学生全面准确地理解党的路线、方针和政策，坚定在中国共产党领导下走中国特色社会主义道路的信心和决心，积极投身改革开放和现代化建设伟大事业。要根据新世纪新阶段面临的新情况新问题，加强形势与政策教育教学的针对性。当前和今后一个时期，要着重进行党的基本理论、基本路线、基本纲领和基本经验教育；进行我国改革开放和社会主义现代化建设的形势、任务和发展成就教育；进行党和国家重大方针政策、重大活动和重大改革措施教育；进行当前国际形势与国际关系的状况、发展趋势和我国的对外政策，世界重大事件及我国政府的原则立场教育；进行马克思主义形势观、政策观教育。

坚持把用马克思主义中国化的最新理论成果武装大学生作为第一要务和核心内容，强有力地推动思想政治理论进教材、进课堂、进学生头脑，高度重视高校学生形势与政策教育，我们要在坚持基本经验的基础上，与时俱进，努力研究新形势下高校学生形势与政策教育的特点和规律，积极探索新途径新办法，在新的实践中把高校学生形势与政策教育提高到一个新水平。

(二)从青年学生政治观的形成和发展变化的特点出发，确定科学的教育教学模式

教育有法、教无定法、贵在得法。加强和改进高校学生形势与政策教育，必须遵循形势与政策教育规律，必须掌握大学生对形势与政策的认知规律和特点，把教学方法改革作为根本手段，牢固树立以学生为本的教学理念。青年大学生在社会政治生活中不仅是接受教育的对象，也是推动社会政治变革的重要力量，他们对社会政治活动的热切关注和积极参与以及在社会政治活动中表现出的战斗力，是其他社会群体无法比拟的。大学生处于成长期，他们具有可塑性，正处于发展和完善的过程，随着知识层次的提升，他们开始更多的关注社会政治问题、社会热点问题，常常会就关注的社会问题展开讨论或激辩，表现出对真理的渴望，他们希望通过学习提升自身的理论素质，树立正确的人生观、价值观、政治观、形势观、政策观。根据学生学习的需要和规律，形势与政策教育坚持采取灵活多样的教学模式，大力推进专题式教学、讨论式教学、启发式教学、案例式教学、多媒体教学、实践式教学等方式，充分调动教师和学生两方面的积极性，努力做到系统讲授与形势报告、专题讲座相结合，“请进来”与“走出去”相结合，课堂教学与课外实践、讨论交流相结合，学校教育与学生自我教育相结合，力求教育生动形象、潜移默化。在现代社会，政治信息借助各种渠道传播，科技传媒的传播方式吸引了大学生群体的注意力，形势与政策教育对引导学生理性判断国内外形势起到重要的引领作用。多年来，形势与政策教育重视学生先进典型和英雄人物事迹的宣传，充分发挥先进典型和英雄人物在思想政治教育中的引导、示范和辐射作用；重视把形势与政策教育与“三下乡”、“青年志愿者”等活动结合起来，使学生在社会实践中接受教育；重视运用互联网这一现代信息技术，丰富教育资源，创新教学方法，拓展教育空间；注重在各个综合教育网站和各校园网站设立形势与政策教育的网页、专栏，组织开展各种形式的网上教学、讨论等活动。形势与政策抓住学生的思想特点，充分利用一切可能的资源，深入开展形势与政策教育。

三、坚持遵循教学体系构成的基本规律，完善课程教学体系

实现形势与政策教育的规范化、制度化建设必须加强形势与政策课教学管理，必须遵循教学体系构成的规律。形势与政策教育自设置课程以来，知识基本结构、知识框架、教学内容设计、教学方法设计、教学过程实施、教学效果评价日趋完善和规范。按照中央文件精神和各高校实际情况，形势与政策课按平均每学期 16 周，每周 1 学时计算。本科四年期间的学习，计 2 个学分；专科期间的学习，计 1 个学分。各地宣传和教育部门，要认真组织和督促实施。各高等学校要从编制教学计划、明确教学要求、建立教学组织、开展集体备课、建立成绩档案、反馈教学信息等方面，全面加强课程建设。要强化形势与政策课教学管理，实行学年考核制，每学年考核一次，该课程总成绩为各学年考核平均成绩，一次

计入学生成绩册。考核工作由学校教务部门统一安排。要充分考虑本课特点，主要考核学生对国内外形势的认识和对党的路线、方针、政策的理解。考核方法要灵活，可采用开卷考试、写论文等形式。

四、坚持课堂教学与社会实践相结合

形势政策教育的主要任务是帮助受教育者掌握形势与政策的基本理论和基础知识，帮助受教育者掌握分析形势和理解政策的正确立场、观点和方法，帮助受教育者理解和拥护党的路线、纲领、方针和政策。社会实践是大学生思想政治教育的重要环节，对于促进大学生了解社会、了解国情，增长才干、奉献社会，锻炼毅力、培养品格，增强社会责任感具有不可替代的作用。因此，形势与政策教育不仅要向学生灌输理论知识，还要建立大学生社会实践保障体系，探索实践育人的长效机制，引导大学生走出校门，到基层去，到社会中去。高等学校要把形势与政策社会实践纳入学校教育教学总体规划和教学大纲，规定学时和学分，提供必要经费。形势与政策教育努力探索和建立社会实践与专业学习相结合、与服务社会相结合、与勤工助学相结合、与择业就业相结合、与创新创业相结合的管理体制，增强社会实践活动的效果，培养大学生的社会责任感和对广大人民的深厚感情。形势与政策教育常常利用寒暑假，开展形式多样的社会实践活动，由实践指导教师指导大学生参加社会调查、生产劳动、志愿服务、公益活动、科技发明和勤工助学等社会实践活动。重视社会实践基地建设，不断丰富社会实践的内容和形式，提高社会实践的质量和效果，使大学生在社会实践活动中受教育、长才干、作贡献，增强社会责任感。

第三节 学习“形势与政策”的方法论

我们要正确的认识和判断形势，就必须具备分析形势和把握政策的能力，这种能力要以马克思主义理论为指导，在实践中不断提高，即树立马克思主义的形势观与政策观，才能科学地分析形势和把握形势。

一、大学生学习“形势与政策”课的意义

形势与政策教育坚持以马克思列宁主义、毛泽东思想、中国特色社会主义理论为指导，紧密结合全面建成小康社会的总目标，针对学生关注的热点问题和思想特点，帮助学生认清国内外形势，教育和引导学生全面准确地理解党的路线、方针和政策，坚定在中国共产党领导下走中国特色社会主义道路的信心和决心，积极投身改革开放和现代化建设伟大事业。

（一）学习“形势与政策”课帮助大学生明确时代责任

未来属于整个青年一代，当代大学生将承担更为重要的使命，这就是：建设和发展中国特色社会主义事业，实现国家的繁荣富强、民族的伟大复兴、人民的

共同富裕和幸福，这是历史赋予大学生的时代责任。时代责任不是空洞的概念，它是由当今国内外形势及其发展趋势，我们党和国家为实现振兴中华民族而提出的历史任务，以及为完成这些历史任务而制定的路线、方针、政策所规定的。离开形势、任务和政策，就无法弄清时代责任，学习“形势与政策”，正是为了使大学生明确自己所承担的时代责任。

一方面，时代责任不是人为规定的，而是人们在洞悉形势及其发展趋向的基础上对自身历史使命的自觉。如果不了解国内外政治、经济、意识形态的历史、现状和发展趋势，就无法了解时代需要什么，国家需要什么，人民需要什么。就无法提出任务，确定目标，当然也就谈不上对时代责任的自觉。“形势与政策”课程引导大学生认识国内外形势及其发展趋势，帮助大学生明确时代责任。

另一方面，路线、方针、政策既明确规定了奋斗的方向和目标，又指出了达到目标的途径。如果一个人对党和国家的路线、方针、政策一无所知或知之甚少，就不可能深刻地理解自己的责任，更不可能自觉地承担起未来的使命。《形势与政策》教育大学生学习关于政策的基础知识和现行的方针政策，帮助大学生从中深刻地领会自己的时代责任，又能明确奋斗的方向和目标，更为深刻地理解和切实地担当起时代责任。

（二）学习“形势与政策”课帮助大学生成为有责任感、有政治觉悟的合格人才

大学生具有关心国家大事和天下大事的热情，明确自己的时代责任，具有了解国内外形势和我国大政方针的强烈愿望，科学分析形势，正确把握政策，构成了大学生素质的一项不可缺少的内容，是大学生的必备素质。

一方面，学习形势与政策帮助当代大学生深刻地了解和认识国情和世界形势变化的实质，学习和掌握马克思主义的立场、观点、方法，科学地分析和正确地认识国际国内形势，全面地学习和深刻地理解党和国家的路线、方针、政策。从正确的立场出发，运用马克思主义的观点、方法认识形势和政策，既是大学生明确时代责任的客观要求，又是大学生满足自己的求知欲、克服自身弱点的内在需求。

另一方面，学习形势与政策课，有助于大学生培养科学分析形势、正确理解政策的能力和素质。通过对形势的科学分析，对政策的正确理解，可以帮助大学生学会在纷繁复杂的情况下，站稳立场、坚持原则、把准方向，积极投入改革开放事业；可以帮助大学生在了解世界、认识国情的基础上，正确选择自己的人生道路；可以帮助大学生全面提高政治思想素质，成为社会主义现代化建设事业的合格人才。

（三）学习“形势与政策”课帮助大学生以实际行动践行十八大精神

学习贯彻党的十八大精神，是一项长期的重要政治任务。我们学习十八大精神，关键是要真学，真信，真懂，真正的进到头脑里，当代大学生要在以下方面切实践行十八大精神。

1. 坚定理想信念，牢固树立当代大学生的核心价值观

价值观是人们在实践中形成的对于价值和价值关系的观点和看法，是人的价值理想、价值信念、价值标准和价值取向的总体系。核心价值观是这一总体系中最根本、最稳定的部分。核心价值观蕴含着人们对世界、人生、社会等一系列重大问题的价值共识，深刻影响着每个社会成员的思想观念、思维方式、行为规范，是人们思想上精神上的灵魂旗帜。

历史和现实一再表明，只有建立共同的价值目标，一个国家和民族才会有赖以维系的精神纽带，才会有统一的意志和行动，甚至越是在危机困难的时候，越能产生强大的凝聚力、向心力。培育和践行社会主义核心价值观，是中国特色社会主义的"铸魂工程"，既为人们描绘未来社会物质生活方面的目标，也为人们指出未来社会精神价值的归宿。当代大学生的核心价值观关系到当代大学生的健康成长和全面发展，关系到党和国家的可持续发展，关系到中国特色社会主义的方向。

党的十八大报告明确提出："倡导富强、民主、文明、和谐，倡导自由、平等、公正、法治，倡导爱国、敬业、诚信、友善，积极培育和践行社会主义核心价值观。"这"三个倡导"的理念，为培育和践行社会主义核心价值观提供了基本范畴，也进一步明确了提炼、概括社会主义核心价值观的基本原则。培育和践行社会主义核心价值观是一项基础工程、灵魂工程，是全党全社会的共同责任，我们要大力弘扬十八大倡导的这些思想、理念和精神，把当代大学生培养成中国特色社会主义事业的合格建设者和可靠接班人，这是社会主义事业兴旺发达的重要保证，也是构建和谐、繁荣和先进的高校校园文化环境的现实需要。进一步坚定大学生跟党走、坚定中国特色社会主义的信心和信念。

2. 加强理论学习，切实增强大学生理论水平和政治自信

理论是一个政党的立党之本、执政之基，理论的与时俱进是政党与时俱进的根本前提。十八大着眼于中国特色社会主义事业长远发展，郑重地把科学发展观同马克思列宁主义、毛泽东思想、邓小平理论、"三个代表"重要思想一道，确立为党必须长期坚持的指导思想。这是十八大的历史性决定和最大的理论贡献。十八大报告在八个方面提出了一系列的重大理论创新：一是对科学发展观作出了新的历史论断；二是对中国特色社会主义作出了新阐述；三是对中国特色社会主义总体布局作出了新勾勒；四是对全面建成小康社会作出了新部署；五是对推进政治体制改革提出了新思路；六是对社会主义核心价值观作出了新概括；七是对创新社会管理作出了新表述；八是对建设社会主义生态文明作出了新谋划。

十八届三中全会通过了《中共中央关于全面深化改革若干重大问题的决定》，提出了全面深化改革的总目标是完善和发展中国特色社会主义制度，推进国家治理体系和治理能力现代化。十八届四中全会通过的《中共中央关于全面推进依法治国若干重大问题的决定》，根据国家治理现代化的要求，系统地提出了依法治国，建设社会主义法治国家的目标，为国家治理体系现代化提供了有力的法律基础，确立了法治与国家治理的辩证逻辑。

当代大学生必须加强对党的最新理论的学习，自觉提高理论水平，正确理解在当前国内国际形势下坚持中国共产党领导和坚持走中国特色社会主义道路的必要性，增强中国特色社会主义的自信心，不受社会不良思潮的影响，不人云亦云，不随波逐流，不恶意攻击党的领导和社会主义道路，真正把中国特色社会主义理论学习学进心里，学进头脑里。

3. 求真务实，勤奋学习，切实增强使命意识

十八大以后，习近平总书记反复强调空谈误国、实干兴邦，充分彰显了新一届中央领导集体为民、务实、清廉的执政新风。十八大按照中国特色社会主义事业五位一体总体布局的目标与任务，围绕加快完善社会主义市场经济体制和加快转变经济发展方式、坚持走中国特色社会主义政治发展道路和推进政治体制改革、扎实推进社会主义文化强国建设、在改善民生和创新管理中加强社会建设、大力推进生态文明建设等五个方面，提出了明确的要求，实现这些目标与任务，最根本的是需要我们脚踏实地，真抓实干。历史证明，只有求真务实，才能脚踏实地地实现我们的目标与任务，才能克服前进中的困难，才能团结带领广大人民群众推动事业不断走向胜利。

党和国家对广大青年提出了殷切的希望，十八大报告指出：“中国特色社会主义事业是面向未来的事业，需要一代又一代有志青年接续奋斗。全党都要关注青年、关心青年、关爱青年，倾听青年心声，鼓励青年成长，支持青年创业。广大青年要积极响应党的号召，树立正确的世界观、人生观、价值观，永远热爱我们伟大的祖国，永远热爱我们伟大的人民，永远热爱我们伟大的中华民族，在投身中国特色社会主义伟大事业中，让青春焕发出绚丽的光彩。”要“培养学生社会责任感、创新精神、实践能力”。广大青年，尤其是大学生应积极响应党中央的号召，必须学会学习，学会做人，勇于创新，科学发展，把党的十八大精神自觉落实到日常的学习和生活中，明确自身的使命，增强为人民服务的真本领。

4. 准确定位，切实增强良好的精神状态

“人总是要有点精神的”。学习十八大精神，最终要落实在精神状态上。十八大报告自始至终强调保持良好的精神状态。从报告的主题、引言、第一部分直到最后一个部分，在部署工作任务的同时，最终总是落脚在精神状态上。为此，精神状态是贯穿十八大报告的一条红线，是一股贯彻报告的精气神。中国共产党成立 90 多年来，从胜利走向胜利，主要靠三样东西：一靠路线正确，二靠作风过硬，三靠精神状态。这也深刻地启示我们：共产党人依靠激昂的精神状态走到今天，也要靠更加昂扬的精神状态走向明天。

个体离不开社会的力量，社会也需要个体的补给。对于青年人，尤其是大学生而言，最宝贵的财富就是拥有饱满的热情和一腔沸腾的热血。作为今后中国社会建设的主要力量，在一定程度上代表着社会的未来和希望，当代大学生应以良好的精神面貌关注时事、关注历史、关注社会方向、关注热点，这是对社会发展的未来负责、是对自己负责，只有对社会有一个清晰的宏观认识，对于未来才能更理智，更成熟地做出判断和选择，这不仅是责任，更是大学生必备的素质。对

社会的不断深入和了解，正是连接历史和现实，社会和自身的一条不断的血脉，大学生的进一步发展对社会未来的发展也有着非比寻常的重要意义。正如梁启超的《少年中国说》中经典的一句话："今日之责任不在他人，而全在我少年，少年智则国智，少年富则国富，少年强则国强，少年独立则国独立，少年自由则国自由，少年进步则国进步。"所以，大学生应该深刻体会十八大的精神，以饱满的热情和良好的精神面貌投身于实际的生活与学习中，为中华民族的伟大复兴与崛起，贡献出自己的一份力量。

二、学习形势与政策课的方法和途径

形势与政策课具有很强的综合性、实践性、针对性、科学性、应用性，学习本课程时，一方面，对其相对稳定的内容和有关理论，要进行较为系统的集中学习；另一方面，还要根据课程的特点和学生的思想实际，采取正确的灵活多样的学习方法和途径。

（一）必须端正学习态度，明确学习目的

形势与政策课是大学生思想政治教育的重要内容，课程教学目标是引导大学生继承前辈建设有中国特色社会主义的伟大事业，开创更加美好的未来。学习形势与政策，必须以广大人民群众的利益为出发点来分析整个形势，对人民和国家有力的形势就是好的形势，对人民和国家有利的政策就是好的政策。因此，大学生应当加强形势与政策课的自我教育过程，提高学习自觉性。学习形势与政策，贵在自觉，有了自觉性，学习才会收到显著的效果，变"要我学"为"我要学"，时时学，事事学，提高学习的积极性。

（二）必须坚持理论联系实际

学习形势与政策课，要坚持理论联系实际。一方面要系统学习相关理论；另一方面要以理论为指导，坚持从实际出发分析和认识问题。只有坚持理论与实际密切结合的科学方法，借助于马克思主义理论的指导，才能正确认识形势的本质、规律和发展的必然趋势；只有坚持从实际出发，才能正确理解党和政府的各项方针政策。

（三）必须坚持经常关心国内外大事

认识形势、理解政策是多种知识技能的综合运用，是对大量有关信息的分析处理。国内外形势经常发生变化，要了解政策出台的背景、目标、效果，就必须随时关心时事政治，注意搜集和掌握大量的、准确的事实材料，在大量丰富真实的客观材料基础上才能正确理解党和政府的各项方针政策。因此，学好形势与政策课，必须努力学习科学文化知识，拓宽知识面，建立深厚的科学知识基础，同时，必须随时随地关心时事政治，注意搜集和掌握大量的、准确的事实材料，建立大量丰富真实的客观材料基础。

（四）必须积极参与社会实践

形势与政策课具有很强的实践性，因此，大学生在学习形势政策过程中，要积极参加社会实践，进行必要的社会调查。在社会实践和社会调查中了解国情、体察民情、认识社会、认识自身。

（五）必须坚持学习方法多样化

形势与政策的特点是动态与静态相结合，决定了学习这门课程不宜采取单一的教学形式，而应当在课堂系统学习的方式之外，辅之以各种各样的学习方式，注重课外学习，如积极主动参加专题报告会、观看时事视频，小组讨论、阅读报纸、杂志、收听收看广播、电视、社会调查等活动，还要经常观看新闻评论，这些评论能为我们提供思考问题的新思路，培养学习兴趣，帮助我们不断提高正确分析形势的能力，取得事半功倍的效果。

三、树立马克思主义的形势观和政策观

马克思主义的形势观和政策观就是运用马克思主义的立场、观点、方法去观察分析认识形势，为政策的制定提供科学的理论指导。马克思主义的形势政策观主要是指三个方面。

（一）群众观

群众观是党和国家制定各项方针政策，必须坚持党的群众路线，一切为了人民群众，一切依靠人民群众。究其原因就是历史唯物主义认为：党和国家制定方针政策，归根到底是为了实现广大人民群众的愿望和根本利益，要依靠广大人民群众来贯彻执行。因此，必须广泛地发动群众，宣传群众，使广大人民群众成为自觉贯彻执行党和国家方针政策的实践主体。

（二）实事求是观

实事求是就是坚持从实际出发，从客观实际情况出发，运用科学的理论和方法，经过分析和思考，得出正确的结论，做到主客观一致，理论与实际统一，遵照人民群众的根本利益，通过政策的制定和执行去发展有利形势，改变不利形势，推动事业顺利进行。

（三）政策生命观

政策和策略在党的事业中起着重要作用，它们决定党的纲领或不同时期的不同目标能否实现，决定革命队伍的扩大和缩小。党的政策和策略规定了党对其他阶级和派别的态度，如果党的政策和策略正确，就能够团结广大的同盟者，为实现党的目标而奋斗。所以，政策和策略的正确与否直接关系党的事业的成败，关系党的生存和发展，因此，政策和策略是党的生命。

（四）中国特色的形势观

在中国共产党的历史上，中央领导集体十分重视形势的分析，并在推进中国革命和建设的伟大实践中形成了关于形势问题的丰富思想，发展了马克思主义的形势观。中国共产党的形势观和政策观主要是维护党和人民的利益；强调正确分析形势、制定政策的途径在于坚持辩证唯物主义；强调及时根据形势变化调整内部政策，确保国家战略目标的实现；强调与时俱进，要求我们在把握形势与政策时要体现时代性，树立符合时代发展新要求的新思想、新观念、新作风；强调科学发展，在分析形势和制定政策时要全面把握科学发展观的科学内涵。

大学生通过学习"形势与政策"课程，积极树立马克思主义的形势观和政策观，为以后科学分析和判断形势，理解或参与制定党和国家的政策奠定坚实的世界观、方法论基础。即：坚持以马克思主义思想理论和中国化马克思主义理论即毛泽东思想、邓小平理论、"三个代表"重要思想、科学发展观理论为指导；坚持一切以中华民族大众的利益和有利于中华民族复兴大业为出发点和落脚点；坚持理论联系实际，实事求是，一切从实际出发，一切从我国的国情出发。

思考题

1. 如何认识形势与政策教育的重要意义？
2. 结合本章知识，谈谈你对马克思主义形势观与政策观的理解？

第三章　培育和践行社会主义核心价值观

当前，全党和全社会正在掀起一股学习宣传、培育和践行社会主义核心价值观的高潮。究竟什么是社会主义核心价值观？为什么要培育和践行社会主义核心价值观？对于青年大学生来讲，应该怎样培育和践行社会主义核心价值观？只有从理论上搞清楚这三个基本问题，大学生践行社会主义核心价值观才能做到方向明确，路径清晰，效果明显，最终使社会主义核心价值观内化于心，外化于行。

第一节　社会主义核心价值观的提出

党的十八大提出社会主义核心价值观不是偶然的，它是在西方价值观冲击和国内价值观多元化挑战下做出的本能反应。社会主义核心价值观最本质的属性是社会主义，最鲜明的特征是中国特色。它的提出不仅丰富和发展了马克思主义价值观学说，而且有利于在全国范围内形成最广泛的价值共识，进而从根本上筑牢思想防线，抵御西方价值观入侵。

一、社会主义核心价值观提出的时代背景

辩证法认为，对于事物的变化发展来讲，内因是依据，外因是条件，外因通过内因起作用。社会主义核心价值观的提出也是内外因共同作用的结果。

首先，社会主义核心价值观的提出是应对国内价值观多元化挑战的必然结果。改革开放以来，随着社会阶层的分化和西方价值观的影响，中国社会价值观也出现了多元化的特点，这当中有不少是与社会主义价值观相背离的腐朽价值观，如拜金主义、享乐主义、极端个人主义等。拜金主义者把获取尽可能多的金钱作为自己人生的最大目标，为此，他们不惜出卖自己的肉体和灵魂，“宁在宝马车里哭，不在自行车上笑”是他们的座右铭。享乐主义者过分强调物质上的享受和肉体上的快乐，奉行今朝有酒今朝醉的原则，“过把瘾就死”是他们的座右铭。极端个人主义者为了满足个人私欲而不惜损害社会和他人利益，其主要有三大表现：个人本位、自我中心、利己主义。这些腐朽价值观无时无刻不在腐蚀人们的心灵，挑战社会的道德底线。此时中央提出社会主义核心价值观，不仅可以正本清源，清除各种错误价值观的影响，而且可以在全社会形成价值共识，促进

社会主义和谐社会的构建。

其次，社会主义核心价值观的提出是抵御西方价值观入侵的需要。自新中国成立以来，就面临着西方国家和平演变的危险。早在 1951 年，美国中情局就制定了“对华十条戒令”，核心思想是要通过向中国青年灌输西方价值观，达到和平演变中国的目的。1998 年 6 月，美国最大、也是对政府决策最有影响的智囊库兰德公司，建议美国政府对华战略应该分三步走，其中第一步就是西化、分化中国，使中国的意识形态西方化，从而失去与美国对抗的可能性。近年来，美国将西方价值观伪装成所谓普世价值观，在世界各地进行兜售，这不能不引起国内“美分党”和各类“带路党”的兴趣。[①] 他们或以还原历史真相为名，丑化党的领袖和革命历史；或对中国社会现实问题大肆渲染，鼓动民众对政府的不满情绪。甚至在高校，某些教师也把抹黑中国当成一种时尚，给大学生造成了极大的思想困扰。面对西方价值观的强势入侵，中国必须要有所反应，社会主义核心价值观的提出，无疑在思想防线上筑起了一道抵御西方价值观入侵的钢铁长城。

再次，社会主义核心价值观的提出是建设中国特色社会主义的内在要求。中国特色社会主义建设是经济建设、政治建设、文化建设、社会建设和生态文明建设“五位一体”的统一，其中文化建设不仅是社会主义建设的重要内容，同时也是一个国家软实力的重要体现。加强文化建设必须要把价值观培育放在首位，因为一个国家的文化软实力，从根本上讲，取决于其核心价值观的生命力、凝聚力和感召力。习近平总书记在中央政治局第十三次集体学习时指出：核心价值观是文化软实力的灵魂、文化软实力建设的重点。这是决定文化性质和方向的最深层次要素。一个国家的文化软实力，从根本上说，取决于其核心价值观的生命力、凝聚力、感召力。当今世界流行的一个说法是：一流国家输出文化和价值，二流国家输出技术和规则，三流国家输出产品和劳务。经过 60 多年的发展，今天的中国已经成为世界第二大经济体，经济建设的成就举世瞩目，但与之不相协调的是，中国的文化软实力相对于经济硬实力来讲还是一个短板，增强中华文化软实力的关键是培育出社会主义核心价值观。可见，社会主义核心价值观的提出，是中国特色社会主义发展到一定阶段的必然结果和内在要求。

二、社会主义核心价值观的提出过程

虽然直到党的十八大才明确提出社会主义核心价值观这一概念，但中国共产党关于社会主义价值观的理论探索由来已久。中国共产党建立开始就以完整的马克思主义作为自己的指导思想，系统地接受了马克思主义的世界观和价值观。社会主义核心价值观的理论基因就是马克思主义的基本理论，尤其是以人为本的理念和价值追求。改革开放以来，中国共产党在认真总结思想文化领域和精神文明

---

① “美分党”，是内地网民对发表亲西方言论者的蔑称，意在讥讽他们发一篇评论能赚美分。更多的时候讥讽他们捧着“民主自由”牌坊为美国及其盟友的国家利益呐喊。“带路党”一词产生于 2010 年美国与韩国黄海军事演习期间，网上有人声称美军如果入侵中国，他们就要给美军带路，现多泛指出卖国家利益的汉奸。

建设经验教训的基础上，把马克思主义基本理论与中国传统优秀文化相结合，同时汲取了人类文明的优秀成果，在逐渐深化对社会主义精神文明建设、社会主义核心价值体系认识的基础上，凝练并提出了社会主义核心价值观。

1. 加强社会主义精神文明建设

改革开放打开了中国的国门，与资金、技术和先进的管理经验一同涌入中国的还有西方社会思潮和各种价值观，特别是一些腐朽的价值观念对社会主义主流价值观构成了严重的冲击，社会上出现了拜金主义、极端个人主义等思想，西方自由化思潮也愈演愈烈。为此，邓小平提醒全党："实行开放政策必然会带来一些坏的东西，影响我们的人民。要说有风险，这是最大的风险。"为了从根本上筑牢思想防线，从改革开放初期开始，就把加强社会主义精神文明建设作为重要任务来抓。

1982 年，党的十二大充分肯定了精神文明建设的重要意义，认为社会主义精神文明是社会主义的重要特征，是社会主义制度优越性的重要表现，关系到社会主义的兴衰和成败。党的十二大还概括了社会主义精神文明建设的任务，是适应社会主义现代化建设的需要，培育有理想、有道德、有文化、有纪律的社会主义公民，提高整个中华民族的思想道德素质和科学文化素质。1986 年 9 月，党的十二届六中全会专门通过了《中共中央关于社会主义精神文明建设指导方针的决议》，就社会主义精神文明建设的战略地位、根本任务、基本要求、指导思想等作出全面的部署。

1987 年 10 月，党的十三大提出，必须以马克思主义为指导，努力建设精神文明。要努力形成有利于现代化建设和改革开放的理论指导、舆论力量、价值观念、文化条件和社会环境，抵制封建主义和资本主义的腐朽思想，振奋起全国各族人民献身于现代化事业的巨大热情和创造精神。1992 年 10 月召开的十四大提出，要坚持坚持两手抓、两手都要硬方针，把社会主义精神文明建设提高到新水平。1996 年 10 月，党的十四届六中全会讨论并通过了《中共中央关于加强社会主义精神文明建设若干重要问题的决议》，对社会主义精神文明建设的指导思想、奋斗目标、具体要求、投入保障等作出了全面的部署。同时，中央成立了精神文明建设指导委员会加强统一协调工作。

2. 社会主义核心价值体系的提出

进入新世纪以来，党中央高度重视意识形态工作，在 20 世纪精神文明建设的基础上，逐步酝酿提出了社会主义核心价值体系。2003 年 12 月，中共中央召开全国宣传思想工作会议。胡锦涛同志在会议的讲话中提出要坚持和巩固马克思主义在意识形态领域指导地位，不断坚定建设中国特色社会主义的理想信念，把弘扬和培育民族精神落实到宣传思想的各项工作中，落实到精神文明建设的全过程。胡锦涛同志在讲话中还强调要宣传和弘扬解放思想、锐意改革、艰苦创业、开拓创新的精神，不断增强中华民族的创造力。胡锦涛同志的讲话实际上已经涉及了社会主义核心价值体系三个方面的内容，即马克思主义指导思想，中国特色社会主义的共同理想，民族精神和时代精神。

2006 年 3 月 4 日，胡锦涛同志在看望政协委员时强调，要引导广大干部群众特别是青少年树立社会主义荣辱观，坚持以热爱祖国为荣、以危害祖国为耻，以服务人民为荣、以背离人民为耻，以崇尚科学为荣、以愚昧无知为耻，以辛勤劳动为荣、以好逸恶劳为耻，以团结互助为荣、以损人利己为耻，以诚实守信为荣、以见利忘义为耻，以遵纪守法为荣、以违法乱纪为耻，以艰苦奋斗为荣、以骄奢淫逸为耻。至此，以"八荣八耻"为主要内容的社会主义荣辱观正式形成。

2006 年 10 月，党的十六届六中全会通过的《中共中央关于构建社会主义和谐社会若干重大问题的决定》明确提出了社会主义核心价值体系的基本内容，即马克思主义指导思想、中国特色社会主义共同理想、以爱国主义为核心的民族精神和以改革创新为核心的时代精神、社会主义荣辱观。2007 年 10 月，党的十七大首次将建设社会主义核心价值体系纳入报告中，认为社会主义核心价值体系是社会主义意识形态的本质体现，并明确提出要把社会主义核心价值体系融入国民教育和精神文明建设全过程，转化为人民自觉追求。社会主义核心价值体系的提出，为社会主义核心价值观的凝练提供了基础和前提条件。

3. 社会主义核心价值观的凝练

进入新世纪以来，国际国内形势都发生了深刻变化：西方主要资本主义国家意识形态和文化渗透的深度和广度都在拓展和外延，国内社会思想空前活跃，各种思想观念相互交织，各种文化相互激荡，社会意识出现多样化的趋势。尤其是我国的改革开放进入到一个全面推进和深化的阶段，各种深层次的矛盾日益突出，各种利益的博弈更加激烈。面对全面推进深化改革的艰巨重任，全党上下以及全社会需要统一思想，同心协力，攻克难关。随着对社会主义核心价值体系认识的深化，中央意识到凝练和提出社会主义核心价值观不仅有所必要，而且成为必然趋势。

2012 年 11 月，胡锦涛同志在十八大上所做的报告中指出，要加强社会主义核心价值体系建设，深入开展社会主义核心价值体系学习教育，用社会主义核心价值体系引领社会思潮、凝聚社会共识。倡导富强、民主、文明、和谐，倡导自由、平等、公正、法治，倡导爱国、敬业、诚信、友善，积极培育社会主义核心价值观。"三个倡导"分别从国家层面、社会层面和个人层面高度凝练和概括了社会主义核心价值观的基本内容。

2013 年 12 月，中共中央办公厅印发了《关于培育和践行社会主义核心价值观的意见》，就培育和践行社会主义核心价值观的指导思想、基本原则、基本要求等提出具体意见。2014 年 2 月 24 日下午，中共中央政治局就培育和弘扬社会主义核心价值观、弘扬中华传统美德进行第十三次集体学习。中共中央总书记习近平在主持学习时强调，要继承和发扬中华优秀传统文化和传统美德，广泛开展社会主义核心价值观宣传教育，积极引导人们讲道德、尊道德、守道德，追求高尚的道德理想，不断夯实中国特色社会主义的思想道德基础。此后，全党和全社会都兴起了培育和践行社会主义核心价值观的高潮。

三、培育和践行社会主义核心价值观的重大意义

2015 年 5 月 4 日，习近平总书记在北京大学师生座谈会上指出，“我国是一个有着 13 亿多人口、56 个民族的大国，确立反映全国各族人民共同认同的价值观‘最大公约数’，使全体人民同心同德、团结奋进，关乎国家前途命运，关乎人民幸福安康”，为此他强调必须“把培育和弘扬社会主义核心价值观作为凝魂聚气、强基固本的基础工程”。这个基础工程既是一项创新工程，同时也是一项铸魂工程和圆梦工程，它对促进国家主流价值观的形成和凝聚全党全国人民团结奋斗的共同思想基础具有重要作用。

培育和践行社会主义核心价值观是一项创新工程，它创造性地发展了马克思主义价值学说，是中国共产党人对国际共产主义运动的新贡献。《共产党宣言》的发表使得社会主义实现了从空想到科学的历史性跨越，但整个 19 世纪除了巴黎公社开启了无产阶级专政首次尝试之外，社会主义主要停留在理论完善阶段，在实践中多以工人运动为主，社会主义制度并未真正确立，社会主义价值观建设更是无从谈起。爆发于 20 世纪初的俄国十月革命实现了社会主义从理论到实践的历史性跨越，二战后社会主义又从一国走向多国，但纵观各国社会主义建设，并未系统论述过社会主义核心价值观。直到 2012 年中国共产党召开十八大，社会主义核心价值观才得以最终呈现在世人面前。虽然这只是中国共产党人关于价值观建设的初步探索，具有特殊性，但辩证法认为矛盾的普遍性寓于特殊性之中，中国共产党作为世界最大的共产党，中国作为世界上最大的社会主义国家，我们关于社会主义核心价值观的探索无疑对整个国际共产主义运动都会产生深远的影响。社会主义核心价值观和马克思主义价值观不仅是个性和共性的关系，同时也是流和源的关系。马克思主义把实现人的自由全面的发展作为根本目标，而社会主义核心价值观的全部内容都是围绕实现这一根本目标展开的。因此，社会主义核心价值观的提出是对马克思主义价值观理论的创造性发展。

培育和践行社会主义核心价值观是一项铸魂工程，它有利于在全社会达成价值共识，提升中华民族的整体凝聚力。自 1917 年俄国十月革命建立第一个社会主义国家开始，社会主义作为一种全新的社会制度已经存在了近百年。当今有中国、越南、老挝、朝鲜、古巴 5 个国家在坚持社会主义制度。总结社会主义国家百年历史，不难发现，能否在全社会形成一个富有凝聚力的、稳固的价值观体系，对于维护社会主义国家的社会稳定至关重要。苏东国家的失败首先源于价值观领域的混乱，特别是戈尔巴乔夫的改革，引入所谓的新思维，提倡公开性和民主化，各种西方价值观泛滥成灾，直接造成了人们思想的混乱，原有的价值共识不复存在，各阶层之间尖锐对立，最终导致了苏联的解体。中国特色社会主义事业之所以能够克服一切艰难险阻，取得令人瞩目的成绩，一个重要原因是中国共产党始终坚持马克思主义在意识形态领域的领导地位，中国社会主流价值观始终是马克思主义价值观。虽然十八大之前并没有社会主义核心价值观的明确表述，但并不意味着中国社会不存在某种价值共识。十八大明确提出要大力培育和践行

社会主义核心价值观，并对社会主义核心价值观的基本内容进行明确界定，这就使得原有的价值共识得到了进一步凝练和升华。可以毫不夸张地讲，社会主义核心价值观是当今中国社会价值观领域最大的公约数。培育和践行社会主义核心价值观，对于增强中华民族的整体凝聚力具有突出的现实意义。

培育和践行社会主义核心价值观还是一项圆梦工程，它为中国特色社会主义建设提供精神动力，是实现中华民族伟大复兴“中国梦”必要条件。为了实现中华民族的伟大复兴，中国共产党早在1987年召开的十三大上就制定了社会主义初级阶段基本路线，提出要把我国建设成为富强民主文明和谐的社会主义现代化国家的奋斗目标，而富强民主文明和谐本身就是社会主义核心价值观的基本内容。因此，在全社会大力培育和践行社会主义核心价值观，是建设中国特色社会主义题中应有之义。不仅如此，由于中国特色社会主义现代化建设是一项前无古人的伟大事业，需要亿万劳动者共同努力才能克服前进道路上的一切艰难险阻，最终取得事业的成功。对于普通劳动者来说，建设中国特色社会主义，进而实现“中国梦”，必须要和本职工作相结合，只有每一位公民都努力做到爱国敬业诚信友善，整个社会实现自由平等公正法治，国家才可能实现富强民主文明和谐。可见，培育和践行社会主义核心价值观，不仅关系到国民以什么样的精神状态迎接社会主义现代化建设过程中的可能面临的挑战，而且本身也是实现中华民族伟大复兴“中国梦”必要条件。

第二节 社会主义核心价值观的基本内容

社会主义核心价值观的基本内容是党的十八大首次提出来的，十八大报告指出，倡导富强、民主、文明、和谐，倡导自由、平等、公正、法治，倡导爱国、敬业、诚信、友善，积极培育和践行社会主义核心价值观。中共中央办公厅印发的《关于培育和践行社会主义核心价值观的意见》明确指出：“富强、民主、文明、和谐是国家层面的价值目标，自由、平等、公正、法治是社会层面的价值取向，爱国、敬业、诚信、友善是公民个人层面的价值准则，这24个字是社会主义核心价值观的基本内容，为培育和践行社会主义核心价值观提供了基本遵循”。以“三个倡导”为基本内容的社会主义核心价值观，与中国特色社会主义发展要求相契合，与中华优秀传统文化和人类文明优秀成果相承接，是我们党凝聚全党全社会价值共识作出的重要论断，它概要回答了我们要建设什么样的国家、建设什么样的社会、培育什么样的公民等三个方面的重大问题。

一、国家层面的价值目标：富强、民主、文明、和谐

富强、民主、文明、和谐作为社会主义核心价值观在国家层面的要求，分别针对社会主义经济、政治、文化、社会建设领域，各自代表了其中最重要的价值，各有其特殊地位和作用。

富强是民富国强的简称，是社会主义核心价值观的首要价值目标，它内在地

包含着人民与国家两大主体的价值诉求，即人民富裕和国家强大。这两者之间不仅不矛盾，而且相得益彰。民富是国强的基础和前提，“治国之道，必先富民”。没有民富的国强只能是昙花一现的穷兵黩武，就像历史上的蒙古帝国，虽然可以凭借蒙古铁骑横扫亚欧大陆，但终因民生凋敝，仅仅维持不到一个世纪就土崩瓦解。国强是民富的政治保证，没有强大的国家作后盾，富民只能是任人宰割的羔羊。如北宋商品经济发达，人民生活总体富裕，但由于缺乏强有力的国家政权保护，最终在外敌入侵面前背井离乡、流离失所。社会主义的富强观在民生领域主张共同富裕，从而避免了西方国家总体富裕外表掩盖下的两极分化，在国际关系上主张构建和谐世界，克服了西方国强必霸的局限，因而赢得了世界各国的尊重。

民主的本意是人民当家做主，作为一种价值理念，民主是社会主义的本质属性和内在要求，所以邓小平指出：“没有民主就没有社会主义，就没有社会主义的现代化。”党的十八大报告也强调：人民民主是社会主义的生命。马克思主义认为民主是有阶级性的，阶级社会的民主不过是统治阶级内部的民主，对广大人民群众来说则只有专政，因而是少数人的、虚伪的民主。德国哲学家哈贝马斯认为，资本主义民主只是在形式上保障每一个公民的平等权利，这种权利的实际结果却是每个人都拥有在桥梁下睡觉的平等权利。对于社会主义来讲，民主是其本质属性和内在要求。从享有主体来看，社会主义民主覆盖了绝大多数劳动人民，因而是最广泛的民主；从真实性看，由于消灭了生产资料私有制和阶级压迫，为广大人民群众平等地行使民主权利创造了可能，因而是真实的民主。当然，由于社会主义制度在我国建立只有60多年，社会主义民主的实现也是一个不断进步完善的历史过程。

文明指由人们的思想水平、政治素质、道德修养、社会风气、行为规则、发展理念所构成的一种精神状态和发展境界，它是社会主义的重要特征。作为一种价值取向，文明主要是指思想上的进步和文化上的先进，它是社会进步和国家发展的重要标志。社会主义文明观主张以人的自由全面发展为最高价值目标，通过大力发展社会主义先进文化，建设社会主义精神文明，全面提升社会文明开化的水平。江泽民指出，社会主义优越性不仅体现在经济政治方面能够创造出高度的物质文明，还体现在思想文化方面能够创造出高度的精神文明。贫穷不是社会主义，精神生活空虚，社会风气败坏也不是社会主义。习近平总书记认为，实现中国梦必须弘扬中国精神，这就是以爱国主义为核心的民族精神和以改革创新为核心的时代精神。这种精神是凝心聚力的兴国之魂、强国之魂。把文明作为中国特色社会主义核心价值，内在地要求加强社会主义精神文明建设，繁荣社会主义文化，提高中华民族的思想道德素质和科学文化素质。

和谐是中国特色社会主义的本质属性。从字面看，和谐是指人人有饭吃、人人能说话，意指经济发达、政治民主这样一种社会状态。从哲学上讲，和谐指事物协调、均衡、有序的发展状态。和谐社会就是说社会系统中的各个部分、各种要素处于一种相互依存、相互协调、相互促进的状态。其主要内容为人与人的和谐、人与社会的和谐、人与自然的和谐。社会和谐是古今中外人们都向往和追求的理想社会状态，但是在生产力水平低下、阶级压迫的状态下，和谐是无从谈起的。为了解决基本的生存问题，人们不能不向自然界开战，过度的索取往往导致自然界加倍的报复。由于私有制的存在，阶级压迫和阶级斗争成为社会发展的常态。只有进入共产主义社会，社会和谐才有可能真正实现。由于共产主义消灭了生产资料私有制，也就从根本上消灭了阶级压迫的根源，人与人之间才有可能维持和谐的关系。通过确立科学发展观，大力发展生态文明，人与自然之间最终也实现了和谐共处。

二、社会层面的价值目标：自由、平等、公正、法治

自由、平等、公正、法治是社会主义核心价值观在社会层面上的价值取向，是立足于社会集体层面对社会主义核心价值体系的高度凝练，它对于激发社会活力、促进社会发展具有特殊的意义。

自由是一个内涵丰富的概念，在生活中，自由往往是指摆脱束缚、无拘无束的自在状态。在政治哲学中，自由又常用来指代国家赋予公民的权利。西方国家把自由作为普世价值观的第一条加以推广，殊不知这种自由是打了折扣的自由，或者更确切地说是一种虚伪的自由。表面上看，资本主义国家的公民都是自由的，法律保障每一位公民的权利不受侵犯，但由于私有制和阶级压迫的存在，对于占人口绝大多数的工人来说，可以有选择不被这个资本家剥削的自由，也有选择不被那个资本家剥削的自由，但却无权选择不被整个资产阶级剥削的自由。资本主义自由对于工人阶级来说只能是戴着脚镣的舞蹈。反观社会主义把构建自由人联合体作为自身的奋斗目标，把每个人的自由发展看成是一切人自由发展的先决条件，从而实现了最广泛、最全面的自由。

平等是指人们在经济、政治、文化等方面享有同等的权利，主要包括权利平等、机会平等以及结果平等。社会主义核心价值观所倡导的平等，是通过平等的社会机制和价值引导，既保障公民个人享有平等的权利，也保障每个人基于社会贡献所要求得到的权利、利益和尊重。坚持法律面前人人平等，任何组织和个人都没有超越宪法和法律的特权。由于社会主义消灭了私有制和阶级压迫，人与人之间不仅在政治上是平等的，而且在经济上也是平等的。资本主义虽然也强调平等，但主要是指政治上的平等，由于资产阶级占有生产资料，广大工人只有靠出卖自身劳动力才能维持生存和发展，因而在经济上是不平等的。根据历史唯物主义的观点，经济基础决定上层建筑，没有经济上的平等，也就没有真正意义上的政治平等。如美国总统选举虽然从法律上讲符合条件的公民都可以参选，但由于高达 10 多亿美元的竞选成本显然不是普通工人能承担起的。

公正，即公平、正义，公平主要指权利公平、机会公平、规则公平以及分配公平等，正义主要指制度正义、形式正义以及程序正义等。社会主义核心价值观所倡导的公正，是加快建立以权利公正、机会公正、规则公正为主要内容的社会公平正义保障体系，努力营造公平正义的社会环境，从而在更加公平正义的基点

上造福全体人民。中国共产党自创建之日起，就将实现和维护社会公正作为己任。新中国成立后，毛泽东提出公私兼顾、劳资两利以及城乡兼顾等观点，蕴含着公正的思想。邓小平认为，只有社会主义才能消除资本主义和其他剥削制度所必然产生的种种贪婪、腐败和不公正现象。党的十六届六中全会提出社会公平正义是社会和谐的基本条件，制度是社会公平正义的根本保证。党的十八大强调必须坚持维护公平正义，加紧建设对保障社会公平正义具有重大作用的制度。可见，公正是中国共产党一以贯之的价值追求目标。

法治，即法的统治，与人治、德治相对。法治主要包含形式意义的法治和实质意义的法治。形式意义的法治，强调以法治国、依法办事的治国方式、制度及其运行机制。实质意义的法治，强调法律至上、法律主治、制约权力、保障权利的价值、原则和精神。法治是形式意义的法治和实质意义的法治的统一体。社会主义核心价值观所倡导的法治，是坚持党的领导、人民当家做主和依法治国的统一，通过建立健全全社会学习、遵守、维护、运用宪法法律的制度，始终坚持法律面前人人平等，让遵法守法成为一种良好的社会风气和自觉的行为习惯，让人民群众在法治社会中享受到自由、平等和公正。

三、公民层面的价值目标：爱国、敬业、诚信、友善

人民群众是社会主义的建设者，同时也是社会主义核心价值观的践行主体。爱国、敬业、诚信、友善是从当代公民的政治、经济和社会生活提炼而来，与中国文化传统的理想人格一脉相承的价值理念，因而是我国公民的基本价值准则。

爱国作为公民的一种情感归属，反映了个人对国家的依存关系。爱国不是抽象的，而是具体的，爱国就要爱祖国的大好河山和历史文化，爱自己的骨肉同胞，离开了这些去抽象地谈论爱国是毫无意义的。爱祖国就要把国家和人民的利益放在首位，心系国家的前途和命运，为实现中华民族伟大复兴“中国梦”贡献力量。爱国具有时代性，在古代主要表现为忠君，在近代主要表现为唤醒中国这头睡狮，在现代则主要表现为建设中国特色社会主义。当今的爱国主义要排除狭隘的民族主义，要尊重他国体制，要学习国外的先进经验，要理性合法地表达爱国热情。爱国的这种责任与情怀，在价值多元化、利益个体化的当今社会，能有效引导和规范社会价值观的培育。爱国这一基本价值观，统摄和规范多元价值的发展及其影响；也能整合社会力量，让多元价值、多元主体在爱国中，戮力同心，在社会主义道路上坚定自信的前行。

敬业是职业道德的集中体现，是展示劳动尊严的基本前提，是证明社会价值的有力证据。任何社会的生存与发展，都离不开千百万劳动者的辛勤工作，所有国家都把敬业列为公民基本道德规范之一。判断一个公民是否做到敬业，关键看两点：首先，是否热爱本职工作。只有公民发自内心地热爱本职工作，才会在工作中迸发出创造热情，进而为社会提供更多的高质量的劳动成果，社会才会因之得以进步。反之，如果一个社会因为制度设计的缺陷或其他某种原因，导致劳动者普遍丧失工作热情，在岗位上敷衍塞责，人浮于事，长此以往，社会必将丧失

生机与活力。其次，是否做到勤勉努力。要想干好工作，只有热情还不够，还需要持之以恒地勤勉付出。作家葛拉威尔说过：只要经过一万小时的锤炼，任何人都能从平凡变成超凡。所以爱迪生说天才是百分之一的灵感加百分之九十九的汗水。

诚信包括诚与信两个方面。诚有两层意思：一是真实，即忠实于事物本来面貌，不因个人利害关系进行歪曲取舍；二是诚恳，即忠实于自己的内心，不因惧怕付出某种代价而去扭曲自己的内心。信从字面看是指一个人要说话算数，对自己的承诺负责，言而有信。诚与信两者不能直接等同，诚是一种内在的德性和修为，强调的是静态的真实；信是一种外在的确认和表达，强调的是动态的坚守。诚与信之所以往往一起连用，是因为两者之间有着非常紧密的关系。内在的德性与修为只有通过外在的言行才能加以反馈和确认，而外在的言行没有内在的涵养作为支撑也难以持久。因此，诚是信的基础，信是诚的结果。诚信不仅是中华民族的优良传统，同时也是构建社会主义和谐社会的基本要求。对于公民个人来讲，没有诚信，将一事无成；对于整个社会来说，失去诚信，将摧毁整个社会根基。坚守诚信品质能使公民免受不良风气的侵蚀，提高社会信任度，促进社会信用机制的建立，能在源头上化解和防止由社会信任缺失引发的一系列问题，从而使社会能以低成本运行。

友善的本意是像朋友一样善良，它内在地包含了三个维度：与己友善，与人友善，与自然友善。与己友善，主要是指心灵的和谐，不干违心的事，这是消除焦虑、缓解压力的不二法门；与自然友善，主要是指人类要对自然抱有敬畏之心，不要盲目开发自然，更不要人为破坏自然，而要在与自然和谐相处中探寻人类可持续发展的途径。社会主义核心价值观强调的友善主要是与人友善。与人友善并非一团和气，息事宁人，粉饰太平，而是基于理解与包容的一种开明的心态与豁达的气度。与人友善的前提是平等待人，而不是因人而异，看人下菜碟；友善的直接体现是助人为乐，友善并不要求公民在超出自身能力之外关心他人，而是指在力所能及的范围内帮助他人解决问题；友善的最高境界是待人如己，成人之美，“老吾老以及人之老，幼吾幼以及人之幼”，“己欲立而立人，己欲达而达人”，“己所不欲，勿施于人”。

社会主义核心价值观的三个基本层次是有机联系、内在统一的。富强、民主、文明、和谐是中国特色社会主义的基本价值追求，它体现的是我国经济建设、政治建设、文化建设、社会建设和生态文明建设的内在发展要求；自由、平等、公平、法治是中国特色社会主义的基本社会属性，它体现的是我国作为中国特色社会主义社会的总体价值趋向和整体目标要求；爱国、敬业、诚信、友善体现的是社会主义国家全体公民的基本价值追求和道德准则要求。上述三个层次的核心价值观相互联系、相互贯通，集中体现了国家、集体和个人在价值目标上的统一，体现了国家目标、社会导向和个人行为准则的统一，是马克思主义价值理论中国化的最新成果。

第三节　培育和践行社会主义核心价值观的指导思想和基本原则

理论是行动的先导，没有革命的理论，就没有革命的运动。培育和践行社会主义核心价值观，必须首先要明确指导思想和基本原则。指导思想是培育和践行社会主义核心价值观的行动指南，基本原则是培育和践行社会主义核心价值观时必须遵循的价值准则。指导思想和基本原则对于培育和践行社会主义核心价值观具有基础性意义。

一、培育和践行社会主义核心价值观的指导思想

2013 年中央办公厅印发的《关于培育和践行社会主义核心价值观的意见》明确指出，培育和践行社会主义核心价值观的指导思想是："高举中国特色社会主义伟大旗帜，以邓小平理论、'三个代表'重要思想、科学发展观为指导，深入学习贯彻党的十八大精神和习近平同志系列讲话精神，紧紧围绕坚持和发展中国特色社会主义这一主题，紧紧围绕实现中华民族伟大复兴中国梦这一目标，紧紧围绕'三个倡导'这一基本内容，注重宣传教育、示范引领、实践养成相统一，注重政策保障、制度规范、法律约束相衔接，使社会主义核心价值观融入人们生产生活和精神世界，激励全体人民为夺取中国特色社会主义新胜利而不懈奋斗。"贯彻这一指导思想，关键是要把握以下四点。

1. 高举中国特色社会主义伟大旗帜

旗帜展示形象，旗帜就是方向，旗帜引领未来。高举什么旗帜，关系到党和国家的前途命运，关系到未来中国的兴衰强弱。衡量高举的旗帜正确与否，关键看两条：一是看它是否顺应时代大势、符合本国国情，是否体现事物发展规律和趋势，即是否体现了"合规律性"；二是看它是否体现了人民的利益和意志，即是否体现了"合目的性"。中国特色社会主义旗帜，彰显着我党对人类社会发展规律的自觉遵循，对社会主义建设规律的真正掌握，对马克思主义执政党建设规律的科学揭示，同时把实现好、维护好、发展好最广大人民的根本利益作为最高价值追求，聚合了中国广大人民群众的共同意志。所以，中国特色社会主义是一面合规律性与合目的性、真理观与价值观相统一的旗帜。我们以往取得的成功，靠的都是高举中国特色社会主义伟大旗帜；培育和践行社会主义核心价值观过程中，也仍然离不开高举中国特色社会主义伟大旗帜。

2. 坚持以中国特色社会主义理论体系为指导

中国特色社会主义理论体系是包括邓小平理论、"三个代表"重要思想和科学发展观在内的科学理论体系，它继承和发展了马克思列宁主义、毛泽东思想，是被实践证明了的关于在中国建设、巩固和发展社会主义的正确的理论原则和经验总结，是中国共产党集体智慧的结晶。中国特色社会主义理论体系体统回答了什么是社会主义、怎样建设社会主义，建设什么样的党、怎样建设党，实现什么

样的发展、怎样发展三大基本理论问题，是新时期全党全国各族人民团结奋斗的共同思想基础。中国特色社会主义理论体系同马克思列宁主义、毛泽东思想一道，是党必须长期坚持的指导思想。马克思主义指导思想是社会主义核心价值观的灵魂，它为培育和践行社会主义核心价值观提供了科学的世界观和方法论，培育和践行社会主义核心价值观，就必须要以马克思主义中国化的最新理论成果——中国特色社会主义理论体系为指导。

3. 紧紧围绕坚持和发展中国特色社会主义这一主题

中国特色社会主义，既坚持了科学社会主义基本原则，又根据时代条件赋予其鲜明的中国特色，以全新的视野深化了对共产党执政规律、社会主义建设规律、人类社会发展规律的认识，从理论和实践结合上系统回答了在中国这样人口多底子薄的东方大国建设什么样的社会主义、怎样建设社会主义这个根本问题，使我们国家快速发展起来，使我国人民生活水平快速提高起来。实践充分证明，中国特色社会主义是当代中国发展进步的根本方向，只有中国特色社会主义才能发展中国。培育和践行社会主义核心价值观，必须紧紧围绕坚持和发展中国特色社会主义这一主题来进行，不断丰富中国特色社会主义的实践特色、理论特色、民族特色、时代特色。

4. 紧紧围绕实现中华民族伟大复兴中国梦这一目标

党的十八大以后，习近平总书记发表了一系列重要讲话，提出了实现中华民族伟大复兴“中国梦”的重要战略思想。这一重要战略思想，反映了近代以来一代又一代中国人的美好夙愿，揭示了中华民族的历史命运和当代中国的发展走向，阐述了党和国家面临的一系列重大问题，展示了新一届中央领导集体的执政思路，指明了全党全国各族人民共同的奋斗目标。这一重要战略思想，为坚持和发展中国特色社会主义注入了丰富内涵和鲜活力量，为推进中国特色社会主义伟大事业指明了方向，成为当今中国发展进步的高昂旋律、思想引领和精神旗帜，也必然成为培育和践行社会主义核心价值观的指导思想。

二、培育和践行社会主义核心价值观的基本原则

《关于培育和践行社会主义核心价值观的意见》对培育和践行社会主义核心价值观提出要坚持以下原则：“坚持以人为本，尊重群众主体地位，关注人们利益诉求和价值愿望，促进人的全面发展；坚持以理想信念为核心，抓住世界观、人生观、价值观这个总开关，在全社会牢固树立中国特色社会主义共同理想，着力铸牢人们的精神支柱；坚持联系实际，区分层次和对象，加强分类指导，找准与人们思想的共鸣点、与群众利益的交汇点，做到贴近性、对象化、接地气；坚持改进创新，善于运用群众喜闻乐见的方式，搭建群众便于参与的平台，开辟群众乐于参与的渠道，积极推进理念创新、手段创新和基层工作创新，增强工作的吸引力感染力。”这些基本原则是开展培育和践行社会主义核心价值观活动所要依据的主要法则和标准。认真研究和自觉遵循这些基本原则，是使培育和践行社会主义核心价值观活动收到良好效果的客观需要。

1. 以人为本原则

以人为本是马克思主义基本观点，是社会主义核心价值观的基础性、前提性价值。没有这样的前提性设定，中国特色社会主义就失去了方向和动力，其他价值也就无从谈起。培育和践行社会主义核心价值观，贯彻以人为本原则，关键是要做到两点：一是尊重群众的主体地位。马克思主义唯物史观认为，人民群众是历史的创造者，他们不仅是物质财富的创造者，而且是精神财富的创造者，更是社会变革的决定性力量。因此，培育和践行社会主义核心价值观，离不开广大人民群众的支持和拥护。只有充分发挥群众的主体作用，调动广大群众的参与热情，培育和践行社会主义核心价值观才能取得实效。二是关注群众利益诉求和价值愿望。以人为本不是抽象的，而是具体的。必须要把培育和践行社会主义核心价值观同解决群众实际问题结合起来，急群众之所急，想群众之所想，只有这样才能赢得群众的真心拥护和支持。

2. 坚定理想信念的原则

理想信念是精神之钙，对于一个国家和民族来说，如果没有或者丧失理想信念，就会迷失奋斗目标和前进方向，就会像一盘散沙一样失去凝聚力，就会因失去精神支柱而自我瓦解。中国共产党人的理想共分两个层次：最高理想和共同理想。最高理想是实现共产主义，现阶段全国各族人民的共同理想是建设中国特色社会主义。共同理想是最高理想的必然准备和必经阶段，最高理想是共同理想的必然趋势和最终目的。最高理想和共同理想统一于中国特色社会主义建设实践中。对于中国共产党来讲，培育和践行社会主义核心价值观，必须要把实现最高理想和实现共同理想紧密结合起来，一方面不忘共产主义远大目标，另一方面脚踏实地建设中国特色社会主义。对于个人来讲，坚定理想信念的关键是树立正确的世界观、人生观和价值观，自觉运用马克思主义世界观和方法论认识世界、改造世界，在为社会、为人民的奋斗、奉献中实现自己的人生价值。

3. 分类指导原则

辩证法认为，不同事物的矛盾具有不同的特点，同一事物的矛盾在其不同发展阶段也有其不同的特点。这就要求我们在分析解决问题时必须做到具体问题具体分析。培育和践行社会主义核心价值观也不例外，只有坚持联系实际，区分层次和对象，加强分类指导，才能确保取得实效。培育和践行社会主义核心价值观，贯彻分类指导原则具体来说就是做到以下两点：一是加强社会主义核心价值观宣传教育时，要充分考虑不同群体的接受能力和理解能力，针对不同群体提出不同的要求；二是开展涵养社会主义核心价值观的实践活动时，必须要贴近实际、贴近生活、贴近群众，从不同群体的实际需要出发，开展形式多样、群众喜闻乐见的实践活动。

4. 创新原则

培育和践行社会主义核心价值观，必须要敢于打破常规，善于运用群众喜闻乐见的方式，搭建群众便于参与的平台，开辟群众乐于参与的渠道，积极推进理念创新、手段创新和基层工作创新，增强工作的吸引力感染力。理念创新是手段创新的前提，要改变传统思想政治教育偏于理论说教的弊端，充分发挥群众的主体作用，调动群众参与培育和践行社会主义核心价值观的积极性和主动性，变要我干为我要干。手段创新要求摆脱对传统媒介的依赖，充分利用多媒体的技术优势，将社会主义核心价值观教育引入网络，开辟丰富多彩的教育形式。上面千条线，下面一根针。培育和践行社会主义核心价值观，布局在中央，落实在基层。基层单位培育和践行社会主义核心价值观，必须要从本单位实际出发，将涵养社会主义核心价值观的实践活动同基层日常工作结合起来，在实践中推动培育和践行社会主义核心价值观向深入开展。

第四节 大学生培育和践行社会主义核心价值观的具体途径

2014 年 5 月 4 日，习近平总书记在北京大学师生座谈会上的讲话中指出：“青年的价值取向决定了未来整个社会的价值取向，而青年又处在价值观形成和确立的时期，抓好这一时期的价值观养成十分重要。”习近平总书记把这比喻成穿衣服扣扣子，认为人生的扣子从一开始就要扣好。如果第一粒扣子扣错了，剩余的扣子都会扣错。因此，大学生必须要高度重视自身价值观的涵养，要通过自觉培育和践行社会主义核心价值观，全面提高政治素养和道德觉悟，力争为国家和社会做出更大的贡献。

一、深化理论学习，提高思想觉悟

了解社会主义核心价值观的基本内涵及其思想来源，是培育和践行社会主义核心价值观的前提和基础。因为“牢固的核心价值观，都有其固有的根本。抛弃传统、丢掉根本，就等于割断了自己的精神命脉。”社会主义核心价值观有两大思想来源：一是马克思主义价值观；二是中华优秀传统文化。中国共产党正是以马克思主义价值观为指导，结合中国特色社会主义建设的实践，提出了与中国特色社会主义发展要求相契合，与中华优秀传统文化相承接的社会主义核心价值观。因此，大学生必须要有针对性地重点加强三个方面的理论学习。

1. 深入学习马克思主义价值观

社会主义核心价值观中“社会主义”四个字并非可有可无，更非画蛇添足，而是画龙点睛之笔，它清楚地表明了中国共产党所倡导的价值观的性质，预示了它与马克思主义价值观的理论渊源。事实上，社会主义核心价值观正是新时期中国共产党对马克思主义价值观理论的创新和发展，是当代中国的马克思主义价值观。马克思主义价值观和社会主义核心价值观是源和流、普遍性和特殊性的关系。这一点可以从马克思主义经典作家那里得到多方面的论证。如马克思恩格斯非常注重自由的价值，他们设想的未来社会是“自由人联合体”，“在哪里，每个人的自由发展是一切人的自由发展的条件”。再如“民主”，早在 1916 年，列宁就提出过一个著名的论断：“没有民主，就不可能有社会主义。”可以毫不夸张地说，社会主义核心价值观几乎所有的内容都可以在马克思主义经典作家那里找到理论依据。因此，大学生有必要通过学习马克思主义经典著作，了解经典作家关于价值观的论述，以便更加全面深入地了解社会主义核心价值观的内涵。

2. 认真学习中华优秀传统文化

社会主义核心价值观不仅姓“社”，还姓“中”，它不是别的社会主义国家的价值观，而是中国特色社会主义的核心价值观，这就决定了它必须要具有中国风格和中国气派。“我们生而为中国人，最根本的是我们有中国人的独特的精神世界，有百姓日用而不觉的价值观。我们提倡的社会主义核心价值观，就充分体现了对中华优秀传统文化的传承和升华。”如中国民族精神的核心就是爱国主义，历代农民起义经常提及的一个口号是“等贵贱，均贫富”，而爱国和平等同时也都是社会主义核心价值观的重要组成部分。中国传统经典文献是中华优秀传统文化的重要载体，大学生必须要认真学习这些经典文献，摒弃其固有的时代和阶级局限，从中汲取有益的成分，为我所用，为培育和践行社会主义核心价值观提供理论参考。

3. 全面学习党的领袖关于社会主义价值观的论述

社会主义核心价值观的形成是一个渐进的历史过程。从毛泽东到邓小平、江泽民，党的三代领导集体都曾就价值观建设发表过论述和讲话，但由于时代的局限都没有明确提出社会主义核心价值观这一概念，更未就其具体内容进行阐释。直到 2006 年 10 月，中共十六届六中全会才指出：“马克思主义指导思想，中国特色社会主义共同理想，以爱国主义为核心的民族精神和以改革创新为核心的时代精神，社会主义荣辱观，构成社会主义核心价值体系的基本内容。”党的十八大正是在社会主义核心价值体系的基础上凝练出了社会主义核心价值观。十八大以来，以习近平为总书记的党中央又审时度势，多次就培育和践行社会主义核心价值观发表讲话、作出批示，这些都极大地丰富了社会主义核心价值观的理论内涵。大学生要通过全面学习党的领袖尤其是习近平总书记关于社会主义核心价值观的论述，以加深对社会主义核心价值观基本内涵的理解。

二、开展科学研究，分清理论是非

对于大学生来讲，读书是学习，理论研究也是学习，而且是更重要的学习。社会主义核心价值观从提出到现在不过两年左右的时间，还有很多理论问题没有完全搞清楚，如社会主义核心价值观与西方普世价值观、中国传统价值观有何本质区别？社会主义核心价值观与社会主义核心价值体系究竟有何关联等等。大学生尤其是人文社科专业的研究生有必要就此展开研究，以达到分清理论是非，提高思想认识的目的。

1. 研究社会主义核心价值观与西方普世价值观的本质区别

党的十八大召开以后，有海外媒体指出：将西方普世价值中的民主、自由、平等、公正、法治等重要理念都纳入“社会主义核心价值观”，是对中共传统意识形态的一次大胆突破，展示了中共在意识形态和治国理念上试图“与时俱进”

的意愿。言外之意，既然社会主义核心价值观与普世价值观都强调自由、民主、平等、法治等价值理念，那两者在本质上就是同一的。世界上究竟有没有所谓普世价值观，如何看待普世价值观，社会主义核心价值观与西方普世价值观是否是一回事，两者究竟有没有本质区别，这些问题到目前为止理论界还没有给出明确的有说服力的答案。大学生可以首先从自由、民主、平等、法治这四个微观概念入手，通过研究它们在不同价值观中政治寓意，指出社会主义核心价值观与普世价值观的本质区别。

2. 研究社会主义核心价值观与中国传统价值观的本质区别

中国传统价值观的核心是“三纲五常”，“三纲”都是封建糟粕，早已为时代所摒弃，“五常”则被部分学者标榜为“中华民族传统核心价值观的精髓”而备受推崇，甚至提出要“把‘仁义礼智信’作为积极培育和践行社会主义核心价值观的基础性、民族性内容”来对待，这显然就混淆了中国传统价值观与社会主义核心价值观的本质区别。事实上，任何价值观都具有阶级性和时代性，“三纲五常”作为中国封建社会的核心价值观，其根本目的是为维护封建统治服务的，本质上是地主阶级意识形态的反映。虽然基于常识可以对中国传统价值观进行简单定性，但社会主义核心价值观与中国传统价值观究竟有何具体不同，中华优秀传统文化与中国传统核心价值观之间又有何关联，学界目前尚无定论，有待开展专题研究，以理清有关概念。

除了以上两个问题外，关于社会主义核心价值观还有很多外延问题有待深入研究。如十六届六中提出建设社会主义核心价值体系，现在又强调培育和践行社会主义核心价值观，这两者之间到底是什么关系？虽然《意见》指出“社会主义核心价值观是社会主义核心价值体系的内核，……是社会主义核心价值体系的高度凝练和集中表达”。但对于基本内容表述完全不同的两个概念，社会主义核心价值体系包含的四个方面的内容，究竟是通过何种途径凝练成社会主义核心价值观三个层次十二个主题词的？再如培育和践行社会主义核心价值观与实现中华民族伟大复兴的“中国梦”之间有何关联？所有这些问题都需要通过深入研究来予以解答。

三、加强自身修养，注重道德实践

2014 年 5 月 4 日，习近平总书记在北京大学师生座谈会上的讲话中指出：“道德之于个人、之于社会，都具有基础性意义，做人做事第一位的是崇德修身。”根据 2001 年中共中央印发的《公民道德建设实施纲要》，我国公民基本道德规范包括“爱国守法、明礼诚信、团结友善、勤俭自强、敬业奉献”等五个方面，而爱国、敬业、诚信、友善恰恰同时也是社会主义核心价值观公民个人层面的价值准则，因此，对于大学生来讲，培育和践行社会主义核心价值观，就必须要加强道德修养，将公民个人层面的价值准则融入到日常道德实践中去，具体来说要做到以下四点。

1. 做一名忠诚的爱国者

爱国是情感、思想和行为的统一。大学生爱国的首要体现就是自觉维护国家利益，能够主动承担对国家应尽的义务，自觉维护改革发展稳定的大局，树立民族自尊心和自豪感。其次，作为大学生，无论来自哪个民族，信仰何种宗教，都要保持头脑清醒，认清各种分裂势力的险恶用心和反动本质，不信谣、不传谣，不参加违法犯罪活动，在危急关头、关键时刻，能够立场坚定，敢于同各种分裂活动作斗争，自觉维护民族团结和国家统一。第三，大学生爱国还体现为增强国防观念和国家安全意识，主动接受国防和军事方面的教育训练，掌握基本的国防知识，积极响应党和政府的号召，报名参军，接受军队的选拔。最后，大学生爱国最具体的体现是确立为国读书的理念，认真学习科学文化知识，增强建设祖国的本领和能力，毕业时选择到祖国最需要的地方去建功立业。

2. 做一名刻苦钻研的求知者

敬业精神反映的是从业人员热爱自己的工作岗位，敬重自己所从事的职业，勤奋努力，尽职尽责的道德操守。敬业所表达的最基本的道德要求就是干一行爱一行，爱一行钻一行，精益求精，尽职尽责。现实中，一些大学生未能理解敬业的精神实质，将大量的时间用来做兼职挣外快，甚至喧宾夺主，不惜逃课做兼职，还以为这才是敬业的体现，实际上这是背离敬业精神实质的。对于大学生来讲，主要任务是学习，敬业精神主要体现为勤学苦练，努力提高科学文化素质和思想政治素质。习近平总书记指出："大学的青春时光，人生只有一次，应该好好珍惜。为学之要贵在勤奋、贵在钻研、贵在有恒。"大学阶段，有老师指点，有同学切磋，有浩瀚的书籍引路，可以心无旁骛求知问学，大学生应该充分利用宝贵的大学时光勤于学习、敏于求知，注重把所学知识内化于心，形成自己独立的见解，努力做到又博又专。

3. 做一名诚实守信的时代青年

常言道人无信不立，诚实守信是做人的基本准则。大学生作为综合素质较高的青年群体，理应具有较高的诚信度，但一项调查显示，大学生诚信教育仍有待进一步增强，不少学生存在考试作弊、论文抄袭和修改实验数据的现象。在考试作弊的问题上，选择可以理解的比例为 32.3%。有 85.6% 的学生认为大学生中抄袭作业和论文的现象非常普遍或比较普遍。大学生在做实验时，当实验结果与理论预设有差别时，有 64.4% 的大学生会不同程度地修改数据，只有 35.6% 的学生不会修改数据。上述现象的产生显然是学风不正的体现，反映了当代大学生在学业上存在急功近利、过于浮躁的一面，但更深层次地反映了大学生诚信教育的缺失。对于大学生来讲，践行社会主义诚信观，关键是要将诚信原则贯穿到学业和日常生活中去，落实到具体的行动上，从身边的小事做起，如上课不迟到早退，考试不作弊，论文不抄袭，不随意修改实验数据等等。

4. 做一名待人友善的阳光青年

马克思曾经讲过，你希望别人怎样对待自己，你就应该怎样对待别人。友好待人，助人为乐，必然收获他人的友善；为人刻薄，睚眦必报，必然招致他人的怨恨。2004 年云南大学马加爵杀人案和 2013 年复旦大学林森浩投毒案起因都是源于同学间的矛盾，这些矛盾最初无非都是些生活琐事上的冲突，但两人心胸狭窄，怀恨在心，伺机报复，结果害人又害己，最终都被判处死刑。生活在一个集体中的大学生来自不同的地区和不同的家庭，不同的成长环境造就了不同的性格特点和生活习惯，生活中产生矛盾和冲突不可避免，但如何看待和处理这些矛盾冲突是判断一个大学生思想上是否成熟的关键。大学生要想迅速融入到集体生活，就必须要学会包容，互相尊重，互相帮助，互相关心。只有营造和谐友善的人际关系，大学生活才会处处充满阳光。

四、投身社会实践，关注社会生活

古人主张治学要“读万卷书，行万里路”，意在强调社会实践的重要性，因为“纸上得来终觉浅，绝知此事要躬行”。对于当代大学生来讲，培育和践行社会主义核心价值观，不仅要通过理论学习，解决“知”的问题，更需要深入社会开展实践，解决“行”的问题，只有同时解决好这两个问题，才能做到培育和践行社会主义核心价值观的“知行合一”。

1. 开展社会调查，为地方经济社会发展建言献策

为了人才培养的需要，高校思想政治理论课和部分专业课都有社会实践的要求，大学生应将社会实践同培育和践行社会主义核心价值观结合起来，同服务地方经济社会发展的总体目标结合起来，主动围绕党和政府关注的社会热点问题进行选题，利用寒暑假深入社会开展调研，撰写调研报告，为解决实际问题、促进地方经济社会发展建言献策。

2. 开展志愿服务，投身公益事业

为了增强服务社会的公益意识，大学生可以利用课余时间参加一些志愿者组织，深入敬老院、孤儿院、救助站、打工子弟学校等单位，利用专业知识开展爱心助残、助孤、助老和支教扫盲、科技兴农、医疗卫生、法律援助、文化下乡等志愿服务活动。大学生参与志愿服务，一方面可以深入接触了解社会，培养对祖国和人民的深厚感情，同时也可以使自身得到锻炼，增强日后就业或创业的目标性和方向感。

3. 参观爱国主义教育基地，接受革命传统教育

现在的大学生多为90后，生在世纪之交，长在市场经济大潮中，他们身上充满了现代时尚的元素，思维活跃，易于接受新思想和新观点，敢于打破常规，追求卓越，这些都是优点，但因为时代的原因，他们身上传统的元素少了些，特别是艰苦朴素和吃苦耐劳精神较为缺乏，这显然与大学生接受革命传统教育渠道有限密不可分。大学生在充分发扬自身优点的同时，也应实事求是地认识到自身的局限和不足，在课堂教育之外还要深入到爱国主义教育基地，接受革命传统教育，树立正确的历史观和价值观。

4. 养成文明上网的习惯，弘扬网络正能量

随着信息时代的来临，互联网与人们的生活越来越密切，人们越来越习惯于通过网络表达意见，由于网络的虚拟性特点，使得人们可以自由抒发现实生活中不便抒发的各种情绪和观点，从而形成一个个舆论场。这当中充斥着各种非主流

的消极论调，各种消极腐朽的价值观通过网络迅速蔓延。大学生作为青年中的先进分子，应充分明确自身肩负的时代使命，不仅要做到不传谣、不信谣，不在网络上散步消极腐朽的价值观，而且要适应互联网快速发展的趋势，利用 QQ、MSN、微博、微信等即时通讯工具和 Facebook、人人网、开心网等社交网络服务平台组成的现代网络社交工具，传播正能量，积极弘扬社会主义核心价值观，用正面声音和先进文化占领网络阵地。

培育和践行社会主义核心价值观是一项系统工程。大学生只有切实把社会主义核心价值观融入到日常生活之中，内化为自身的精神需求，外化为自觉的行动，才能无愧于党和人民赋予的时代使命，进而为建设中国特色社会主义、实现中华民族伟大复兴的“中国梦”贡献自己应有的一份力量！

思考题

1. 社会主义核心价值观提出的时代背景和重大意义。
2. 社会主义核心价值观的基本内容有哪些？
3. 大学生如何培育和践行社会主义核心价值观？

第四章　凝聚中国力量　实现中国梦

党的十八大以来，习近平总书记关于中国梦的系列论述，是新时期高校开展学生思想政治教育工作的理论引导，也是高校青年学生加强理论修养和政治素养的重点。中国梦融入大学生思想政治教育之中，是学校培养合格人才的必然要求，是思想政治教育理论创新的必然要求。中国梦宣传教育是思政课的主要任务，教育部思想政治工作司指出：要把大学生学习宣传贯彻党的十八精神引向深入，深入开展中国特色社会主义宣传教育，开展形式多样、内容丰富的“中国梦”宣传教育。中国梦是昭示党和国家美好前景的形象表达，是当前思想政治理论教育的重要内容。宣传好、阐释好中国梦的精神实质和深刻内涵是当前思想政治理论课的重要任务。从教学来看，中国梦思想融入高校思政课的教学内容中，是高校思政课贯彻落实党的十八大精神的现实要求和逻辑必然。将中国梦融入到大学生思想政治教育中，是将理论与实际相结合的体现，使大学生思想政治教育得到进一步的发展。

第一节　中国梦的历史演进

中华民族是一个从来不缺少梦想的民族。百年一脉，千年一理。在历史的坐标上，中国梦浓缩了中华民族的苦难辉煌，凝结着无数仁人志士的不懈努力，承载着全体中华儿女的共同向往，昭示着美好愿景。

一、半殖民地半封建社会的中国梦

中国近代史，是一部充满灾难、落后挨打的屈辱史，是一部中国人民探索救国之路，实现自由、民主的探索史，是一部中华民族抵抗侵略，打倒帝国主义以实现民族解放、打倒封建主义以实现人民富强的斗争史。

1. 清政府洋务派的自强求富梦

1840 年，鸦片战争拉开了中国近代史的序幕。鸦片战争的失败突出暴露了大清帝国夜郎自大、闭关自守的腐朽、落后一面，因而深深震动了以尽善尽美的幻想自欺的天朝大国。他们不得不第一次面对“中国向何处去”这样一个关系亿万中国人前途命运的重大问题。面对清朝封建统治摇摇欲坠的严峻形势，封建统治集团内部的洋务派提出了旨在维护和巩固清朝封建地主阶级统治的所谓救亡图存方案。如曾国藩、李鸿章、左宗棠和张之洞等人希望通过学习西方的先进科学技术，达到打败西方侵略者和维护封建统治的目的。他们在“自强”、“求富”的口号下，兴建学堂、开办企业、发展军事工业、建立新式海军，一度给清王朝带来了一丝生机，出现了“同治中兴”。但是洋务运动的指导思想是“中学为体，西学为用”，引进西学的目的是“以卫吾尧舜禹汤文武周孔之道，俾西人不敢蔑视中华”。洋务运动穿新鞋走老路，企图在不触动封建制度的前提下，通过器物革新实现富国强兵，不过是“用一块崭新的布补缀了旧制度的洞”，注定了其必然失败的命运，最终洋务派自强求富的梦想梦断甲午海战的炮火中。

2. 太平天国的天国梦

太平天国运动，是中国农民阶级对“中国向何处去”以及美好社会梦想问题作出的回答。太平天国运动最初提出建立一个千年太平天国的美好社会。1853年冬，太平天国制定并颁布了《天朝田亩制度》，提出了“凡天下田，天下人同耕”的原则，试图建立一个“有田同耕，有饭同食，有衣同穿，有钱同使，无处不均匀，无人不饱暖”的理想社会。后期，它还提出了《资政新篇》这一带有资本主义色彩的社会改革方案，主张向西方学习，进行经济、政治和文化改革。实际上太平天国运动以宗教作为指导思想，试图在小农经济基础上实现绝对平均主义，这在现实中是行不通的；太平天国仍沿用旧制，按照封建国家的轨道行事，依然是旧式的农民战争，后期发展资本主义的主张，也因军事的失利最终搁浅，在中外反动势力的联合镇压下，“天国梦”破灭了。虽然太平天国运动失败了，但它们“震动了当时的中国和世界”，粉碎了帝国主义瓜分中国的迷梦，“表现了中国人民不甘屈服于帝国主义及其走狗的顽强的反抗精神”。

3. 维新派的改良梦

梁启超曾言：“吾国四千余年大梦之唤醒，实自甲午战败割台湾、偿二百兆以后始也。”康有为、梁启超领导的戊戌维新变法运动是资产阶级维新派对甲午战争后“中国向何处去”的回答。戊戌变法的目的是希望通过学习西方，以西方文化中的进化论、民权论为思想武器，试图仿效日、俄等国家，通过自上而下的改良，在中国建立君主立宪政体，发展资本主义，使国家富强。维新派提出并推行一系列政治改革措施，但由于遭到以慈禧太后为首的清朝封建统治集团内部顽固派的坚决反对，戊戌变法最终以失败告终。变法失败的历史证明，企图通过自上而下的改良来救亡图存是不切实际的幻想。变法失败还证明：没有一个科学的未来，就无法引导人们为未来而奋斗。

4. 资产阶级革命派的共和梦

以孙中山为代表的资产阶级革命派，高举西方资产阶级“自由、民主”大旗，以“三民主义”为指导思想，试图通过资产阶级革命在中国建立资产阶级民主共和国。孙中山等革命派放弃改良的幻想，广泛联合革命力量，发动多次武装起义，终于通过辛亥革命，领导中国人民推翻了清王朝，结束了统治中国几千年的君主专制制度，建立了“中华民国”，打开了近代中国进步潮流的闸门，对推动中国社会进步具有重大意义。由于中国民族资产阶级的软弱性，对帝国主义的本质认识不清，辛亥革命的成果最终被封建军阀袁世凯篡夺。孙中山先生领导的辛亥革命也未能改变中国半殖民地半封建的社会性质和中国人民的悲惨命运。实践证明，资产阶级共和国的方案、“西方梦”在中国是行不通的。正如毛泽东指出的：“中国人向西方学得很不少，但是行不通，理想总是不能实现。多次奋斗，包括辛亥革命那样全国规模的运动，都失败了。国家的情况一天一天坏，环境迫使人们活不下去。怀疑产生了，增长了，发展了。”

事实证明，要解决中国发展进步问题，要实现中国人民富强文明的梦想，必须找到能够指导中国人民进行反帝反封建革命的先进理论，必须找到能够领导中国社会变革的先进社会力量。在俄国十月革命和中国“五四”运动的影响下，在共产国际的帮助下，中国共产党的诞生是近现代中国历史发展的必然产物，是中国人民在救亡图存斗争中顽强求索的必然产物。从此，中国革命有了正确前进方向，中国人民有了强大精神力量，中国命运有了光明发展前景。我们党紧紧依靠人民完成了新民主主义革命，实现了民族独立、人民解放。经过北伐战争、土地革命战争、抗日战争、解放战争，党和人民进行了28年浴血奋战，最终建立了中华人民共和国。

二、新中国成立后的中国梦

新中国成立后，中国人民在新的历史起点上再度面临“中国向何处去”的问题，也面临着中国要实现什么梦想的问题，以毛泽东、邓小平、江泽民、胡锦涛、习近平等同志为主要代表的中国共产党人，带领全党和各族人民开展了不同历史时期的追梦历程。

1. 第一代中央领导集体的中国梦

1956年党的八大召开前夕，毛泽东曾为党的八大开幕词写过一个稿子，其中提出了中国社会主义现代化建设分两步走的构想。1956年9月，毛泽东在八大期间对前南斯拉夫客人说：“要使中国变成富强的国家，需要50到100年的时光。”1957年3月，毛泽东指出，“我们花了几十年时间改变中国的政治面貌，要大体改变经济面貌，也要有几十年的时间。要把我们的国家建设好，大概要100年的时间。”他提出，这个世纪，上半个世纪搞革命，下半个世纪搞建设；现在的中心任务是建设；从现在到21世纪中叶，用100年的时间把中国建设好。由于缺少经验，先是以苏联为师，“拜他们作老师，恭恭敬敬地学，老老实实地学”。社会主义改造基本完成后，毛泽东在初步总结经验的基础上，明确提出了探索适合我国国情的社会主义建设道路的任务。

总体来看，在1956年基本完成社会主义改造任务后的十年，我们党在全面建设社会主义的历史进程中取得了很大成绩，积累了许多重要经验。我们现在赖以进行现代化建设的物质技术基础，很大一部分是在这个时期奠定的。这也是实现中国梦的重要基础。1978年12月召开的党的十一届三中全会重新确立了马克思主义的思想路线、政治路线和组织路线，作出了把党和国家工作中心转移到经济建设上来、实行改革开放的历史性决策。中国从此进入了改革开放和社会主义现代化建设的新的历史时期，中国人民梦寐以求的理想不断变成现实。

2. 第二代中央领导集体的中国梦

中国特色社会主义包含着一系列中国未来景象，这些景象就构成中国梦的核心内容：实现一个什么样的目标？以邓小平为主要代表的中国共产党人提出到20世纪末实现小康社会。1979年12月6日和1984年3月25日，邓小平先后会见了日本两位首相大平正芳和中曾根康弘。大平正芳在和邓小平见面时，就问道："中国将来会是什么样？整个现代化的蓝图是如何构思的？"邓小平指出："我们要实现的四个现代化，是中国式的四个现代化。我们的四个现代化的概念，不是像你们那样的现代化的概念，而是'小康之家'。"1987年10月召开的党的十三大根据邓小平的这一构想，对"三步走"的发展战略作了明确的阐述："第一步，实现国民生产总值比一九八〇年翻一番，解决人民的温饱问题。这个任务已经基本实现。第二步，到本世纪末，使国民生产总值再增长一倍，人民生活达到小康水平。第三步，到下个世纪中叶，人均国民生产总值达到中等发达国家水平，人民生活比较富裕，基本实现现代化。然后，在这个基础上继续前进。"

3. 第三代中央领导集体的中国梦

进入21世纪，中国的发展就进入了邓小平提出的"三步走"发展战略的新局面，也就是要用50年时间基本实现现代化，把几代中国人坚持不懈地追求的中国梦完全变为现实。为实现这一宏伟的战略目标，以江泽民同志为主要代表的中国共产党人在1997年党的十五大提出了"新三步走"战略。他指出："展望下世纪，我们的目标是，第一个10年实现国民生产总值比2000年翻一番，使人民的小康生活更加宽裕，形成比较完善的社会主义市场经济体制；再经过10年的努力，到建党100年时，使国民经济更加发展，各项制度更加完善；到下世纪中叶建国100年时，基本实现现代化，建成富强民主文明的社会主义国家。"

科学发展观在新世纪新阶段深刻阐明了中国特色社会主义未来发展的基本取向。党的十七大报告描绘了到2020年全面建设小康社会目标实现时的美好前景，指出到2020年，"我们这个历史悠久的文明古国和发展中社会主义大国，将成为工业化基本实现、综合国力显著增强、国内市场总体规模位居世界前列的国家，成为人民富裕程度普遍提高、生活质量明显改善、生态环境良好的国家，成为人民享有更加充分民主权利、具有更高文明素质和精神追求的国家，成为各方面制度更加完善、社会更加充满活力而又安定团结的国家，成为对外更加开放、更加具有亲和力、为人类文明作出更大贡献的国家"。

党的十八大提出了"两个一百年"的目标：只要我们胸怀理想、坚定信念，不动摇、不懈怠、不折腾，顽强奋斗、艰苦奋斗、不懈奋斗，就一定能在中国共产党成立一百年时全面建成小康社会，就一定能在新中国成立一百年时建成富强民主文明和谐的社会主义现代化国家。今天，我们比历史上任何时期都更接近中华民族伟大复兴的目标，比历史上任何时期都更有信心、有能力实现这个目标。但是，我们也应清醒地看到，中华民族伟大复兴的任务十分艰巨，因为我国的经济总量虽居世界第二位，但经济发展方式亟待转变；按人均 GDP 衡量，我国已经进入中等发达国家行列，但贫富差距悬殊；综合国力有了极大提高，但科技文化等软实力有待增强；民族地位不断提高，但民族文化在世界上的影响还不够大；人民群众物质生活改善了，但并没有带来幸福感的同步提升。按照十八大设计的时间表，实现中华民族的伟大复兴任重道远。

第二节　中国梦的主要内容

任何理论和学说都不是凭空产生的，而有着问世的时代。马克思指出："每个原理都有其出现的世纪。"中国梦作为新时期具有丰富内容的理论学说和多样性实践意义的社会理想及发展目标，立足国情实际，把握时代潮流，顺应人民期待，在新的实践基础上大力推进理论创新，在当今世界性的时代大潮和人民群众的心愿中应运而生。

一、中国梦的重要意义

马克思和恩格斯指出："理论在一个国家实现的程度，总是取决于理论满足这个国家的需要的程度。"他们的话揭示了这样一条真理：任何理论的产生和在实践中的运用，都与时代需要、时代特征和时代使命密切相关。中国梦是可以成为现实的伟大梦想，是值得孜孜追求的崇高理想，是以马克思主义为指导，立足总依据(社会主义初级阶段)、承载总任务(实现社会主义现代化和中华民族伟大复兴)、推进总布局(五位一体)，可以预见和期待的关于中国特色社会主义经济、政治、文化、社会、生态文明建设及落脚到人的全面发展的中长期奋斗目标和美好愿景，是中国共产党团结带领全国各族人民凝心聚力实现国家富强、民族振兴、人民幸福的伟大追求、神圣责任和光荣使命。

按照马克思主义唯物史观，"每一历史时期的观念和思想也可以极其简单地由这一时期的经济的生活条件以及由这些条件决定的社会关系和政治关系来说明。"中国梦是中国新一届中央领导集体在把马克思主义基本原理与当今中国国情相结合的基础上，在深刻分析了社会主义理论发展至今的规律、中国特色社会主义的理论道路以及当今世界发展的时代特征之后提出来的。中国梦保持了中国特色社会主义精神实质与科学价值，丰富了中国特色社会主义理论体系，中国梦深刻回答了对"树立什么样的理想、怎样实现理想"，"实现什么样的目标、怎样实现目标"这一关乎党和国家命运的根本问题，反映了当代中国发展的客观需要。

1. 中国梦为中国未来发展指明方向

中国梦是以一系列科学理论为基础，提出的符合中国国情的新思想，是马克思主义普遍真理与中国实际有机结合的结果。中国梦的战略构想把"国家富强、民族振兴、人民幸福"确定为"实现全面建成小康社会、建成富强民主文明和谐的社会主义现代化国家"和"实现中华民族伟大复兴的中国梦"的共同奋斗目标，实现了党的执政目标的具体化，为中国共产党人自觉担当执政使命指明了前进方向。实现中华民族伟大复兴的中国梦，不仅仅是一句鼓舞人心的口号，更是我中华儿女将要为之奋斗的发展目标和远大理想。中国梦将在不断的实践中接受检验，让我们一步步接近这个目标，为未来的发展指明方向。

2. 中国梦有利于凝聚人心，增强民族凝聚力

习近平总书记把“人民幸福”纳入中国梦的基本内涵范畴，这是对党的执政宗旨的深化和拓展；习近平总书记还强调“中国梦是民族的梦，也是每个中国人的梦”，从更广阔的层面拓展了党的执政宗旨的内涵，回答了“为谁执政”的问题；习近平总书记提出，实现中国梦必须依靠全体中国人民，这就科学回答了“靠谁执政”的问题，坚持了群众史观的基本立场。“当代中国面临的机遇前所未有，我们离民族复兴从未如此之近；面临的挑战也前所未有，民族复兴遇到的阻力从未如此之大。克服错综复杂的矛盾和困难，只能依靠全国各族人民团结奋斗的伟力。而真正能够凝聚人民团结奋斗、攻坚克难的，唯有中国梦。”

3. 中国梦推动中国与世界和谐发展

中华民族是一个拥有爱好和平、珍惜和平、维护和平的优良传统的民族，自新中国成立以来，中国一直坚持“共同发展”的原则，始终与世界各国保持良好的关系，提倡互相帮助、共同发展。中国梦是在一系列科学理论基础上提出的新思想，因此，中国梦必将推动中国与其他国家共同发展、共享繁荣。

二、中国梦的主要内容

党的十八大胜利闭幕之后，习近平总书记有两次对中国梦的重要阐述，第一次是 2012 年 11 月 29 日，习近平总书记带领新一届中央领导集体参观中国国家博物馆《复兴之路》基本陈列时指出：“实现中华民族伟大复兴，就是中华民族近代以来最伟大的梦想。”第二次是 2013 年 3 月 17 日，习近平总书记在十二届全国人大一次会议闭幕会上进一步指出：“实现中华民族伟大复兴的中国梦，就是要实现国家富强、民族振兴、人民幸福。中国梦归根到底是人民的梦。”两次阐述中国梦的时间和地点都足以证明中国梦的重要性和意义。中国梦高度升华了中国共产党的执政理念，中国梦至少包含以下三层意思。

1. 在内涵组成上，是实现国家富强、民族振兴、人民幸福的梦

中国梦既深深体现了今天中国人的理想，也深深反映了我们先人们不懈追求进步的光荣传统。中国梦是实现中国国家富强的国家梦，到中国共产党成立 100 年时全面建成小康社会的目标一定能实现，到新中国成立 100 年时建成富强民主文明和谐的社会主义现代化国家的目标一定能实现。国家富强，至少包括 3 个方面：一是国家总体富裕，二是国民个体富裕，三是综合国力强大。中国梦是实现中华民族振兴的民族梦，是中华民族近代以来最伟大的梦想，“56 个民族一枝花”使中国梦开大花结硕果。民族振兴，至少包括三个方面：一是民族独立，一个失去独立和自由的民族是谈不上民族振兴的；二是民族国际地位的提升和国际影响力的增强，一个被其他民族忽视或者蔑视的民族是无法实现振兴的；三是民族文化受到世界的尊重和认同，民族振兴具有浓厚的文化色彩，只有本民族文化

对世界产生深远影响之时，才算真正实现了民族振兴。中国梦是实现中国人民幸福的人民梦，凝聚了几代中国人的夙愿，体现了中国人民的整体利益，是每一个中华儿女的共同期盼，激起了共振共鸣。中国共产党自诞生之日起就把实现人民幸福作为自己的奋斗目标，就担当起带领全国人民创造幸福生活的历史使命，中国共产党90多年的历史，就是一部始终坚定不渝地为人民谋幸福的奋斗史。

2. 在遵循原则上，是坚持中国道路、弘扬中国精神、凝聚中国力量

在遵循原则上，中国梦是在坚持中国道路、弘扬中国精神、凝聚中国力量的前提下，经过努力可以实现的梦改为以什么为前提可以实现的梦。

实现中国梦必须走中国道路，这就是中国特色社会主义道路，就是在中国共产党领导下，立足基本国情，以经济建设为中心，坚持四项基本原则，坚持改革开放，解放和发展社会生产力，建设社会主义市场经济、社会主义民主政治、社会主义先进文化、社会主义和谐社会、社会主义生态文明，促进人的全面发展，逐步实现全体人民共同富裕，建设富强民主文明和谐的社会主义现代化国家。这条道路来之不易，它是在改革开放30多年的伟大实践中走出来的，是在中华人民共和国成立60多年的持续探索中走出来的，是在对近代以来170多年中华民族发展历程的深刻总结中走出来的，是在对中华民族5000多年悠久文明的传承中走出来的，具有深厚的历史渊源和广泛的现实基础。

实现中国梦必须弘扬中国精神，这就是以爱国主义为核心的民族精神，以改革创新为核心的时代精神。这种精神是凝心聚力的兴国之魂、强国之魂。爱国主义始终是把中华民族坚强团结在一起的精神力量，改革创新始终是鞭策我们在改革开放中与时俱进的精神力量。全国各族人民一定要弘扬伟大的民族精神和时代精神，不断增强团结一心的精神纽带、自强不息的精神动力，永远朝气蓬勃迈向未来。

实现中国梦必须凝聚中国力量，这就是中国各族人民大团结的力量。只要我们紧密团结，万众一心，为实现共同梦想而奋斗，实现梦想的力量就无比强大，我们每个人为实现自己梦想的努力就拥有广阔的空间。有梦想，有机会，有奋斗，一切美好的东西都能够创造出来。全国各族人民一定要牢记使命，心往一处想，劲往一处使，用13亿人的智慧和力量汇集起不可战胜的磅礴力量。

"三个必须"的重要论述，第一次把中国道路、中国精神和中国力量三大要素有机统一起来，使之成为实现中华民族伟大复兴的三个关键要素，进一步完善了党的执政原则。

3. 在基本属性上，中国梦是世界人民的梦的有机组成部分

"中国梦是奉献世界的梦。'穷则独善其身，达则兼善天下。'这是中华民族始终崇尚的品德和胸怀……随着中国不断发展，中国已经并将继续尽己所能，为世界和平与发展作出自己的贡献。"这一重要论述，深刻揭示出中国梦的实现不仅关系着中国13亿多人的共同命运，同时也必将对整个世界产生广泛而深刻的影响。作为世界上最大的发展中国家，中国能够一心一意做好自己的事情，实现自己的梦想，这本身就是对世界的最大贡献。而中国也只有融入全球思维、树立世

界眼光、具备国际胸怀，才能更好地在与世界的交往、合作、共赢中实现中国梦。从集体意识来看，中国梦是民族的梦，具有强大的“指南针”、“黏合剂”、“凝聚剂”功能。中华民族振兴的落脚点是中国人民的幸福，两岸同胞要真诚团结合作，共同为实现中华民族伟大复兴的中国梦而努力奋斗。中国梦归根到底是人民的梦，每个人的自由发展是一切人自由发展的条件，13 亿中国人都是参与者、建设者和共享者。中国梦是世界人民的梦的有机组成部分，从中国梦到“非洲梦”、“世界梦”，中国人民的追求与世界人民的期盼连接在一起，要实现中国梦，根本要靠中国人民艰苦奋斗，同时也需要世界各国人民理解和支持，中国梦不仅造福中国人民，而且造福各国人民。中国梦要实现国家富强、民族复兴、人民幸福，是和平、发展、合作、共赢的梦，与包括美国梦在内的世界各国人民的美好梦想相通。

三、中国梦的辩证逻辑

中国梦既然是连接中国过去、现在、未来的历史追求，造福于国家、民族、人民的崇高追求，实现中国梦必定要遵循客观的历史辩证法，处理好改革开放进程中理想与实干、改革与发展、机遇与挑战的辩证关系。

1. 理想与实干的关系

习近平总书记在提出中国梦的同时，首先提出的告诫就是“空谈误国，实干兴邦”。应该讲，“空谈误国，实干兴邦”是千百年来人们从历史经验教训中总结出来的治国理政的一个重要结论。习近平总书记十分熟悉这些历史典故和经验，在许多场合多次告诫我们要牢记此类误国之鉴。他在参观“复兴之路”展览时进一步把这一教训同实现中国梦联系起来，更加发人深省。因为，中国梦的理想与实干之间是一个对立统一的关系。中国梦作为我们的理想，是合“理”之想，而“理”是以“实”为基础的，“实”是实际，也是实践，从实际出发之“理”、来自实践之“理”、应用于实践之“理”、自觉接受实践检验之“理”，才是我们所要之“理”，才能成为我们的理想之“理”。中国梦作为我们的理想，是合理之“想”，而“想”不仅是“干”的愿望和原动力，更要靠“干”变为现实。“理”与“实”、“想”与“干”的这种辩证关系，构成的就是理想与实干的辩证逻辑。历史经验告诉我们，向人民群众描绘美好蓝图，展望发展前景，是为了增强人民群众对中国特色社会主义的信心，但千万不能给人民群众以不切实际的过高期望，更不宜提一些虽然符合共产党人的理想但目前这一阶段还做不到的口号。也就是说，中国梦是以实践为基础的科学理想，只有通过坚持不懈的实干，才能变为生活中的现实。

2. 改革与发展的关系

讲实干，最重要的实干，就是实实在在搞改革，实实在在谋发展。这里就有一个改革与发展的关系，需要认真等待和好好处理。在改革的问题上，不改革没有出路，乱改革也不行，坚持改革不是为改革而改革，更不能离开发展的任务和要求来推进改革。改革是动力、发展是目标、稳定是前提，这一论断，已经说明了改革与发展的关系。经过 30 多年改革开放，我们积累了丰富经验，其中一条重要的经验是：改革必须从社会主义初级阶段的实际出发，必须为破解发展中的难题服务，必须找到适合中国国情的经济体制和各方面体制的实现形式，脚踏实地地推进。这里的关键，是要把握好发展的大局和发展需要解决的问题。当前，我们深化改革开放，一个重要的任务，就是要有利于加快转变经济发展方式，推进科学发展。因此，我们对改革进行顶层设计也好，“摸着石头过河”也好，都必须从当前社会发展阶段的实际，特别是这个阶段的发展要求出发，有利于调整经济结构，加快转变经济发展方式，提高经济质量和效益。只有这样来推进改革，才能一步一个脚印地实现我们期盼的中国梦。

3. 机遇与挑战的关系

在改革中促进发展，一个很大的问题，就是要正确分析我们面临的国内外形势，敢于抓住机遇，善于应对挑战。机遇总是与挑战并存，抓机遇的过程，往往就是经受各种挑战和考验的过程。因此，我们在深化改革开放、实现中国梦的过程中，必须正确处理机遇与挑战的关系。在今天的国内外形势下，提出和认识这个问题，格外重要。历史已经告诉我们，还将继续告诉我们，除非中国人自己不争气，世界上谁也阻挡不了中国梦的实现。在改革开放中实现中国梦的进程中，只有正确对待和把握机遇与挑战等问题，我们才能不因取得伟大成就盲目陶醉，才能不因面临各种挑战而盲目悲观。为了实现我们的中国梦，唯有紧紧抓住今天依然可以大有作为的战略机遇期，勇敢应对各种挑战，才能将中国梦的美好希望变为美好现实。

第三节 中国梦与美国梦的差异

美国梦是全世界人多年来一直津津乐道的一个话题。几百年来，美国梦的出现和它在世界的影响却是一种客观存在，世界各地的移民怀揣着美国梦进入到这片大陆，希望能创造出属于自己的辉煌。

一、美国梦的由来和演变

1863 年，美国总统林肯颁布了《解放宣言》，为美国梦的形成构建了精神和物质支撑。从欧洲来的移民中，涌现出了爱迪生、洛克菲勒、福特等不少出身贫寒、依靠个人奋斗成功的传奇人物，也使得美国梦有了新的内涵。1776 年《美国独立宣言》的发表，意味着美国梦思想内涵的理论架构形成。《美国独立宣言》受共和主义精神影响，继承并发展了洛克的天赋人权学说，把人们追求幸福的权利明确写入，指出：“人人生而平等，他们都被他们的造物主赋予了某些不可转让的权利，其中包括生命权、自由权和追求幸福的权利。”对幸福的追求权这种天赋人权——自然权利，从抽象的理论思维，上升到了现实的政治权利和原则的高度。应当说，这是支撑美国梦的第一个精神支柱。美国从英国殖民统治的奴役下独立出来后，兴起大规模由普通民众参与的国家建设“西进运动”，锻炼了美国人的冒险精神，提升了美国人追求个人幸福与人生目标的民主自由意识，推动了美国梦的个人塑造。

美国梦一词，由詹姆斯·特拉斯洛·亚当斯在1931年5月其所著《美国的史诗》中第一次提出，并在随后变得家喻户晓。“不论家世和背景，每个人依靠自身的能力和成就，都有机会能获得更好、更富裕和充实的生活。”美国梦的内涵可分为广义和狭义两种：广义上的美国梦是指美国式的平等、自由、民主。而狭义上的美国梦是指一种个人信念，即只要自身能够坚持不懈的努力奋斗，就一定能在美国获得更加美好幸福的生活。可以看出，无论是广义还是狭义的美国梦都包含着不依赖于特定的社会阶级和他人的援助，实现自我价值。

被称为20世纪美国最伟大的两个总统，罗斯福和里根也都被视为美国梦的代表。罗斯福在第二次世界大战胜利后，带领美国度过了经济大萧条。出身贫寒的里根三次参加总统竞选并以69岁高龄当选，被认为是美国梦的完美体现。当然，黑人牧师马丁·路德·金1963年的那次著名演讲《我有一个梦》，也激起不少美国人对美国梦的认同和向往。

21世纪，奥巴马在2006年出版了《无畏的希望：重申美国梦》一书，讲述了自己的奋斗故事。2012年9月，其夫人米歇尔·奥巴马发表演说称赞丈夫实现了美国梦，并将帮助其他人实现梦想。“对美国人来说，美国梦意味着，只要你努力工作，可以成就一切。”目前，不少美国人仍然一厢情愿地把自己的国家想象成鼓励社会等级纵向流动的化身与代言人。

二、美国梦的特点

美国虽然只有两百多年的历史，却演绎了一个大国兴起的罕见奇迹，美国梦的激励起了重要作用。美国梦具有三个方面的基本特征。

1. 在内容上，强调成功的必然性和付出的重要性

美国梦包含两个重要的因素，其一是美国提供了人人都有成功的机会；其二是成功取决于个人的才能和努力，而不是家世和背景。美国梦给美国人留下了足够多的空间，让他们拥有了“做梦”的勇气。正是因为美国人一直秉持“人人都能成功”的信念，随后才出现了大批敢想敢干美国梦的杰出代表。他们的共同点是：起家寒微，但通过勤奋努力创立了自己庞大的事业，成为传奇人物。所以，美国梦在强调成功的必然时，并没有忽视个人付出的重要性。若只有梦想却不实干，那梦想只能是空想，成功就在彼岸但永远无法到达。

2. 在受众对象上，包括了美国人和世界上其他国家的人

美国梦在指引着美国人前进的同时，也激起了全世界人对于成功的渴望。据美国媒体报道，全世界每年移民美国获得绿卡者在100万人左右，入籍人数在60万人以上。如今，美国常被称为“机遇之国”，20世纪美国社会经济发展的成果，使美国梦从精神层面逐渐向物质层面转移，也促使了越来越多世界各国的民众对美式理想生活的追求。依据历史学家的说法，美国快速的经济发展和工业扩张并非只是因为美国的自然资源丰富，更是因为全世界的民众都可以在“机遇之国”实现其价值所在。

3. 在传播方式上，注重文化的“包装”和无形渗透

美国人还对美国梦进行“包装”，随之以文化产品的形式，推广“包装”好的美国梦。其中美国梦的“包装”场所就是好莱坞、百老汇、迪士尼等一些著名的文化传媒，而“包装”好的文化产品就是一部部美国大片、一场场经典音乐剧、一集集生动的卡通片等。在美国，无论是报纸、杂志、电影电视还是网络，都带有浓厚的政治色彩，就连一部简单的美国动画片都在向其民众以及全世界宣扬美国梦。这些文化产品在被其他国家公众广泛接受的同时，也促使了美国梦在潜移默化中得到传播。

三、中国梦与美国梦的本质区别

中国梦与美国梦的不同是必然的，这是由历史、文化、经济、地理等因素决定的。中国梦、美国梦体现了世界经济最强大的两个大国人民对美好未来的向往，但他们也有诸多差异。两者的差别及其原因可以概括为如下几点。

1. 具体内涵不同

中国是一个以汉民族为主体的多民族国家，统称为中华民族，自古以来生于兹养于兹，患难与共，休戚相关，对这块热土具有十分深厚的感情。中国梦的本质内涵是实现国家富强、民族复兴、人民幸福，真正实现每个人的自由和全面发展；强调个人命运和国家紧密相连。美国是个移民国家，人们没有乡土依恋，缺乏民族观念，自然也就只谈个人的成功，美国梦突出个人和金钱，强调个人奋斗和成功不同。

2. 文化背景不同

美国梦体现的是移民文化，是一个移民国家每个人都有的淘金梦想。尤其是随着新自由主义以及其他各种思潮20世纪60年代以来在美国的流行，获取最大限度的物质享受似乎成了人活着的全部意义和美国梦最高目标。而中国梦则是在中华文化滋润下萌生，推崇“国家好，民族好，大家才会好”。这也使得中国人民无论面对多少挑战、多大困难，都能够始终以伟大的民族智慧为底蕴，始终张扬着“厚德载物，自强不息”的性格。

3. 根本价值不同

美国梦强调个人价值，是个人至高无上的各种价值的实现和实际利益的满足，集中体现为美国人的个人主义价值观。而中国梦则强调集体主义，倡导富强、民主、文明、和谐，倡导自由、平等、公正、法治，倡导爱国、敬业、诚信、友善。可以看出，中国梦的价值维度就是要实现人的自由全面发展，这也在价值层面上极大提升了中国梦的吸引力、凝聚力和感召力。

四、美国梦对中国梦的借鉴

梦想对一个国家的发展具有巨大影响和重大意义。虽然“美国梦”和中国梦有着根本的不同，但我们可以借鉴“美国梦”中的一些积极因素，来推动实现我们的中国梦。

1. 尊重个人的梦想和追求

中国梦是民族的梦想，也是每一个人的梦想。尊重个人价值，促进个人发展是美国梦的核心内容之一。美国梦既给美国公民个人也给美国国家带来了活力。实现中国梦，最关键的一点是要中国梦涵盖了民族梦想和个人梦想。我们不能简单地用中国梦替代每个人的个人梦想。要借鉴美国梦中对每个人的梦想和追求的尊重，我们需要用中国梦凝聚和激励全体中国人民，从而汇集力量去实现国家和民族的梦想。

2. 国家要努力营造公正平等的社会环境

机会均等是美国梦的灵魂，也应是中国梦不可或缺的重要组成部分。美国梦之所以能够成为美国人的信仰，与国家营造的社会环境是密切相关的。为中国梦的实现，国家需要营造一个公平公正的社会环境，政府应保证每个人机会均等，还必须坚持维护社会公平正义，要在全体人民共同奋斗、经济社会发展的基础上，加紧建设对保障社会公平正义具有重大作用的制度，逐步建立以权利公平、机会公平、规则公平为主要内容的社会公平保障体系，努力营造公平的社会环境，保证人民平等参与、平等发展权利。

3. 实现中国梦要客观公正评价我们的历史和伟人

但在当今中国，历史虚无主义等资产阶级思潮又开始沉渣泛起甚至兴风作浪，我们要保持警惕历史虚无主义思潮，这些历史虚无主义者蓄意歪曲历史就是为了制造思想混乱，他们否定历史的真正目的就是为了否定现实。要多塑造一些能凸显中国梦的时代符号，大力宣扬像罗阳、杨善洲、袁隆平、郭明义等那样的新时期优秀典范，各行业以及体现新时期时代特点的优秀人物，真正体现出中国人的价值自信和民族自信，使更多的人为实现我们共同的中国梦而努力奋斗。

4. 要毫不动摇坚持和发展中国特色社会主义

美国梦的背后，体现的是美国的发展模式。中国梦彰显的是中国特色社会主义，而不是其他什么主义。中国特色不是借口，而是智慧；中国特色不是权宜之计，而是必须长久坚持。实践证明，中国特色社会主义道路是实现中国梦的唯一正确道路。当前，我们必须坚持中国特色社会主义道路、理论体系和制度，这样才能早日消除贫困、改善民生、实现共同富裕，早日实现中国梦。

第四节　中国梦教育与大学生思想政治教育

对大学生进行中国梦教育是大学生思想政治教育的一项新课题。对大学生进行中国梦教育，引导大学生理解和接受中国梦丰富的价值意蕴与深刻的时代内涵，正是紧密结合中国社会现实进行的一场生动的主题爱国主义教育、理想信念教育、人生观和价值观教育，是引导大学生选择正确成长道路的需要，也是增强大学生的精神动力，为中国梦的实现贡献才学与能力的需要。

一、中国梦教育的现实价值

中国梦承载着中华民族洗去屈辱、实现复兴的热切企盼，蕴含着社会理想与个人理想相辅相成的价值观念，体现着物质追求与精神追求的协调统一，展示了中国风格与世界情怀相融合的敞亮胸怀。

1. 大学生思想政治教育的需要

习近平总书记指出："为实现中华民族伟大复兴的中国梦而奋斗，是中国青年运动的时代主题。"思想政治教育紧扣这一时代主题，结合实际在大学生中开展中国梦教育，体现了思想政治教育服从与服务社会发展的基本规律。让大学生正确理解中国梦，是用中国梦引领大学生成长成才的前提。思想政治教育必须在各种声音中掌握向大学生正确解读中国梦的话语权，正本清源去伪存真，让大学生在承接中国梦传达的价值意蕴、深刻内涵的条件下，加入到社会各界实践中国梦的合唱中，发出自己的声音。历史的夙愿与现实的企盼托起今天的中国梦，在中国梦这一生动的教育主题下，进行中国梦主题教育将是国人理想信念与爱国情怀的生动体现，是理论教育和实践教育水乳交融，是教育内容与教育形式紧密结合，用中国梦所蕴含的时代内涵和价值追求在大学生探求人生理想的过程中产生积极影响的主线贯穿整个教育过程。

2. 大学生选择正确成长道路的需要

当代中国呈现社会信息化、经济市场化、文化多样化、思想多元化相互交织的局面，而这一幅复杂而丰富的社会图景正是青年大学生梦想生成和实践的地方。在经济全球化背景下，随着改革开放的深入，青年大学生是最富有朝气、最富有梦想的群体，但是在多元思想的冲击下，在日趋激烈的竞争压力下，大学生的梦想困境在人生道路上徘徊不前。历史和现实都一再证明，只有根植于现实的土壤，梦想才会生根发芽，只有与社会发展方向保持一致，梦想才会开花结果。梦想、理想与人生有着紧密的关系，选择一种梦想，就是选择一种理想和愿景，一种成长道路和生活方式。青年大学生正值梦想飞扬的年华，拥有不同的梦想和追求，人生就会呈现不同的风景。对大学生进行中国梦教育，使大学生正确理解中国梦蕴含的价值观念，掌握中国梦所体现的社会规律，有助于引导大学生树立正确的梦想，选择正确的成长道路，有助于引导大学生将自己的梦想熔铸到中国梦之中，提升定位梦想的高度，增强追求梦想的韧度，在致力于实现中国梦的过程中，实现并升华自己的梦想。

3. 新形势下凝聚大学生精神动力的需要

习近平总书记在同各界优秀青年代表座谈时的讲话中指出："中国梦是我们的，更是你们青年一代的。中华民族伟大复兴终将在广大青年的接力奋斗中变为现实。"纵观革命、建设和改革的各个阶段，青年一代尤其是大学生都被寄予殷切希望、赋予历史重任。在比历史上任何时期都更接近实现中华民族伟大复兴目标的当下，大学生更是成为实现中国梦的重要生力军。"伟大的事业需要并将产生崇高的精神，崇高的精神支撑和推动着伟大的事业。"大学生要担负起实现中国梦的历史使命，需要强大的精神动力作支撑。新时期，将中国梦教育作为大学生思想政治教育的新课题，对于激发和凝聚大学生的精神动力具有重要价值：一是通过引导大学生树立正确的理想信念，使远大的理想为大学生提供精神动力，使坚定的信念形成长久的内在驱动力；二是变革大学生的思想观念，激发思想活力，推动将思想变行为、精神变物质的积极性、主动性、创造性；三是推动大学生个体的精神动力聚合成群体的精神动力，形成整体效应，改变大学生的精神风貌，融入社会的精神动力，并在社会精神动力中产生积极作用。

二、中国梦教育的核心内容

青年将全过程参与实现“两个一百年”奋斗历程。当代青年建功立业的舞台空前广阔、梦想成真的前景空前光明，希望大家努力在实现中国梦的伟大实践中创造自己的精彩人生。大学生中国梦教育的核心内容在于引导大学生正确解读中国梦、科学构筑中国梦、不懈追逐中国梦三个层面，并且将这三个方面与大学生的爱国主义教育、理想信念教育、实践能力教育紧密结合起来，让大学生真切感受、积极参与中国梦的实现进程，在逐梦之旅中受教育、长才干，成为国之栋梁。

1. 深化爱国主义教育

当今世界，各国的逐梦之旅虽然仍少不了激烈的竞争，但绝对不再定位为此消彼长的零和博弈。不同国家由于国情历史、政治传统、文化积淀、价值基础的不同，所确定的梦想不尽相同，然而在追求世界和平、国家发展、人民福祉上相通，归根到底，在遵循世界发展的客观规律上是相通的。对一个国家来说，梦想的高度决定着国运的兴衰。一个有崇高理想的民族，必定会展现励精图治、阔步向前的风貌，否则就会止步不前，落后挨打。历史的教训告诉我们，不开眼看世界，不比较别国的追求与进步，其结果只能是梦碎一地。大学生应认识到，实现国家富强、民族振兴、人民幸福之梦，是历史发展的必然结果，是让中华民族傲立世界民族之林的必然选择。

读懂中国梦，是大学生中国梦教育的首要内容，是将中国梦融入大学生思想政治教育的基本前提。中国梦与其他国家的梦想相比，中国的畅想中挟带着更多穿越漫长历史陡道后的深邃和平实，也具有经历过无数沉浮磨砺后的包容和力量。中国梦只能由中国自己来打造，但这个梦想可以属于整个世界。实现中华民族的伟大复兴，是20世纪以来时代发展的突出主题，是贯穿中国近现代史的一条基本线索，是中国革命、建设、改革孜孜以求的目标。在中国梦教育中，要引导大学生读懂中国梦的爱国之魂和世界眼光，通过爱国情操的陶冶，增强大学生实践中国梦的社会责任感和历史使命感；引导大学生因中华文明的伟大而爱国，因祖国经受的沧桑而爱国，因英烈先驱的热血而爱国，因光荣的历史使命而爱国，最终将爱国之情汇聚成推动社会实践、实现中国梦的青春能量。

2. 深化理想信念教育

一个国家的梦想，说到底是一国价值追求的体现，用国家梦想引领国人，就是用国家的价值理念引领国人，在人们的思想中贯穿国家价值，通过人们的行为实现国家价值。当国家价值与国民价值呈现辩证统一的关系时，二者就会互相促进、相辅相成。中国梦归根到底是人民的梦，必须紧紧依靠人民来实现，必须不断为人民造福。社会主义核心价值观为国家梦、民族梦、人民梦奠定了共同的价值基础。

中国梦，是个人理想与国家理想的统一，是物质追求与精神追求的统一，是体悟过程与实现目标的统一。思想政治教育要引导大学生在构筑中国梦的框架下，确立远大的理想信念，设计自己的人生梦想，让自己的梦想与中国梦同构，并在践行中国梦的过程中放飞青春梦想。对大学生进行中国梦教育，要引导大学生认识到个人理想与国家理想的辩证统一，认识到个人命运与国家、民族命运休戚相关，增强大学生的历史责任感，引导大学生在中国梦所体现的价值观框架下，构筑自己的梦想，与他人共享人生出彩、美梦成真的机会，与祖国和时代共享一起成长与进步的机会。对大学生进行中国梦教育，应当引导大学生构筑精神追求与物质追求兼具的梦想。运用中国梦激励大学生努力学习科学技术知识，为创造未来的美好生活练好本领，更要引导大学生树立报效祖国的远大志向，展现朝气蓬勃的精神风貌，打造甘于奉献的思想境界，追求精神生活的不断进步。掌握文化知识和工作技能，同时拥有高尚理想与道德品质的大学生，才能成为实践中国梦的重要生力军。

3. 深化实践能力教育

中国梦归根到底是人民的梦，必须紧紧依靠人民来实现，必须不断为人民造福。当前，中国梦已经在全国范围内进行了广泛的宣传，其目的在于引导人民认识到自己实践中国梦的主体地位，凝聚人民实现中国梦的伟大力量。大学生既是自己梦想的主体，也是实现中国梦的主体。将中国梦具体化为个人梦，才能找准并明确大学生的主体地位，为大学生参与实现中国梦提供现实着力点；将大学生的个人梦融入中国梦之中，才能升华大学生的主体地位，为实现个人梦想提供更远大的前景。大学生既是梦想的实践主体，也是梦想的价值主体。运用价值主体的地位激励大学生，正是对梦想的憧憬和追求才使得大学生确立梦想、追逐梦想。

引导大学生追逐中国梦，加强实践能力教育，就是要引导大学生认识到自身在实践梦想中的主体地位，积极发挥创造性，磨砺意志品质，为实现梦想而不断锻炼和提升实践能力。引导大学生打牢知识积淀，为创新培植坚实的基础，激发大学生的创新活力；为创造性活动提供条件，保护大学生的创新成果，为创新提供持续的动力。

三、中国梦融入高校思想政治教育的基本路径

中国梦融入高校思想政治教育是一项系统工程，需要高校在大德育工作方针的指引下，把握理论、统筹全局、联系实际，积极探索中国梦融入高校思想政治教育的基本路径，努力构建学习践行中国梦的有效方式。

1. 发挥新媒体作用，营造学习中国梦的良好氛围

在高校思想政治教育体系中，应当正视新媒体的蓬勃发展和广泛应用带给校园和学生巨大影响的现实。新媒体的兴起为学习中国梦提供了新视角、新理念和

新方式。大学生的个性、特点能够与新媒体较好地融合在一起，在激发他们的创造力的同时也鼓舞着他们更加积极主动地参与社会生活。调查显示，大学生了解国内外形势的主要途径是网络媒体占 70.6%，其次是电视媒体占 20.8%，新媒体成为大学获取信息、了解社会的重要渠道。

在高校思想政治教育工作中，应当切实把中国梦思想和行动统一到国家要求上来，在汇聚中国梦的强大力量上下工夫，把中国特色社会主义理论体系宣传教育贯穿到人才培养的全过程，旗帜鲜明地倡导和践行社会主义核心价值观，服务党和国家中心工作。利用新媒体手段丰富中国梦的舆论氛围，形成具有中国特色的价值导向，广泛利用网站、多媒体、博客、手机、微信、飞信等新媒体手段，通过发帖、转载、参与讨论等方式，及时、深入地开展中国梦理论宣传、政策引导、交流讨论，提高实效性，增强感染力和吸引力。

2. 通过专业课教学，提高大学生实现中国梦的专业技能

人才是实现中国梦的坚实基础，而高校培养具有创新精神和能力、有强烈责任感和担当意识的人才的神圣使命是实现中国梦的决定性因素。随着高校“质量工程”、卓越人才培养计划的实施，高校专业课教学在教育人才的培养质量、专业技能培养中的地位越发重要。在中国梦实现的过程中，人才队伍需要具有高标准的专业技能，需要发挥高校专业课的优势，强化青年学生的专业技能，提高综合素质，在推动国家、社会进步中实现个人梦想。

在专业课理论知识学习中，首先是要按照培养合格的建设者和可靠的接班人的标准，注重学思结合、知行统一，把中国梦教育与专业知识的教学紧密结合起来，遵循教育规律和人才成长规律，指导青年学生规划大学生活，激发学生的学习积极性，形成良好的学习风气，提高当代大学生就业竞争力。其次是在专业课技能知识教学中，要教育大学生需要充分认识中国梦实现需要的技能知识，借鉴中国梦的教育方式，改善专业知识的讲授和思想政治教育脱节的局面，让学生敢做梦愿做梦，在促进学生对专业知识理解的同时，提高学习的积极性和实效性，实现两者自然融合。

3. 通过思想政治理论课教学，使大学生充分掌握中国梦的理论知识

面对国内外社会意识形态的多元化，将中国梦的相关理论融入到高校思想政治理论课教学是当前和今后面临的一个重大课题。因此，必须走中国道路，必须弘扬中国精神，必须凝聚中国力量，“三个必须”阐明了中国梦的丰富内涵，第一次把三大要素有机统一起来，把中国特色社会主义理论体系推进到新的境界，为中国梦的实现指明了方向。要充分发挥思想政治理论课课堂教学在大学生思想政治教育中的主渠道作用，完善普及传播功能、教育引导功能、理论建构功能和价值实践功能等四项功能，把中国梦融入高校思想政治理论课教学中，推动中国梦学习教育进学校、进教材、进课堂。

首先要深入宣传实现中国梦的重大意义、基本内涵和本质要求。从理论与实践上深刻解析走中国梦与他国梦之间的区别与联系，将“三个自信”与中国梦紧密结合起来，论证走中国特色社会主义道路的必然性。其次要科学解读现阶段中

国梦实现的具体路径。中国梦让社会各个阶层、各个领域、各个方面都能从民族复兴的光明前景中看到自身利益所在，在实现过程中必将焕发出活力。最后要深入宣传实现中国梦与大学生自身成才之间的关系。深入宣传每个人的前途命运都与国家和民族的前途命运紧密相连，使广大青年学生充分认识到神圣责任，自觉将中国梦与“我的梦”结合起来，要脚踏实地、不懈奋斗，用苦干、实干实现伟大的中国梦。

4. 通过形势政策报告，帮助大学生深入了解中国梦的历史与现实

当前，处于改革深水区和攻坚期的中国面临的问题变得愈发复杂，当下的一些不当言论是建立在对现实的误读、误判和有意裁减的基础之上的。有学者指出外界对中国梦存在十大误解，各种误解会冲淡社会对中国梦及实践过程中的认识。要建立高等学校学生形势报告会制度。各地要建立相应的报告会制度，邀请省级党政主要负责同志结合本地区发展的实际，每年为高等学校作形势报告，使学生更直接地了解改革开放和经济社会发展的新成就、新变化。通过各种报告会，将中国梦的相关背景、历史意义、发展形势、国家政策宣讲到青年学生，提高对中国梦的理性认识。

首先是继续完善形势政策教育制度。中国梦的提出，表明中国对道路、制度、理论的信心，继续完善经常性、基础性形势政策宣传教育活动，组织校内外专家将国家发展的热点问题作专题报告，教育和引导学生科学理性的认识和分析形势，正确的理解中国梦的政策，引导学生在比较中思考，在分析中选择，在综合中提高，不断提高思想认识的针对性。其次在内容选择上，既讲中央的方针政策，也讲本地的具体情况；既讲大道理和宏观背景，也讲小道理和具体问题；既讲形势的变化，也讲相关的专业知识、背景、规律和事物之间的联系、下一步发展的趋势等；既讲形势发展变化现状和特点，也讲思维方式和思想方法；既有针对性地化解矛盾，引导思想认识问题，也以提高认识分析形势的能力为着力点。

5. 开展社会实践，深化青年学生对中国梦的认识

中国梦提出以来，在社会上引起强烈反响，社会各界持续热议实现中华民族复兴的梦想。不同的群体、不同的视角、不同的观点相互争鸣，都为青年学生提高中国梦的认识提供了丰富的资源。毛泽东指出，马克思列宁主义者要做到三种要求：首先要求调查研究周围环境，接着要求懂得历史，最后要求要有目的地研究理论。马克思主义认为，理论与实践是密不可分的，实践既是理论的源泉，又是检验理论的唯一标准；反过来，在充分实践基础上形成的正确理论是实践的指南，没有科学理论指导的实践是盲目的实践。

首先是引导广大青年学生在实践中了解社会。社会实践是大学生思想政治教育的重要环节，青年学生应该主动把自己的前途命运与国家的前途命运联系起来，把个人梦想的实现与时代发展的需求结合起来，把社会实践工作与人才培养、社会事业发展、服务地方经济建设相结合，切实增强社会实践活动实效，在社会实践中提高改造客观世界和主观世界的能力，培养个人品格。其次是引导青年学生完善知识结构。针对就业制度的改革，人才市场对实践型人才的需求，引

导大学生认清形势，努力调整完善自己的知识结构，提高所修学科知识同实际相结合的能力以及同其他学科相结合的能力，鼓励学生向实践型人才发展，在实践中学会做人、学会做事，提高处理好改造客观世界与改造主观世界的关系的能力。

思考题

1. 为什么半殖民地半封建时期的中国梦都最终会破灭?

2. 什么是中国梦？它是因为什么产生的?

3. 结合时事政治回答，中国梦是怎样凝聚民心聚集民力，为未来指明方向的?

4. 中国梦的辩证逻辑思维，我们在完成中国梦时应该如何做?

5. 美国梦和中国梦的区别?

6. 中国梦教育的现实价值?

7. 大学生要深化中国梦的教育，那么在现实生活中如何实现自己的梦想，进而实现中国梦呢?

第五章　全面推进依法治国

全面推进依法治国，是我们党从坚持和发展中国特色社会主义、实现国家治理体系和治理能力现代化、提高党的执政能力和执政水平的高度出发，总结历史经验，顺应人民愿望和时代发展要求作出的重大战略抉择。党的十八届四中全会专门就全面推进依法治国作出决定，在我党和国家历史上还是第一次，具有重大的现实意义和深远的历史意义。

第一节　全面推进依法治国的意义及历史成就

十八届四中全会通过的《中共中央关于全面推进依法治国若干重大问题的决定》(以下简称《决定》)，用“三个事关”、“三个全面”、“四个更好”深刻阐明了全面推进依法治国的重大意义。

一、重要意义

《决定》指出：“依法治国，是坚持和发展中国特色社会主义的本质要求和重要保障，是实现国家治理体系和治理能力现代化的必然要求，事关我们党执政兴国，事关人民幸福安康，事关党和国家长治久安。”“全面建成小康社会、实现中华民族伟大复兴的中国梦，全面深化改革完善和发展中国特色社会主义制度，提高党的执政能力和执政水平，必须全面推进依法治国。”《决定》强调：“面对新形势新任务，我们党要更好统筹国内国际两个大局，更好维护和运用我国发展的重要战略机遇期，更好统筹社会力量、平衡利益关系、调节社会关系、规范社会行为，使我们社会在深刻变革中既生机勃勃又井然有序，实现经济发展、政治清明、文化昌盛、社会公正、生态良好，实现我国和平发展的战略目标，必须更好发挥法治的引领和规范作用。”全面理解全面推进，必须深入领会《决定》提出的“三个事关”、“三个全面”、“四个更好”的深刻含义，重要把握以下三个方面。

1. 全面推进依法治国，是提高我们党执政能力和执政水平的迫切要求

执政能力建设，是执政党面临的一个永恒课题，也是一项重大的现实课题。我们党历来高度重视执政能力建设，从掌握全国政权的那一天起，就为掌好权、执好政进行了了不懈探索，积累了宝贵经验，也走过不少弯路，甚至出现了严重

失误。总结新中国成立 60 多年特别是改革开放 30 多年来我们党执政的历程，我们越来越深刻地认识到，法治更具根本性、全局性、长期性、稳定性，提高党的执政能力和执政水平，必须摒弃人治、厉行法治，着力解决好党的领导和依法治国、党的政策和国家法律的关系问题，推进党执政的制度化、规范化、程序化，以依法执政促进和保障科学执政、民主执政。这个问题解决不好，不仅谈不上提高执政能力和执政水平，甚至有失去执政地位的危险。邓小平同志曾深刻地指出，还是要靠法制，搞法制靠得住些。当前，我们党所处的执政方位和执政环境发生了深刻变化，面临的执政考验、改革开放考验、市场经济考验、外部环境考验是长期的、复杂的、严峻的，精神懈怠危险、能力不足危险、脱离群众危险、消极腐败危险更加尖锐地摆在全党面前。我们党要提高执政能力、巩固执政地位，实现长期执政，就必须更加自觉地运用法治思维和法治方式加强党的执政能力建设，推进党执政的制度化、规范化、程序化，提高依法治国、依法执政水平，巩固党执政的法治基础。具体靠捡，就是要把依法治国基本方略同依法执政基本方式统一起来，把党总揽全局、协调各方同人大、政府、政协、审判机关、检察机关依法依章履行职能、开展工作统一起来，把党领导人民制定和实施宪法法律同党坚持在宪法法律范围内活动统一起来，善于使党的主张通过法定程序成为国家意志，善于使党组织推荐的人选通过法定程序成为国家政权机关的领导人员，善于通过国家政权机关实施党对国家和社会的领导，善于运用民主集中制原则维护中央权威、维护全党全国团结统一。

2. 全面推进依法治国，是完善和发展中国特色社会主义制度、推进国家治理体系和治理能力现代化的必然要求

实现国家兴旺发达和长治久安，制度是重要基础，也是重要保障。而衡量一个国家、一个社会的制度健全与否，很重要的一条就是看它的法治体系是否健全。法治体系既是国家制度的重要组成部分，也是国家制度合法性、稳定性的重要支撑。

古人云："法者，国家所以布大信于天下。"法制健全，国家就有信誉，政府就有威信，社会就有秩序，人民就有信心。人民对现实安心，对未来有信心，才能集中精力谋发展、促发展，国家才能兴旺发达和长治久安。纵观人类社会发展史，法治兴衰同国家治乱息息相关，没有哪一个国家不厉行法治而强盛的。我国历来有"有家有国者，不患寡而患不均，不患贫而患不安"的思想，就是要告诫治国者必须重视建章立制，通过制度来确保社会公正和人民安居立业。应该说，经过长期探索实践，中国特色社会主义制度已经确立和不断完善，但从历史发展、时间发展的视角开看，从日趋激烈的国际竞争来看，我国社会主义制度建设的任务还很艰巨很紧迫。我们要维护和运用我国发展的重要战略机遇期，实现经济发展、政治清明、文化昌盛、社会公正、生态良好，实现我国和平发展的战略目标，实现党和国家长治久安和人民安居乐业，必须加强制度建设，打牢制度基础，增加制度供给，强化制度保障。党中央就全面推进依法治国作出部署，一个重要的战略意图就是通过健全社会主义法治，进一步完善和发展中国特色社会主

义制度、推进国家治理体系和治理能力现代化，通过制度来确保中国特色社会主义事业兴旺发达和中华民族长远发展。

3. 全面推进依法治国，是全面建成小康社会、实现中华民族伟大复兴的中国梦的迫切追求

当前，我国正处于社会主义初级阶段，全面建成小康社会进入决定性阶段，改革进入攻坚期和深水区，国际形势复杂多变，面临的改革发展稳定任务之重前所未有、矛盾风险挑战之多前所未有。能不能有效解决我国发展中遇到的矛盾和问题、化解来自各方面的风险和挑战，直接关系全面建成小康社会、实现中华民族伟大复兴的中国梦。法治是治国理政的基本方式，是国家治理体系的重要依托。解决党和国家事业发展面临的一系列重大问题，解放和增强社会活力、促进社会公平正义、维护社会和谐稳定，必须全面推进依法治国，更加注重运用法律的准绳去衡量、规范、引导政治、经济、文化、社会生活，更加注重运用法治的方式统筹社会力量、平衡社会利益、调节社会关系、规范社会行为。只有这样，才能推动经济社会持续健康发展，确保顺利全面建成小康社会、实现中华民族伟大复兴的中国梦。

二、我国法治建设取得的历史性成就

《决定》鲜明提出："我们党高度重视法治建设。长期以来，特别是党的十一届三中全会以来，我们深刻总结我国社会主义法治建设的成功经验和深刻教训，提出了保障人民民主，必须加强法治，必须使民主制度化、法律化，把依法治国确定为党领导人民治理国家的基本方略，把依法执政确定为党治国理政的基本方式，积极建设社会主义法治，取得历史性成就。目前，中国特色社会主义法律体系已经形成，法治政府建设稳步推进，司法体制不断完善，全社会法制观念明显增强。"这一段话，系统而凝练地总结了我们党领导人民进行社会主义法治建设取得的历史性成就。具体来讲，主要体现在以下几个方面。

1. 依法治国基本方略和依法执政基本方式已经确立

任何一个国家的执政党都在影响和掌控本国法治。一个国家的执政党对法治的认识和运用程度，决定着整个国家法治建设的进程和效果。我们党取得全国政权开始执政以来，高度重视法治建设，在社会主义建设和改革的进程中不断总结历史经验和教训，不断深化对法治地位和作用的认识，深化对共产党执政规律、社会主义建设规律、人类社会发展规律的认识，自觉地把依法治国确立为党领导人民治理国家的基本方略，把依法执政确立为党治国理政的方式。这是我国社会主义法治建设取得的最重要成果，也是我国社会主义法治建设取得历史性成就的根本保证。

2. 中国特色社会主义法律体系已经形成

法律体系是法治建设的首要任务和依法治国的根本基础。1954 年，我国制定了第一部《中华人民共和国宪法》，为中国特色社会主义法律体系的形成奠定了重要基础。改革开放以来，我们党领导人民对宪法进行了多次修改，同时适应

经济社会发展需要，不断加强立法工作，加快各领域立法步伐。到目前，一个立足中国国情和实际、适应改革开放和社会主义现代化建设需要、集中体现党和人民意志的中国特色社会主义法律体系已经形成，国家建设和社会管理总体实现了有法可依。可以说，中国特色社会主义法律体系的形成，是我国法治建设的一个重要里程碑，也是我国法治建设取得历史性成就最鲜明的体现。

3. 法治政府建设稳步推进

依法行政是依法治国的重要环节，法治政府建设是法治中国建设的重要组成部分。改革开放以来，我们党把法治政府建设作为法治建设的一项重要战略任务来抓，不断深化行政体制改革。尤其是最近 10 多年，经过各方面的努力，我国法治政府建设成效显著，法治政府的制度体系基本形成，行政职能进一步转变，行政权力的运行得到有效规范和监督，政务公开广泛推进，行政机关公务员特别是各级领导干部依法行政的意识和能力明显增强。

4. 司法体制不断完善

司法体制是法治的重要支撑。改革和完善我国司法体制始终是社会主义法治建设的核心任务。从党的十五大开始，党的历次全国代表大会报告都对司法体制改革作出部署。通过几轮司法改革，我国司法制度不断完善，司法机关职权配置得到优化，司法行为进一步规范，司法活动监督体系不断健全，司法队伍素质不断提高，律师队伍管理不断加强，司法为民的意识已经树立，司法公信力显著提高。

5. 全社会法治观念明显增强

全民法治观念是法治的重要基础。改革开放以来，我们党高度重视普法工作，在全体公民中大力普及法律知识、弘扬法治精神，积极开展群众性普法创建活动，推动全社会树立法治观念。从 1985 年起，全国人大常委会先后通过了 6 个在全民中普及法律知识的决议，连续实施 6 个五年普法规则。1994 年以来，中共中央政治局先后举办了 100 多次集体学习，其中近 30 次都与法治建设有关，这对推动全社会特别是国家工作人员学习法律知识、树立法治意识、增强法治理念起到了良好示范作用。当前，学法遵法守法用法的社会氛围和办事依法、遇事找法、解决问题用法、化解矛盾靠法的良好法治环境初步形成，这为全面推进依法治国、建设社会主义法治国家奠定了坚实的社会基础。

需要说明的是，在我国这样一个历史上重人治、轻法治的国家，建设具有现代意义的法律制度，其难度可想而知。特别是我们要在推翻旧法统基础上探索建设崭新的社会主义法治，其艰辛程度可想而知。因此，我们在短短的几十年时间里，在社会主义法治建设上取得这样的成就，确实是历史性的、开创性的，值得我们自豪。当然也要清醒地看到，同党和国家事业发展要求相比，同人民群众期待相比，同推进国家治理体系和治理能力现代化的目标相比，我国社会主义法治建设还存在许多不适应、不符合的问题，迫切需要全面推进依法治国，加快建设中国特色社会主义法治体系，不断提高科学立法、严格执法、公正司法、全民守法水平。

第二节 改革开放以来我国法治建设的历史轨迹

依法治国是党领导人民治理国家的基本方略，建设法治国家则是我国政治发展的目标。

一、以邓小平为核心的党中央

1978年12月18~22日召开了党的十一届三中全会，会后发表的《中国共产党第十一届中央委员会第三次全体会议公报》中指出："加强社会主义法治，使民主制度化、法律化"，"做到有法可依，有法必依，执法必严，违法必究"，"司法机关保持应有的独立性"，"法律面前人人平等，不允许有特权"。1980年2月23~29日召开的党的十一届五中全会通过的《关于党内政治生活的若干准则》中提出："领导干部要成为遵守国家法律的模范"，"党纪国法面前人人平等"。1981年6月27~29日召开的党的十一届六中全会通过了《关于建国以来若干历史问题的决议》中，明确提出："社会主义法制要成为维护权利、保障秩序和打击犯罪的强大武器"，"党的各级组织要在宪法和法律范围内活动"。1982年9月1~11日在党的十二大《全面开创社会主义现代化建设的新局面——在中国共产党第十二次全国代表大会上的报告》中明确指出："社会主义民主的建设必须同社会主义法制的建设紧密地结合起来""法制建设取得了一些成就，但有法不依、执法不严的现象在一些方面仍然存在""要在全体人民中间反复法制的宣传教育""全党要严格遵守宪法和法律"。1983年10月11~12日党的十二届二中全会通过了《中共中央关于整党的决定》，在决定中明确表明对错误严重的党员和党员干部要给予党纪政纪处分，触犯刑律的要依法惩处，对党员要进行社会主义法制教育。1984年10月20日党的十二届三中全会通过的《中共中央关于经济体制改革决定》中，提出了法律要为经济体制改革服务的任务。1985年9月16日党的十二届四中全会通过的《中共中央关于制定国民和社会发展第七个五年计划的建议》，提出了"加强经济立法和经济司法"，"使法律手段成为调节经济关系和经济活动的重要手段"，"加强法制教育"等任务。1986年9月28日在党的十二届六中全会通过的《中共中央关于社会主义精神文明建设指导方针的决议》中，提出"民主和法制不可分"，"加强社会主义法制教育"，"法纪面前人人平等"。1987年10月25日~11月1日召开的党的十三大所作《沿着有中国特色的社会主义道路前进》报告中，指出："完善社会主义法制"，"党应在宪法和法律的范围内活动"，"加强行政立法"，"社会主义民主和社会主义法制不可分割"，"做到有法可依，有法必依，执法必严，违法必究"，"法制建设要贯串于改革的全过程"。

二、以江泽民为总书记的党中央

1. 党的十三大期间

1989年6月23~24日党的十三届四中全会召开，会后发表的《在党的十三届四中全会上的讲话》中指出“民主和法制建设要抓紧进行”，“民主和法制建设不能离开社会主义的方向和轨道”。1990 年 3 月 9 ~ 12 日召开的党的十三届六中全会通过的《中共中央关于加强党同人民群众联系的决定》中提出：“党组织和党员要严格依法办事”，“在深化政治体制改革中推进社会主义民主和法制建设”。1990 年 12 月 25 ~ 30 日召开的党的十三届七中全会发表的《中共中央关于制定国民经济和社会发展十年规划和“八五”计划的建议》中提出“加快经济法制建设”。

2. 党的十四大期间

1992 年 10 月 12 ~ 18 日召开的党的十四大所作的《加快改革开放和现代化建设步伐 夺取有中国特色社会主义事业的更大胜利》报告中，指出：“加强立法工作”，“严格执行宪法和法律”，“把民主法制实践和民主法制教育结合起来”。1993 年 11 月 11 ~ 14 日召开的党的十四届三中全会通过的《中共中央关于建立社会主义市场经济体制若干问题的决定》中明确指出：“改革开放与法制建设相统一”，“在 20 世纪末初步建立适应社会主义市场经济的法律体系”，“改革、完善司法制度和行政执法”，“深入开展法制教育”，“改革决策要与立法决策紧密结合”。1994 年 9 月 25 ~ 28 日召开的党的十四届四中全会通过的《中共中央关于加强党的建设几个重大问题的决定》中指出：“各级党组织和全体党员要模范地遵守国家的宪法和法律”，“党必须在宪法和法律的范围内活动”。1995 年 9 月 25 ~ 28 日党的十四届五中全会召开，会后发表的《中共中央关于制定国民经济和社会发展“九五”计划和 2010 远景目标的建议》中提出：“加快经济立法，建立和完善适应社会主义市场经济体制的法律体系”，“坚决纠正有法不依、执法不严、违法不究、滥用职权等现象”，“继续深入开展法制宣传教育”。1996 年 10 月 7 ~ 10 日召开的党的十四届六中全会通过的《中共中央关于加强社会主义精神文明建设若干重要问题的决议》中指出：“在全体人民中普及法律常识，增强民主法制观念”，“健全有关的法律、法规和制度”。

3. 党的十五大期间

1997 年 9 月 12 ~ 18 日召开的党的十五大所作的《高举邓小平理论伟大旗帜把建设有中国特色社会主义事业全面推向二十一世纪》报告中提出：“依法治国的内涵”，“依法治国的现实价值”，“把坚持党的领导、发扬人民民主和严格办事统一起来”，“坚持有法可依、有法必依、执法必严、违法必究”。2000 年 10 月 9 ~ 11 日党的十五届五中全会，会后发表的《中共中央关于制定国民经济和社会发展第十个五年计划的建议》中提出：“建立和完善适应社会主义市场经济体制额法律体系”，“推进政府工作法制化，从严执政，依法行政”，“推进司法改革”，“深入开展社会主义法制教育”。2001 年 9 月 24 ~ 26 日召开的党的十五届六中全会通过的《中共中央关于加强和改进党的作风建设的决定》中指出：“党的各级组织都必须在宪法和法律的范围内活动”，“党员干部要做遵纪守法和依法办事的模范”。

三、以胡锦涛为总书记的党中央

1. 党的十六大期间

2002 年 11 月 8～14 日召开的党的十六大所作的《全面建设小康社会开创中国特色社会主义事业新局面》报告中指出："实行依法治国和以德治国相结合"，"要把坚持党的领导、人民当家做主和依法治国有机统一起来"，"加强社会主义法制建设"，"推进司法体制改革"。2003 年 10 月 11～14 日召开的党的十六届三中全会通过的《中共中央关于完善社会主义市场经济体制若干问题的决定》中指出："全面推进经济法制建设"，"加强执法和监督"。2004 年 9 月 16～19 日召开的党的十六届四中全会通过的《中共中央关于加强党的执政能力建设的决定》中指出："要坚持依法治国，领导立法，带头守法，保证执法，不断推进国家经济、政治、文化、社会生活的法制化、规范化"，"坚持党的领导、人民当家做主和依法治国的有机统一"，"提高依法执政水平"，"坚持依法治国和以德治国相结合"。2005 年 10 月 8～11 日召开了党的十六届五中全会，会后发表的《中共中央关于制定国民经济和社会发展第十一个五年规划的建议》中提出："全面推进依法行政"，"贯彻实施依法治国的基本方略"。"2006 年 10 月 8～11 日召开的党的十六届六中全会通过的《中共中央关于构建社会主义和谐社会若干重大问题的决定》中指出："将依法治国基本方略得到全面落实作为构建社会主义和谐社会的目标和主要任务之一"，"将实施依法治国基本方略作为构建社会主义和谐社会必须遵循的原则之一"，"树立社会主义法治理念"，"坚持党的领导、人民当家做主和依法治国的有机统一"，"坚持依法治国与以德治国相结合"。

2. 党的十七大期间

2007 年 10 月 15～21 日在召开的党的十七大所作《高举中国特色社会主义伟大旗帜 为夺取全面建设小康社会新胜利而奋斗》报告中指出："坚持党的领导、人民当家做主、依法治国有机统一"，"全面落实依法治国基本方略"，"加快建设社会主义法治国家"。2008 年 2 月 25～27 日召开的党的十七届二中全会通过的《关于深化行政体制改革的意见》中提出："加强依法行政和制度建设"。2008 年 10 月 9～12 日召开的党的十七届三中全会通过的《中共中央关于推进农村改革发展若干重大问题的决定》中指出："坚持党的领导、人民当家做主、依法治国有机统一"，"加强农村法制建设，完善涉农法律法规，增强依法行政能力，强化涉农执法监督和司法保护"，"加强农村法制宣传教育，搞好法律服务，提高农民法律意识，推进农村依法治理"。2009 年 9 月 15～18 日召开的党的十七届四中全会通过的《中共中央关于加强和改进新形势下党的建设若干重大问题的决定》中指出："坚持党总揽全局、协调各方的领导核心作用，坚持党的领导、人民当家做主、依法治国有机统一，改革和完善党的领导方式和执政方式"，"坚持科学执政、民主执政、依法执政，着力提高总揽全局、协调各方能力和水平"。2010 年 10 月 15～18 日召开的党的十七届五中全会通过的《中共中央关于制定国民经济和社会发展发展第十二个五年规划的建议》中提出："坚持党的领导、人民当家做主、依法治国有机统一”，“全面落实依法治国基本方略，完善中国特色社会主义法律体系，维护法制权威，推进依法行政、公正廉洁执法，加强普法教育，形成人人学法守法的良好社会氛围”，“加快建设社会主义法治国家”。2011年10月15~18日召开的党的十七届六中全会通过的《中共中央关于深化文化体制改革、推动社会主义文化大发展大繁荣若干重大问题的决定》中指出：“实行依法中国和以德治国相结合”。

四、以习近平为总书记的党中央继续发展

2012年11月8~14日在召开的党的十八大所作的《坚定不移沿着中国特色社会主义道路前进，为全面建成小康社会而奋斗》报告中指出：“中国特色社会主义法律体系形成，社会主义法治国家建设成绩显著”，“全面推进依法治国”，“法治是治国理政的基本方式”，“坚持法律面前人人平等”，“完善中国特色社会主义法律体系，加强重点领域立法，拓展人民有序参与立法途径”，“推进依法行政”，“进一步深化司法体制改革”，“深入开展法制宣传教育，弘扬社会主义法治精神，树立社会主义法治观念，增强全社会学法遵法守法用法意识”，“提高领导干部运用法治思维和法治方式深化改革、推动发展、化解矛盾、维护稳定能力”，“党领导人民制定宪法和法律，党必须在宪法和法律范围内活动”，“任何组织和个人都不得有超越宪法和法律的特权”，“坚持依法治国和以德治国相结合”。

2013年11月9~12日召开的党的十八届三中全会通过的《中共中央关于全面深化改革若干重大问题的决定》中指出：“维护宪法法律权威”，“深化行政执法体制改革”，“确保依法独立公正行使审判权检察权”，“健全司法权力运行机制”，“完善人权司法保障制度”，“坚持依法治理，加强法治保障，运用法治思维和法治方式化解社会矛盾”。

2014年10月20~23日召开的党的十八届四中全会通过《中共中央关于全面推进依法治国若干重大问题的决定》。这是首次以“依法治国”作为主题的中央全会，专题研究部署全面依法治国。在《决定》中明确指出：“全面推进依法治国，总目标四建设特色社会主义法治体系，建设社会主义法治国家”，“坚持中国共产党的领导”，“坚持人民主体地位”，“坚持法律面前人人平等”，“坚持依法治国和以德治国相结合”，“坚持从中国实际出发。中国特色社会主义道路、理论体系、制度是全面推进依法治国的根本遵循”，“完善以宪法为核心的中国特色社会主义法律体系，加强宪法实施”，“健全宪法实施和监督制度”，“完善立法体制”，“深入推进科学立法、民主立法”，“加强重点领域立法”，“深入推进依法行政，加快建设法治政府”，“依法全面履行政府职能”，“健全依法决策机制”，“深化行政执法体制改革”，“坚持严格规范公正文明执法”，“强化对行政权力的制约和监督”，“全面推进政务公开”，“保证公正司法，提高司法公信力”，“完善确保依法独立公正行使审判权和检察权的制度”，“优化司法职权配置”，“推进严格司法”，“保障人民群众参与司法”，“加强人权司法保障”，“加

强对司法活动的监督”，“增强全民法治观念，推进法治社会建设”，“推动全社会树立法治意识”，“推进多层次多领域依法治理”，“建设完备的法律服务体系”，“健全依法维权和化解纠纷机制”，“加强法治工作队伍建设”，“建设高素质法治专门队伍”，“加强法律服务队伍建设”，“创新法治人才培养机制”，“坚持依法执政”，“加强党内法规制度建设”，“提高党员干部法治思维和依法办事能力”，“推进基层治理法治化”，“深入推进依法治军从严治军”，“依法保障”，“一国两制”，“实践和推进祖国统一”，“加强涉外法律工作”。

第三节 党的领导与法治

十八届四中全会通过的《关于全面推进依法治国若干重大问题的决定》(以下简称《决定》)以党的文件形式第一次就执政党与依法治国的关系作了全面和系统的论述，明确指出：“把党的领导贯彻到依法治国全过程和各方面，是我国社会主义法治建设的一条基本经验。”认真贯彻落实《决定》关于党的领导与依法治国相互关系论述的重要精神，必须从历史和逻辑相统一、理论和实践相结合两个角度，全面准确地考察和把握“把党的领导贯彻到依法治国全过程和各方面”的意义及其在制度操作层面应当采取的具体措施。

一、依法治国作为基本方略始终依托“党的领导”获得自身的正当性

“依法治国”作为基本方略首次出现在十五大报告中。十五大报告明确规定：“依法治国，就是广大人民群众在党的领导下，依照宪法和法律规定，通过各种途径和形式管理国家事务，管理经济文化事业，管理社会事务，保证国家各项工作都依法进行，逐步实现社会主义民主的制度化、法律化，使这种制度和法律不因领导人的改变而改变，不因领导人看法和注意力的改变而改变。依法治国，是党领导人民治理国家的基本方略，是发展社会主义市场经济的客观需要，是社会文明进步的重要标志，是国家长治久安的重要保障。党领导人民制定宪法和法律，并在宪法和法律范围内活动。依法治国把坚持党的领导、发扬人民民主和严格依法办事统一起来，从制度和法律上保证党的基本路线和基本方针的贯彻实施，保证党始终发挥总揽全局、协调各方的领导核心作用。”

根据十五大报告对党的领导与依法治国相互关系的论述，依法治国的性质可以作以下几个角度的描述：①依法治国是人民群众在党的领导下进行的，依法治国的主体既是“人民群众”又包括“执政党”；②依法治国是作为党领导人民治理国家的“基本方略”被提出来的，与治国理政的大政方针密切相关；③依法治国作为治国理政的基本方略被提出，并不是“就法治论法治”，而是要将党的领导、发扬人民民主和严格依法办事统一起来，依法治国本身就包含了党的领导的要求，体现了党的领导的特点。依法治国从党的十五大报告首次被提出，就一直没有离开党的领导，依法治国是与党的领导共生共存的，不可随意将二者加以对立或任意加以割裂。

十六大报告中，关于“党的领导”与“依法治国”两者相互关系的表述又有了进一步发展。相比十五大报告而言，主要有以下几个方面的特征：①第一次明确提出了“党的领导、人民当家做主与依法治国有机统一”的社会主义民主政治基本原则。十六大报告指出：“发展社会主义民主政治，最根本的是要把坚持党的领导、人民当家做主和依法治国有机统一起来。党的领导是人民当家做主和依法治国的根本保证，人民当家做主是社会主义民主政治的本质要求，依法治国是党领导人民治理国家的基本方略。”在以上论述中，党的领导与依法治国之间的相互关系被放在“三者有机统一”的环境中来加以阐释：一方面，党的领导、依法治国与人民当家做主都被置于社会主义民主政治的框架中，属于社会主义民主政治的三项重要内容；另一方面，由于在“党的领导”与“依法治国”之间加入了“人民当家做主”这个共生要素的关系变量，党的领导与依法治国相互之间关系的内涵显得更加丰富和充实，“党的领导”被作为依法治国的必要条件加以肯定，也就是说，党的领导是依法治国的根本保证，没有党的领导，依法治国也就失去了稳固的正当性基础。②“三者有机统一”第一次与“依法执政”产生了紧密的逻辑关联，在党的领导、依法治国与依法执政之间形成了手段与目的的逻辑关系。十六大报告指出：必须增强法制观念，善于把坚持党的领导、人民当家做主和依法治国统一起来，不断提高依法执政的能力。根据这一论述，“三者有机统一”既可以视为依法执政的外在表现形式，“三者有机统一”的统一状况和程度如何直接反映了依法执政的能力，与此同时，“三者有机统一”也可以促进依法执政。③依法治国在党的领导下，除了必须妥善处理与人民当家做主之间的辩证关系之外，十六大报告又增加了一个新的关系变量，即依法治国与以德治国之间的关系必须认真加以对待。十六大报告明确规定：坚持物质文明和精神文明两手抓，实行依法治国和以德治国相结合，并且要求“依法治国和以德治国相辅相成”。“以德治国”中也包含了“党的领导”的内涵，也就是说，“以德治国”中的“德”也不能脱离党的领导。十六大报告对此明确规定：深入进行党的基本理论、基本路线、基本纲领和“三个代表”重要思想的宣传教育，引导人们树立中国特色社会主义共同理想，树立正确的世界观、人生观和价值观；认真贯彻公民道德建设实施纲要，弘扬爱国主义精神，以为人民服务为核心、以集体主义为原则、以诚实守信为重点，加强社会公德、职业道德和家庭美德教育，特别要加强青少年的思想道德建设，引导人们在遵守基本行为准则的基础上，追求更高的思想道德目标。总之，十六大报告在论述党的领导与依法治国两者相互关系上，与十五大报告相比又有了很大的发展，引进了更多的关系变量，如“人民当家做主”、“依法执政”和“以德治国”等。这些关系变量本身并没有否定党的领导与依法治国相互关系的基本内涵，恰恰相反，它们从不同的视角丰富了党的领导与依法治国相互关系的内涵，在党的领导与依法治国之间建立起更加丰富和有效的逻辑关联和制度联系，成为准确把握两者关系的重要参考指标。

十七大报告突出了依法治国的地位，将依法治国上升到“基本方略”的高度。在十七大报告中，依法治国已经成为执政党依法执政的基本方式，已经成为党的领导的重要内容，两者之间在目的和功能方面具有高度的一致性。十七大报告将依法治国基本方略表述为以下几个方面的要求：①坚持依法治国基本方略，树立社会主义法治理念，实现国家各项工作法治化，保障公民合法权益；②全面落实依法治国基本方略，加快建设社会主义法治国家；③中国特色社会主义法律体系基本形成，依法治国基本方略切实贯彻，行政管理体制、司法体制改革不断深化；④社会主义民主政治不断发展、依法治国基本方略扎实贯彻；⑤依法治国基本方略深入落实，全社会法制观念进一步增强，法治政府建设取得新成效。

十八大报告提出了“全面推进依法治国”的要求，“法治是治国理政的基本方式。要推进科学立法、严格执法、公正司法、全民守法，坚持法律面前人人平等，保证有法必依、执法必严、违法必究”。对于十七大报告将“依法治国”确定为基本方略的大政方针，十八大报告作了充分肯定，强调必须坚持把依法治国作为基本方略。此外，十八大继续肯定了十六大提出的要妥善处理依法治国与以德治国的关系以及“党的领导、人民当家做主与依法治国有机统一”。

《决定》根据党的十八大报告提出的“全面推进依法治国”要求，第一次以党的文件形式就全面推进依法治国的指导思想、总目标、基本原则和具体任务作出了全面和系统的规定，提出了一百八十多项法治改革措施。其中，基于“全面推进”依法治国的需要，在处理党的领导与依法治国两者相互关系上也作了具体和精确的描述，将党的领导始终不渝地作为全面推进依法治国的正当性大前提。《决定》第七部分主题即为“加强和改进党对全面推进依法治国的领导”，并对如何适应全面推进依法治国的要求来加强党的领导作了明确的要求。至此，党的领导与依法治国的相互关系真正在党的文件中得到了全面和系统的阐述，不仅理论上逻辑关系清晰，各项具体制度要求也层次分明、覆盖面广，体现了党的领导与依法治国共生共存的紧密关系。《决定》强调要将党的领导全面贯彻落实到依法治国的各个具体领域，做到坚持依法执政、加强党内法规制度建设、提高党员干部法治思维和依法办事能力、推进基层治理法治化、深入推进依法治军从严治军、依法保障“一国两制”实践和推进祖国统一以及加强涉外法律工作等。《决定》对党的领导与依法治国相互关系的阐释非常全面周至，是指导全面推进依法治国各项法治工作的行动性纲领。

二、在“党的领导、人民当家做主与依法治国有机统一”社会主义民主政治基本原则中，“党的领导”是三者有机统一的逻辑前提和制度出发点

十六大报告在十五大报告基础上，引入“人民当家做主”来阐述党的领导与依法治国相互关系的丰富内涵，“人民当家做主”成为理论上连接党的领导与依法治国之间的逻辑中项，使得党的领导与依法治国之间具有了很好的理论关联，对于在党的领导下指导依法治国的实践也提供了一个很好的制度抓手。基于“人民当家做主”的社会主义民主政治理念，党要对国家法治工作进行领导，必须尊重人民的意愿，充分发挥人民的主体作用。在制度实践中，党对立法工作的领

导，需要通过将党的政策转化为人民代表组成的国家权力机关制定的法律法规；党对执法、司法、守法、法律教育等法治工作的领导，需要最大限度地发挥人民的主体性，扩大公民的有序参与，特别是要充分发挥人民群众的监督作用，要努力使国家法律制度的正当性建立在汇聚党的意志和人民意志而形成的共同意志基础之上。

从本质上说，中国特色社会主义的根本标志是坚持党的领导。因此，在党的领导下，发展社会主义民主政治、依靠民主形式主要是解决如何执政的问题，而谁来执政的问题则不需要通过社会主义民主制度本身来解决，共产党作为执政党的地位是由历史、人民和执政实践决定的。只要共产党秉承全心全意为人民服务的宗旨，不谋私利、一心为民，那么自身的执政党地位就是牢靠和稳固的。在坚持党的领导前提下，社会主义民主政治关键是要解决如何发挥人民的主体地位，如何以最佳方式来推动执政党依法执政。所以说，在"党的领导、人民当家做主与依法治国有机统一"中，三者的地位是不相等的，"党的领导"居于核心的地位，是充分发挥人民主体地位和全面推进依法治国各项工作的正当性前提。在中国特色社会主义道路下，离开党的领导来谈论人民当家做主和依法治国，都只会留于空谈，不符合中国的实际情况。

三、党的领导与依法治国的相互关系必须放在依法执政这一大的政策背景下才能准确解读

十五大报告首次提出"依法治国"，十六大报告又首次提出"依法执政"。习近平总书记在纪念现行宪法正式施行 30 周年大会上的讲话中又明确地提出了"依法治国、依法执政、依法行政共同推进"的法治建设重任。三个"依法"齐头并进必然会在理论上引起孰轻孰重、谁是主要矛盾或者矛盾的主要方面等相关问题的争论。《决定》通过明确党依法执政的内涵，科学和合理地解决了这个理论难题。《决定》指出，"依法执政，既要求党依据宪法法律治国理政，也要求党依据党内法规管党治党"。根据《决定》这一论述，依法执政实质上包括两方面内涵：一是依法治国，即执政党依据宪法法律治国理政；二是依规治党，也就是说执政党要以党内法规来管党治党。由此可见，在党依法执政的理论框架下，依法治国是依法执政的一个重要方面，因此，在"依法治国、依法执政、依法行政共同推进"三个"依法"中，依法执政是问题的关键，抓住了依法执政这个主线和"纲"，依法治国、依法行政也就迎刃而解，因为从本质上来看，依法行政属于依法治国的一项重要内容。

对于依法治国与党依法执政之间的相互关系，《决定》特别强调要将依法治国与依法执政有机统一起来，而不应当将两者随意对立起来。《决定》提出："必须坚持党领导立法、保证执法、支持司法、带头守法，把依法治国基本方略同依法执政基本方式统一起来。"根据上述论述，依法治国与依法执政在党的领导下始终是目标一致、功能统一的，两者表达的都是作为执政党的中国共产党如何依法治国理政的问题。从逻辑上来看，依法执政则不仅包含了执政党依法治国，也包

括了执政党要依法治党，是依法治国与依规治党两个方面的有机统一。

四、“把党的领导贯彻到依法治国全过程和各方面”是一项法治系统工程

《决定》首次明确论述了“把党的领导贯彻到依法治国全过程和各方面”，这就从方法论上解决了党的领导的效力问题。习近平总书记在关于《决定》的说明中详细地解释了为什么要将党的领导贯彻到依法治国的全过程和各方面：“党和法治的关系是法治建设的核心问题。全面推进依法治国这件大事能不能办好，最关键的是方向是不是正确、政治保证是不是坚强有力，具体讲就是要坚持党的领导，坚持中国特色社会主义制度，贯彻中国特色社会主义法治理论。党的领导是中国特色社会主义最本质的特征，是社会主义法治最根本的保证。中国特色社会主义制度是中国特色社会主义法治体系的根本制度基础，是全面推进依法治国的根本制度保障。中国特色社会主义法治理论是中国特色社会主义法治体系的理论指导和学理支撑，是全面推进依法治国的行动指南。这三个方面实质上是中国特色社会主义法治道路的核心要义，规定和确保了中国特色社会主义法治体系的制度属性和前进方向。”可见，坚持党的领导，是全面推进依法治国的前提，也是中国特色社会主义的本质特征。《决定》所指出的中国特色社会主义法治道路，不同于以往任何朝代和任何国家的法治模式的最重要的特点，就是我们所进行的法治建设都是在党的领导下进行的，依法治国从本质上来看，只不过是执政党依法执政的具体方式。所以，全面推进依法治国，必须从立法、执法、司法、守法、法治队伍建设等各个方面体现党的领导的要求，也就是“党领导立法、保证执法、支持司法、带头守法”。

为了准确地理解党的领导与全面推进依法治国之间的辩证关系，《决定》将全面推进依法治国视为一项“系统工程”。习近平总书记在关于《决定》的说明中对此也有明确的论述：“全面推进依法治国是一个系统工程，是国家治理领域一场广泛而深刻的革命。”既然全面推进依法治国是一个系统工程，党要领导好依法治国，也就必须适应依法治国作为系统工程的特点，党的领导必须发挥自身的主动性、积极性和引导作用，必须贯彻到依法治国的所有领域。《决定》为了加强党对全面推进依法治国各项法治工作的领导，明确提出“健全党领导依法治国的制度和工作机制，完善保证党确定依法治国方针政策和决策部署的工作机制和程序。加强对全面推进依法治国统一领导、统一部署、统筹协调”。《决定》对党领导法治工作体制和机制的规定，充分体现了依法治国所具有的系统工程的特点，也体现了适应依法治国所具有的系统工程的特性，必须从系统思维的角度来加强党的领导。由此可见，将党的领导与全面推进依法治国有机结合起来，必须要运用系统思维的方式将党的领导贯彻到依法治国的全过程和各方面。

第四节 依法治国注意的几个问题

一、如何理解坚持依法治国和以德治国相结合

法律和道德都是社会行为规则。法律是成文的道德，道德是内心的法律。法律作为社会行为的底线，是社会公德的固化和外化，作为他律对人的社会作用发挥强制作用。道德作为更高的行为标准，像看不见的软性法律在人的内心规范着人们的行为，起着自律的作用，使人们以遵纪守法为底线，根据自己的道德修养和道德情操体现出不同程度的符合社会规范乃至高尚的行为。

国家和社会治理需要法律和道德共同发挥作用，依法治国和以德治国相辅相成、不可偏废。不依法治国，突破社会道德底线的行为不受到必要制裁和惩处，人们就会放松内心的道德约束，以德治国就会失去底线和惩处，人们就会放松内心的道德约束，以德治国就会失去底线和依托，就有可能导致公德废弛。同样，如果没有以德治国，法治精神在全社会得不到普及和信奉，法律的权威不是源自人民的内心拥护和真诚信仰，遵纪守法没有内化为人们的自觉行为，人们内心缺乏法律底线的概念，依法治国要么难以实行，要么造成阳奉阴违的局面，道德在规范社会行为、倡行崇高价值方面的正能量就得不到充分发挥。

因此，《决定》将坚持依法治国和以德治国相结合确定为全面推进依法治国必须遵循的一项重要原则，强调必须坚持一手抓法治、一手抓德治，大力弘扬社会主义核心价值观，弘扬中华传统美德，培育社会公德、职业道德、家庭美德、个人品德，既重视发挥法律的规范作用，又重视发挥道德的教化作用，以法治体现道德理念、强化法律对道德建设的促进作用，以道德滋养法治精神、强化道德对法治文化的支撑作用，实现法律和道德相辅相成、法治和德治相得益彰。

1. 要在立法、执法司法实践中体现社会主义核心价值观的基本要求

中国特色社会主义法治体系，既是践行法治的体系，也是体现中国特色、维护中华民族道德价值的体系，更是体现社会主义国家本质要求、维护社会主义核心价值观的体系。我们不照抄照搬别国法治模式，就是要在全面推进依法治国进程中贯彻以德治国的基本要求，在法治事件中体现德治精神，在依法治国中贯彻中国特色社会主义的性质、特征、要求。在法律制定中，要注重法治原则和法律条文同社会主义核心价值观的相互协调和相互补充，避免出现同社会主义核心价值观要求相矛盾、相背离的恶法。在执法和司法实践中，要在注重事实根据、法律准绳的基础上充分考虑执法、司法行为的社会效果，避免出现严重违背社会主义核心价值观和中华传统美德的执法案例和审判结果，尽量避免造成法律和道德相互冲突、法治和德治相互对立的局面，尽量避免法治给人们的道德判断带来困扰和混乱的现象。

2. 把全民普法和守法作为依法治国的长期基础性工作

要把在全社会牢固树立社会主义法治观念、大力弘扬社会主义法治精神、积

极培育社会主义法治文化作为社会主义核心价值体系建设的重要内容，把全民普法和守法作为依法治国的长期基础性工作，深入开展法治宣传教育。完善法治宣传教育机制，从国民教育体系和青少年教育抓起，党员、干部带头，增强全社会厉行法治的积极性和主动性，形成守法光荣、违法可耻的社会氛围，使全体人民都成为社会主义法治的忠实崇尚者、自觉遵守者、坚定捍卫者，使法治精神渗透到国家治理和社会治理的各方面，内化为全社会的自觉行动。

二、如何理解坚持从中国实际出发

《决定》把“坚持从中国实际出发”确定为全面推进依法治国必须遵循的重要原则之一。一个国家的法治体系是否有效，关键在于它是否与这个国家的实际情况相适应。中国的问题只能用中国自己想办法来解决。中国特色社会主义道路、理论体系、制度是全面推进依法治国的根本遵循。只有从我国基本国情出发，坚持走中国特色社会主义法治道路，建设中国特色社会主义法治体系，才能全面推进依法治国，为全面建成小康社会、全面深化改革、全面从严治党创造良好的法治环境。

1. 坚持从中国实际出发，才能建成与我国国体、整体相适应的法治体系

我国是人民民主专政的社会主义国家，人民代表大会制度是国家的根本政治制度。这个制度体现了人民当家做主，决定了我们必须始终在党的领导下，走中国特色社会主义法治道路，建设中国特色社会主义法治体系。这是与西方资本主义国家的法治道路完全不同的符合中国实际的法治建设之路。

2. 坚持从中国实际出发，才能自觉坚持党对法治工作的领导

我国是以中国共产党为执政党的社会主义国家，党对政法工作的领导是我国法治建设的政治优势和重要特征。公检法司等机构是党领导下的人民民主专政的重要力量，必须紧紧围绕党的中心工作推进法治建设，按照党性原则办事，贯彻执行党的路线方针政策；必须在政治上同党中央保持高度一致，这是最基本的政治原则，也是最基本的宪法法律原则和司法原则。只有从这个实际出发，坚持党的领导，法治建设才能始终保持正确的政治方向，各级法治机构才能充分履行宪法法律赋予的职责。

3. 坚持从中国实际出发，才能自觉坚持为人民服务这一法治工作根本宗旨

人民是我们国家的主人，我国的一切权利属于人民，法治工作的根本宗旨是为人民服务、维护人民的合法权益。使立法、执法、司法为民的理念在政法战线各领域得到充分体现，是全面推进依法治国的出发点和落脚点。从这个实际出发，坚持为人民服务的宗旨，才能从思想上解决政法系统广大干部“为谁掌权、为谁司法、为谁服务”的问题，让人民群众在每一个司法案件中都感受到公平正义。

4. 坚持从中国实际出发，才能使法治建设自觉服务于构建和谐社会的目标

社会和谐与法治和谐是相辅相成的。当前法治实践中存在的诸多问题对法治

和谐同时也对和谐社会建设提出了严峻挑战。只有立足我国基本国情，坚持从实际出发开展法治工作，以和谐的理念、和谐的标准、和谐的方式，最大限度地维护社会稳定，维护良好的社会经济秩序，才能最大限度地增加和谐因素，有效促进和谐社会建设。

贯彻落实《决定》精神，从我国实际出发全面推进依法治国，必须从我国基本国情出发，同改革开放不断深化相适应，总结和运用党领导人民实行法治的成功经验，围绕社会主义法治建设重大理论和实践问题，推进法治理论创新，发展符合中国实际、具有中国特色、体现社会发展规律的社会主义法治理论，为依法治国提供理论指导和学理支撑。汲取中华法律文化精华，借鉴国外法治有益经验，但绝不照搬外国法治理念和模式。

三、如何理解推进社会主义民主政治法治化

争取、巩固和发展人民民主是中国共产党始终不渝的奋斗目标。邓小平精辟地指出："为了保障人民民主，必须加强法制。必须使民主制度化、法律化，使这种制度和法律不因领导人的改变而改变，不因领导人的看法和注意力的改变而改变。"因此，推进社会主义民主政治建设，必须毫不动摇地坚持党的领导，坚持以法治方式来实现和保障人民的民主权利。制度化、规范化、程序化是社会主义民主政治的根本保障。要坚持人民主体地位，以保障人民当家做主为核心，以增强党和国家活力、调动人民积极性为目标，从各层次各领域扩大公民有序的政治参与，健全民主制度，丰富民主形式，拓宽民主渠道，以法治化为主要方向，发展更加广泛、更加充分、更加健全的人民民主。

1. 坚持和完善人民代表大会根本政治制度

发展社会主义民主政治，最根本的是要把党的领导、人民当家做主和依法治国统一起来。人民代表大会制度是保证人民当家做主的根本政治制度。全面推进依法治国，必须充分发挥人民代表大会制度的根本政治制度作用，支持和保证人民通过人民代表大会行使国家权力。保证各级人大都由民主选举产生，对人民负责、受人民监督；保证国家行政机关、审判机关、检察机关都由人大产生，对人大负责、受人大监督；保证各国家机关在党的领导下依法行使职权，积极主动、独立负责、协调一致地开展工作。

2. 坚持和完善中国共产党领导的多党合作和政治协商制度、民族区域自治制度以及基层群众自治制度

完善人民政协制度体系，发挥人民政协作为协商民主重要渠道作用，重点推进政治协商、民主监督、参政议政制度化、规范化、程序化。民族区域自治是党的民族政策的核心，也是推进依法治国的重要内容和重要方面。要完善民族区域自治法，提高依法处理民族事务的能力和水平。基层群众自治制度是我国一项基本政治制度。要进一步完善基层群众自治制度，重点完善基层群众自治章程，完善基层群众自治的选举、决策、管理和监督制度。

3. 加强社会主义协商民主制度建设

《决定》提出："加强社会主义协商民主制度建设，推进协商民主广泛多层制度化发展，构建程序合理、环节完整的协商民主体系。"协商民主作为我国社会主义民主政治的重要形式，在全面推进依法治国进程中具有独特优势。要明确自立法和重大决策制定、执行过程中，充分运用协商这种民主形式，听取包括民主党派、无党派人士在社会各方面的意见建议，使立法和执法等工作更加有民意基础。要通过制度化、规范化、程序化建设，进一步明确和细化协商民主的主体、原则、内容、形式以及成果运用等，提升协商民主的成效。

4. 完善和发展基层民主制度

《决定》提出："完善而后发展基层民主制度，依法推进基层民主和行业自律，实行自我管理、自我服务、自我教育、自我监督。"基层民主制度是基层群众自治组织形式及其运作方式，是人民行使民主权利、参与管理国家事务和社会事务的一种形式，是社会主义民主制度的重要组成部分。要健全基层党组织领导的充满活力的基层群众自治机制，以扩大有序参与、推进信息公开、加强议事协商、强化权力监督为重点，保障人民享有更多更切实的民主权利。要完善城市居民委员会制度和农村村民委员会制度，推进城乡社区治理。畅通民主渠道，健全基层选举、议事、公开、述职、问责等机制。加强社会组织民主机制建设，保障职工参与管理和监督的民主权利。

四、为什么必须坚决反对西方宪政民主

在我国，宪政思潮在本世纪初逐渐兴起。分析近年来围绕宪政问题的有关争论，大致可分为以下几种观点：

1. 被称为西方宪政观

认为西方宪政是"普世价值"，只有实行宪政，才有民主和自由，宪政民主是中国的唯一出路。强调社会主义制度只能导致集权、专制，必须对中国的国体和政体进行整体宪政改造，促进中国实现宪政转型。他们被理论界称为"激进宪政派"。他们也批评"社会主义"加"宪政"的观点，认同"宪政关键元素只属于资本主义，和社会主义无法兼容"，认为主张"社会主义宪政"者显然是基于中国现有政治格局的一个妥协思路，可以理解，但太天真，社会主义与宪政是"水和火的拥抱"，根本无法兼容。显然，这种观点集中到一点，就是否定中国共产党的领导和中国特色社会主义政治制度。

2. 被称为"伪社会主义宪政观"

认为只有实行宪政，才有民主和自由，但认为直接提西方宪政，不易被当政者接受，因此主张"渐进"改革，先提"社会主义宪政"或"宪政社会主义"等概念，引导当局逐渐走入西方宪政的轨道。他们认为，"通过激进手段(诸如推翻党的领导、颠覆社会主义制度的方式)来实现宪政是不可行的，要在中国实现宪政，只能通过和平演变的方式，一步一步进行"。持这种观点者往往声称，依宪执政就是宪政，要"维护宪法尊严"、"坚决履行宪法"，但同时提出，我国宪法中的

许多内容与宪政精神不符，必须修宪。因此，持这种观点者，被理论界称为“渐进宪政派”，是“穿着社会主义‘马甲’的西方宪政派”。

3. 被称为“真诚的社会主义宪政观”

他们也主张我国应实行“社会主义宪政”，认为既然可以有社会主义民主、社会主义人权、社会主义市场经济，那么也可以提“社会主义宪政”；中国建立社会主义市场经济体制，促进了中国经济的发展，创造了“中国奇迹”，也可以通过建立社会主义宪政，为人类政治文明发展做出贡献。同时认为“社会主义宪政”的提法，既可以抵御对我国“有宪法无宪政”的指责，又方便国际性学术交流、对话等。持这种观点者细分起来又有多种情形，但总起来说，他们是想沿用和重新解释“宪政”，认为突出“宪政”可以更好地贯彻依法治国、依宪治国的方略。

由于围绕宪政问题的争论牵涉到各种立场的各种观点，不少问题混淆在一起，加上宪政问题以及相关概念的复杂性和模糊性，使得不少人对关于宪政问题本质的争论表示不理解。一些人认为，宪政就是限制政府的权力，实行宪政可以实现对权力的有效制约、监督和制衡，为什么要反对呢？有的人则认为，宪政就是依宪执政，不同意宪政不就是要否定依宪执政吗？还有的人认为，宪政问题就是要解决“党大”还是“法大”的问题，这有什么不好呢？等等。

必须指出的是，长期以来，党和国家一直强调“依法治国是党领导人民治理国家的基本方略”，“法治是治国理政的基本方式”，“依法治国，首先是依宪治国；依法执政，关键是依宪执政”，“党领导人民制定宪法和法律，党领导人民执行宪法和法律，党自身必须在宪法和法律范围内活动，真正做到党领导立法、保证执法、带头守法。”这些原则是明明白白和坚定不移的。可以明确地说，在今天的中国，谁想否定这些原则，谁想走否定法治的回头路，无异于痴人说梦。

新中国成立以来，中国就实行了人民民主制度，在这个国体和政体框架内，1954年即制定实施了《中华人民共和国宪法》。除了在少数不正常的时期外，宪法的修订和实施，始终是治国安邦的头等大事。在人民民主制度内，宪法的地位和作用是确定无疑的：宪法是国家的根本大法，是治国安邦的总章程；依法治国首先是依宪治国，任何组织和个人都必须以宪法为根本活动准则。而“宪政”作为一个特定概念，其本质内涵在西方国家是有共识的。用宪政替代人民民主，如果是为了提升现行宪法的地位和作用，那可能得到的是相反的结局。因为改用争议很大的“宪政”概念体系取代人民民主概念体系，容易使党和人民实践多年、在理论上经过反复论证、在实践上已取得丰富经验、在语言表述上十分明确又为干部群众所熟知的社会主义人民民主制度，产生严重歧义和混乱，造成对坚持人民民主制度的动摇，造成对中国特色社会主义制度的不自信，反而不利于统一全党全国人民的思想。如果说是为了树立在国际上的“民主国家”的“名声”，那只能是一厢情愿，因为只要不改变我国宪法的核心原则，不按照西方宪政的模式来改造人民民主制度，他们就决不会承认我们实行的是“宪政民主”。

在有关宪政问题的争论上，确实有不少同志是出于对落实依法治国方略的考虑，他们的基本政治立场是不用怀疑的。但必须看到，海内外遥相呼应的一些人，他们在谈论宪政问题时，明里暗里打出的早已是西方宪政的旗帜，从他们炮制的以颠覆我国宪法制度为宗旨的宪章宣言中，从他们设定的走向“宪政”的路线图中，哪里还能认为他们只是沿用了一个“中性”概念？哪里还能认为他们只是在进行正常的学术讨论？相反，他们是利用宪政概念的复杂性和模糊性，把宪政问题作为他们梦想的“政治体制改革”的突破口，矛头直指社会主义制度和中国共产党的领导。对这些人的政治目的，难道不应该洞若观火吗？对在中国要不要坚持中国特色社会主义政治发展道路、要不要坚持中国共产党领导这样的重大原则问题上，难道不应该旗帜鲜明地表明立场吗？

当前我国实行的人民民主制度，是中国共产党领导中国各族人民把马克思主义基本原理与中国具体国情相结合，经过长期勠力同心、接力奋斗、逐步建立和形成的制度，是人类历史上新型的社会主义民主政治制度。这一制度，把中国社会历史发展中的政治逻辑和新时代条件下的现实政治基础熔铸为一炉，把五千年中华文明中的政治精华和一切人类文明中的优秀政治文明成果熔铸为一炉，把科学社会主义的政治理论原则和广泛的社会共识熔铸为一炉，能够充分体现我国社会的根本性质和国情，能够发扬最广泛的人民民主，能够最大限度地保障广大人民的根本利益。新中国建立以来，尤其是改革开放以来，中国正是由于有了人民民主制度这一根本政治保证，才取得了在整个人类发展史上都堪称奇迹的巨大成就。

人民民主制度是历史的选择、人民的选择，又取得了如此了不起的成就，我们没有任何理由不坚持和完善好这个制度，没有任何理由改弦易辙效仿西方宪政模式。要认真地想一想，为什么在“宪政”、“民主”等问题上，西方一些人对中国如此“热心”和“关照”。江泽民同志曾指出：“西方国家的一些人，总想把他们那套民主制度强加给我们，总想让我们实行西方式的民主。在这个问题上，我们同西方国家一直在进行尖锐的斗争。西方敌对势力打所谓的‘民主’牌，实质就是要实现他们‘西化’、‘分化’中国的政治图谋。我们千万不能上这个当”，“搞西方的那一套三权鼎立、多党竞选，肯定会天下大乱。在这个问题上，我们的各级领导干部特别是高级干部头脑一定要清醒。”

当年苏共演变和苏联解体的一个重要环节，正是在“宪政”方案的诱导下，从苏联宪法中取消了坚持苏共领导地位的“第六条”，从而使得在苏联搞多党制合法化，坚持共产党的领导反成了“违宪”。近年来，西方民主被移植到非西方国家和地区后，造成了多少国家和地区的社会分裂、族群对立、政治纷争、政局动荡等严重后果，这些历史和现实的经验教训，值得人们反思。

从当前一些公开发表的文章可以看出，一些人为了在中国推行西方宪政，可谓用心很深，用功很勤。有当事人撰文披露：宪政话语在中国炒热的最初源头可溯及20世纪90年代初，国外有团体决定支持一批游离于体制外的自由职业者及中国一些大学、研究机构的自由派知识分子，他们拟定了一个雄心勃勃的计划，包括宪政研究骨干队伍的培训、当代世界各国宪政史资料的搜集整理以及当代中国宪政问题的研究等，而且“操作层面”的问题也尽量考虑到了。这样的“计划”，显然有战略上和策略上周到细致的考量。

以复杂和模糊的概念对一些政治问题进行学术理论包装后再行推销，是一些势力进行意识形态渗透的基本手段。对这样的政治战略和策略，我们一定要有十分清醒的认识。中国特色社会主义道路、理论、制度，是党和人民90多年奋斗、创造、积累的根本成就，必须倍加珍惜、始终坚持、不断发展。而一个基本的前提，就是一定不能妄自菲薄、舍本逐末、自毁根基，就是一定要坚守自己的信仰、坚持自己的信念、坚定自己的信心。十八届四中全会明确提出坚持依宪执政，是一种规范国家权力的政体安排，是党的领导权、人民当家做主和依法治国的高度统一。一言以蔽之，中国的“依宪执政”绝不是西方的“宪政”民主，两者存在着泾渭分明、不容混淆的根本差异。

思考题

1. 如何认识全面推进依法治国的意义？
2. 如何理解我国法治建设取得的历史性成就？
3. 如何认识改革开放以来我国法治建设的历史轨迹？
4. 如何理解坚持依法治国和以德治国相结合？
5. 为什么必须坚决反对西方宪政民主？

第六章　生态文明铸就美丽中国

党的十八大和十八届三中、四中全会对生态文明建设作出了顶层设计和总体部署，标志着中国共产党站在新的历史起点上，从国家顶级战略层面对“建设什么样的中国，怎样建设中国”这一基本问题开始了思考和布局，必将进一步丰富和完善中国特色社会主义理论、道路和制度，必将开创中国特色社会主义事业新局面。

第一节　美丽中国的主要内容

自20世纪60年代人类生态环境意识开始觉醒以来，环境保护一直是全球聚焦的热点问题，以1972年联合国首次人类环境会议、1992年联合国环境与发展大会、2002年可持续发展世界首脑会议以及2012年联合国可持续发展大会为标志，发生了四次历史性飞跃。这为我们建设美丽中国提供了新鲜观念来学习借鉴。

一、美丽中国提出的时代背景

(一)美丽中国战略是中国响应国际社会呼吁的主动行动

18世纪中叶以来，全球气候正经历一次以变暖为主要特征的显著变化。进入21世纪，变暖的趋势还在加剧，并且对人类的不利影响日益显现，如海平面上升、生态环境恶化、台风肆虐、热浪频袭、干旱洪涝此起彼伏、极端气候事件频发等，其中对广大发展中国家的不利影响尤为严重。尽管中国不是温室气体减排义务国家，但经过多年的努力，中国在应对气候变化问题上已经做了许多工作，比如，放缓经济增长速度、降低能源消耗强度、增加节能减排投入等。建设美丽中国的提出，是中国在总结多年来节能减排经验教训基础上，配合国际社会应对环境挑战的重要措施。

(二)美丽中国是转变经济发展方式的新要求、新标准

新中国成立60多年以来，我国历经了计划经济到市场经济的转变，在改革

开放这一基本方针的指引下，我国经济年均保持9%～10%的快速增长，实现了“三步走”发展战略的前两步目标。然而，这一切成果的取得主要依靠人为的投资拉动、大量引进的国外技术、国内廉价的劳动力、大量消耗的自然资源，自主创新能力不足，从而也付出了沉重的环境代价。这是一种典型的“高消耗、低效益、高排放”式的、以物为本的发展模式。这种以物为本的粗放型发展模式是造成中国资源环境瓶颈的根本原因。党的十八大报告在总结我国改革开放30多年发展历程的基础上，又明确提出了继续加快转变经济发展方式的要求，指出以科学发展为主题，以加快转变经济发展方式为主线，是关系我国发展全局的战略抉择。建设美丽中国的提出是党的十八大在新时代下对于传统经济发展方式的反思，是党在新时期转变经济发展方式的新要求、新标准。

(三)美丽中国的提出是中国传统文化的精髓和中国人民的美好追求

中国向来强调道法自然，主张人与自然和谐相处。《管子》中把自然保护提高到作为人君是否有资格进行统治的一个条件：“为人君而不能谨守其山林菹泽草莱，不可以立为天下王。”还说：“苟山之见芽者，谨封而为禁，有动封山者罪死而不赦。有犯令者，左足入，左足断；右足入，右足断。”禁令虽然过于严格，但却深刻反映了古代统治者保护自然资源的决心之大。进入新时期以来，胡锦涛同志提出科学发展观这一指导方针，坚持以人为本，强调全面、协调、可持续发展，赋予了和谐两字新的时代内涵。十八大第一次提出“推进绿色发展、循环发展、低碳发展、建设美丽中国”，绘制了天蓝、山秀、水净、地绿的美丽蓝图，不仅体现了中国共产党坚持以人为本的执政理念，也体现了中国人民的美好向往和追求。可以说，美丽中国与中国传统文化精髓相契合，与中华民族对美好生活的向往相适应。

(四)中国已经具备了建设美丽中国的基础和条件

历经60多年的快速发展，中国成为经济总量居世界第二位的东方大国，社会生产力、经济实力、科技实力显著增强，人民生活水平、居民收入水平、社会保障水平大幅提高，综合国力、国际竞争力、国际影响力明显提升，国家面貌发生了根本性变化，为建设美丽中国提供了良好的基础和条件。一是作为美丽中国最显著特征的生态文明已经被列为中国特色社会主义的总体布局之中。中共十七大首次把建设生态文明写入中共党代会报告，作为全面建设小康社会的新要求之一；中共十八大更是将其列入中国特色社会主义事业“五位一体”总体战略布局之中。二是经济总量的持续增长及其增长方式转型为美丽中国建设奠定了坚实的物质基础。三是社会主义民主法制建设迈出新步伐，中国特色社会主义法律体系已经形成，为美丽中国建设提供了制度和法制保障。四是社会主义文化建设取得新成就，人民精神文化生活更加丰富多彩，为美丽中国建设提供了精神动力、智力支持和思想保证。五是社会主义和谐社会建设取得了新进步，为美丽中国建设提供了良好的社会条件和社会环境。

二、美丽中国的科学内涵

党的十八大报告指出，“必须树立尊重自然、顺应自然、保护自然的生态文明理念，把生态文明建设放在突出地位，融入经济建设、政治建设、文化建设、社会建设各方面和全过程，努力建设美丽中国，实现中华民族永续发展。”这段论述明确指出了美丽中国的两层含义：一是建设尊重自然、顺应自然、保护自然的生态文明；二是将生态文明建设全面融入经济建设、政治建设、文化建设、社会建设的各方面和全过程。

（一）美丽中国的科学内涵

美丽中国指的是生态文明的“自然之美、科学发展的和谐之美、温暖感人的人文之美”，其旨意是实现人与自然、人与社会、人与人、人与自身的和谐发展、科学发展及小康社会。其包含了政治、经济、文化、社会发展基础上的“经济建设、政治建设、文化建设、社会建设、生态文明建设”五位一体，促进现代化建设各方面相协调，促进生产关系与生产力、经济基础与上层建筑相协调的“生产发展、生活富裕、生态良好”的文明发展进程和成果。美丽中国，凸显党和政府的执政理念更加重尊重自然、人民的感受和人与人、人与自然、人与社会、人与人自身的和谐发展。主要包括以下两个层次：

1. 生态文明的自然之美

天蓝、水清、山绿，既要金山银山，也要绿水青山，这是人民群众对美丽中国的最直观解读。生态文明主要解决人类与自然的关系，自然的生态文明是美丽中国的基本内涵和根本特征。建设美丽中国就是让人民群众在享有丰富物质文化生活的同时，通过大力加强生态文明建设，为祖国大地披上美丽绿装，让我们的家园山更绿、水更清、天更蓝、空气更清新。目前，全国森林覆盖率为20.36%，不及世界30%的平均水平，沙化土地面积超过国土面积的1/5，水土流失面积超过国土面积的1/3，森林资源和生态总量都严重不足，这与建设美丽中国的要求还有相当大的差距。建立起自然的生态文明之美：资源节约型、环境友好型社会基本形成，资源循环利用体系初步建立，单位国内生产总值能源消耗和二氧化碳排放大幅下降，主要污染物排放总量显著减少；森林覆盖率提高，生态系统稳定性增强，人居环境明显改善，初步实现城镇田园化、田园景观化、农业现代化、城乡一体化。这是中国共产党人对当今世界和当代中国发展大势的深刻把握和自觉认知，是对美丽中国内涵的深刻把握。

2. 社会生活的和谐幸福之美

习近平总书记对社会生活的和谐幸福之美作了概括：“人民热爱生活”，“有更好的教育、更稳定的工作、更满意的收入、更可靠的社会保障、更高水平的医疗卫生服务、更舒适的居住条件、更美的环境”，“孩子们能成长得更好、工作得更好、生活得更好”。他把人民向往的和谐幸福之美具化为人民满意的工作、健全的社会保障、美好的生活条件和环境，并且将人民向往的和谐幸福之美升华到执政党执政兴国的奋斗目标的高度。在基本任务上，要着力解决人民群众最关心最直接最现实的利益问题。在学有所教、劳有所得、病有所医、老有所养、住有所居上持续取得新进展，同时，要把维护社会公平正义摆在更加突出的位置。在全体人民共同奋斗、促进经济社会发展的基础上，逐步建立以权利公平、机会公平、规则公平为主要内容的社会公平保障体系，努力营造公平的社会环境，保证人民平等参与、平等发展权利。

(二)美丽中国概念体现了三个统一

1. 中国价值、中国目标与中国道路的统一

美丽中国体现了中国文化的价值取向，党的十八大明确将美丽中国作为举国奋斗的中国特色社会主义建设目标，将美丽中国作为通向全面小康和建设社会主义现代化的中国特色社会主义发展道路，成为中国特色社会主义道路的重要组成部分。

2. 时代趋势、人民呼声与集体智慧的统一

生态文明是人类社会的最新文明形态，是人类社会的发展趋势。中国经济总量已经跃居到世界第二位，但是随着环境污染日益加重，社会矛盾逐渐凸显，必须以生态文明统领物质文明、精神文明、政治文明和社会建设；同时中国人民开始追求更优美的环境和更幸福的生活。美丽中国概念，充分反映了广大人民群众的呼声，是集体智慧的结晶。

3. 多学科概念的统一

“美丽”一词既是美学概念，也是一个生态学概念。“中国”一词既是地理概念，也是政治学概念。将“美丽”与“中国”连在一起构成了“美丽中国”这个新的概念。这个概念既是美学概念(美丽的中国)，又是生态学概念(生态文明)，还是一个经济学、政治学、社会学概念(融入生态文明理念后的物质文明、精神文明、政治文明和社会建设)。

三、美丽中国思想的理论价值和实践意义

生态文明是人类文明发展到一定阶段的产物，是反映人与自然和谐程度的新型文明形态，体现了人类文明发展理念的重大进步。我国经济正处于增长速度换挡期、结构调整阵痛期叠加阶段。我国用几十年的时间走过了西方国家几百年的发展历程，在经济社会发展取得巨大成就的同时，各种矛盾和问题也开始集中显现。党积极把握规律，审时度势，及时作出大力推进生态文明建设的战略决策，具有重要的理论价值和深刻的实践意义。

(一)美丽中国思想将丰富和升华中国特色社会主义理论体系

中国特色社会主义理论体系，是指导党和人民沿着中国特色社会主义道路实现中华民族伟大复兴的正确理论，是建设美丽中国的精神旗帜和强大思想武器。中国共产党以高度的理论自觉和理论自信，创造性地运用并发展了马克思主义上

述思想。中共十七大首次将生态文明写入党代会报告，明确提出建设生态文明的战略任务。由此中国共产党构建起了中国特色社会主义的完整社会文明体系：物质文明、精神文明、政治文明和生态文明，四个文明共同促进了和谐社会的构建。中共十八大进一步明确了生态文明建设的战略任务和历史地位，第一次鲜明地提出了建设美丽中国的思想，以实现中华民族的永续发展。美丽中国思想以生态文明为鲜明特征，将生态文明理念融入物质、精神、政治三个文明，“生态”成为三个文明的重要评价标准，最终体现为和谐幸福的社会生活，从而将中国特色社会主义事业提高到新的层次。美丽中国的提出是中国共产党对于“建设什么样的中国”、“怎样建设中国”这一基本问题所做出的科学解答，是对中国特色社会主义道路的理论完善和升华。

(二)美丽中国思想彰显了中国特色社会主义道路新特点

中国特色社会主义道路，是实现社会主义现代化和中华民族伟大复兴的必由之路，是创造人民美好生活的必由之路。中国共产党依据毛泽东倡导的马克思主义普遍真理同中国具体实际相结合的原则，总结长期探索所积累的经验，在马克思主义中国化的理论体系中，美丽中国明确以“中国”直接作为建设客体，而不是以某一个点为客体，体现了美丽中国的战略高度，它必将作为中国特色社会主义的一个重要组成部分，贯穿于社会主义现代化建设的各个方面、各个领域。“美丽”一词是中国语言文字中最具吸引力、想象力和号召力的词语之一。美丽中国是对“建设什么样的生态中国，怎样建设生态中国”这个基本问题的中国表达、中国理念和中国梦想，将指引中国实现生态文明的建设方向，充分彰显了中国特色社会主义道路的新特点。

(三)美丽中国思想是中国特色社会主义制度建设道路上的里程碑

实践证明，中国特色社会主义制度体系既体现了科学社会主义的基本原则，又符合中国的基本国情，具有巨大的制度优越性和强大的生命力。而美丽中国战略思想把生态文明纳入中国特色社会主义事业的总体布局之中，将推动和完善社会主义生态文明制度体系的建立健全；把生态文明理念融入到其他文明建设之中，将促进经济、文化、政治等领域相关具体制度的协调、健全和整合；把最终落脚点和归宿放在和谐社会的建设上，让人民生活更美好、社会更和谐，这必将推动社会保障制度和社会管理制度完善，从而使中国特色社会主义制度更加完善。

(四)美丽中国思想赋予了社会主义现代化国家的新内涵

中共十八大不仅再次强调将生态文明作为全面建成小康社会的基本要求，而且还将生态文明纳入中国特色社会主义“五位一体”总体布局之中，把可持续发展提高到了绿色发展的高度，旗帜鲜明地提出了建设美丽中国的思想。在人类社会进入生态文明的新的时代背景下，在中国全面建成小康社会取得阶段性成就的历史阶段中，树立尊重自然、顺应自然、保护自然的生态文明理念，将生态中国理念融入到党的执政理念中和经济建设的过程中，将建设生态优美的自然环境与和谐发展的社会环境，作为建好美丽中国的重要任务，把生态文明理念植入整个现代化建设之中，将社会主义现代化国家的内涵由“富强民主文明和谐”丰富发展为“富强民主文明和谐生态”。

（五）美丽中国思想将推动中华文明及人类文明的发展

中华文明是人类文明的最重要组成部分之一。由美丽中国思想所带来的中国经济、政治、社会文明的变化必将影响整个人类文明的进程。美丽中国一方面体现了中国传统文化关于人与自然关系的哲学思考，又将其运用在现代化社会建设中，既体现了我们对美好生活的追求和向往，又将视角扩展至社会的可持续发展，可以说是中华文明在继承基础上的创新。美丽中国的提出，体现了我党摒弃了“先污染后治理”的发展老路，将生态文明理念融入经济建设、政治建设、文化建设和社会建设的各方面和全过程，展示了以新的视角来认识、以新的方式来推动国家发展的决心，努力为中国人民创造出和谐幸福的美好生活。这充分体现了国家在保护生态环境和创造美好生活方面的责任、担当和作为，将引领中国为世界文明发展作出新贡献。

实践证明，中国共产党总是能够顺应人类社会发展规律，尊重经济社会的发展规律，探索出中国特色的成功道路。美丽中国的提出，丰富了生态文明建设的内涵，为我国开创中国特色社会主义伟大事业指明了方向。

第二节　生态文明建设的内涵、特征和任务

“生态兴则文明兴，生态衰则文明衰。”这是习近平总书记对生态文明建设重要性和必要性的精辟概括。十八大报告以“大力推进生态文明建设”为题，独立成篇地系统论述了生态文明建设，将生态文明建设提高到一个前所未有的高度。报告明确指出生态文明建设是关系人民福祉、关乎民族未来的长远大计，要求把生态文明建设放在突出地位，融入经济建设、政治建设、文化建设、社会建设的各方面和全过程。

一、生态文明的内涵

我国尚处于生态文明建设的初期阶段，没有规律和范式可循。为了方便今后生态文明实践的落实和目标的制定，可以将生态文明理解为：生态伦理理念在人类行动中的具体体现，或者人类社会开展各种决策或行动的生态伦理规则。结合我国生态文明实践，生态文明就是人类通过法律、经济、行政、技术等手段以及自然本位的风俗习惯，以生态伦理理论和方法指导人类各项活动，实现人与自然、人与社会、环境与经济协调、和谐、可持续发展的意识及行为特征。其中人与自然关系的协调、和谐是核心，经济社会发展方式转变，构建资源节约型、生

态和环境友好型社会，实现又好又快发展是基本路径。

从对生态文明问题的研究趋势来看，已经开始从最初的经验理解向理论化、规范化的方向发展，其理论视野也在不断扩大，并且形成了一些基本共识和共同问题。这些基本共识和问题主要包括以下两点：①生态文明是对当今社会严重的生态环境问题的理论认识和深刻反思，是在以牺牲环境为代价的经济高速增长后，对人与自然关系的重新反思以及其相互关系重构的探索，体现了我党对社会和谐、人民幸福的不断追求。它以解决人与自然的矛盾、实现人与自然以及人与社会的和谐为核心，以实现社会的可持续发展为目标，以生产方式和生活方式的生态化升级为手段，实现了理论和意识层面的飞跃；②生态文明是一个系统性理论，包含着丰富的内容。既有物质性的内容，又有精神性和制度性的内容。物质性的内容包括为实现人与自然和谐而进行的生产方式、经济运行方式和生活方式的改造及其成果，如生态技术、循环经济、节约性或适度性消费等。精神性的内容包括与生态文明要求相适应的精神文化成果，如生态自然观、生态价值观、生态伦理观、生态发展观及其相关的生态文化等。制度性的内容包括有效调控影响人与自然、人与人社会关系的重要因素，如经济、政治、法律、人口等，并进而所取得的社会制度成果。

二、生态文明建设的主要特征

关于生态文明建设的本质特征，十八大报告强调“把生态文明建设放在突出地位，融入经济建设、政治建设、文化建设、社会建设各方面和全过程”，这就意味着生态文明建设既与经济建设、政治建设、文化建设、社会建设相并列从而形成五大建设，又要在经济建设、政治建设、文化建设、社会建设过程中融入生态文明理念、观点、方法。

(一)在价值观念上，强调尊重自然、顺应自然、保护自然

树立尊重自然、顺应自然、保护自然的生态文明理念，就是采取更加有效的措施和办法，加快形成资源节约和环境保护的空间格局、产业结构、生产方式和生活方式，促进人与自然的和谐共生，经济与环境的和谐共存，社会与生态的和谐共赢，从而进一步实现生产发展、生活富裕和生态优良的美好愿景。尊重自然、顺应自然、保护自然这一生态文明理念的确立，是我们党在认真反思和深刻总结过去发展中经验教训的基础上，对传统粗放式发展方式的有力反拨，对工业文明种种弊端的坚决扬弃，对未来中国发展路径的明确校正。它的贯彻落实，必将推动在全社会形成更加自觉地珍爱自然、更加积极地保护生态的良好风尚，必将推动整个社会走上生产发展、社会富裕、生态良好的发展道路，必将推动实现天蓝、地绿、水净的建设美丽中国目标。

(二)在指导方针上，坚持节约优先、保护优先、自然恢复为主

节约优先就是以最小的资源消耗支撑经济社会发展。在生态脆弱、生态系统

重要的地区，严格控制工业化城镇化开发，适度控制其他开发活动，缓解开发活动对自然生态的压力。坚持保护优先就是正确处理发展与保护的关系，把环保放在更加突出的位置，不仅要末端治理，还要源头控制。坚持自然恢复为主，就是要顺应大自然的规律，给大自然留下更多的空间，用自身的方法和节奏修复自己。节约优先、保护优先、自然恢复为主，三者浑然一体，缺一不可。节约优先是为了促进生产空间集约高效，保护优先是为了生活空间宜居适度，自然恢复为主是为了生态空间山清水秀。节约优先、保护优先、自然恢复为主的方针，进一步深化了科学发展观的理念，具体化了节约资源和保护环境的基本国策，强化了环境保护的地位和作用，标志着党对生态文明的认识进入了新境界，为生态文明建设的实践指明了方向。

（三）在实现路径上，着力推进绿色发展、循环发展、低碳发展为特征的可持续发展

可持续发展是生态文明的实现路径，而绿色发展、循环发展、低碳发展是实现可持续发展、塑造美丽中国的鲜明体现，也是衡量我们是否建成美丽中国的核心标准。低碳发展的实质是提高能源效率、发展清洁能源和促进低碳产品开发，核心是低碳技术创新和相关制度创新。作为一种新型发展模式，本质上是为了实现可持续发展。绿色发展理论上也是一种可持续发展理论，它的内涵比低碳经济更为广泛。低碳发展是绿色经济发展的理想途径之一。低碳发展、循环发展、绿色发展的具体实践是根据不同区域的实际情况来开展，但是可持续发展和绿色发展的一般实践路径或模式是通过低碳发展和循环发展来实现。中国要推进绿色、循环、低碳发展，就要走以节能减排为核心、以产业升级为导向、以能源利用效率和资源循环利用的提高为原则、社会理念生态化的总路径。

（四）在目标追求上，努力建设美丽中国

党的十八大首次将生态文明建设提升为社会主义事业总布局的五大建设之一，突出了生态文明在美丽中国建设中的基础地位，同时将“美丽中国”作为未来生态文明建设的方向，明确勾画了“生产空间集约高效、生活空间宜居适度、生态空间山清水秀”的美好图景。生态文明是人类社会科学发展的重要体脉特征，美丽中国是中国特色社会主义和谐发展的美好家园。“美丽中国”的构建必须以良好的生态环境为基础，以生态文明的进步为其根本特征。

（五）在时间跨度上，需要长期艰巨的建设过程

从工业文明到生态文明的转变是一个长期的历史过程，需要付出艰苦的努力，不能一蹴而就，现实生活中，生态恶化的现象还没有得到有效控制，地球环境正在走向进一步的危机，温室化、沙漠化、水危机、森林减少、土壤碱化、气候异常、人口膨胀、贫富差距等问题，都没有得到有效控制，且愈演愈烈。目前我国土地荒漠化面积占全国 27.33%，高等濒危动物占所有种类的 15%~20%，水土流失占全国总面积23%，酸雨占全国的33.33%。良好生态系统的建立是一个漫长的过程，生态系统被破坏的初期一般不易觉察，等意识到危机来临时再加以恢复，本身就是一项艰难的工作，市场化的竞争和贫困现象的存在，又进一步加大了建设生态文明的难度。可见，构建生态文明任重而道远。

三、生态文明建设的重点任务

要清醒认识保护生态环境、治理环境污染的紧迫性和艰巨性，清醒认识加强生态文明建设的重要性和必要性，以对人民群众、对子孙后代高度负责的态度和责任，真正下决心把环境污染治理好、把生态环境建设好。

(一)积极应对气候变化、生物多样性保护等全球性环境问题

全球气候变暖对自然生态系统、人类生存环境及经济社会产生了重大影响。做好生物多样性应对气候变化的工作，既是保护生物多样性的必要措施，也是减缓气候变化的重要途径。中国作为一个负责任的大国，应积极参与多边环境会议与谈判，与他国携手奋进、坦诚合作，积极应对全球性环境问题，履行根据国际环境公约应承担的环境责任，加强生物多样性应对气候变化的工作，切实履行大国义务，积极解决国内环境问题，为推进全球可持续发展而不懈努力。

(二)更加注重保障和改善民生

着力保障和改善民生，必须逐步提高政府保障能力，推进基本公共服务均等化。坚持“民生为本”，多渠道开发就业岗位，鼓励自主创业，促进充分就业，增加就业创业机会，促进就业、构建和谐劳动关系。合理引导消费行为，发展节能环保型消费品，倡导文明节约、绿色低碳的消费模式。合理调整收入分配关系，坚持和完善按劳分配为主体、多种分配方式并存的分配制度，初次分配和再分配都要处理好效率和公平的关系，再分配更加注重公平。坚持广覆盖、保基本、多层次、可持续方针，健全覆盖城乡居民的社会保障体系，加快推进覆盖城乡居民的社会保障体系建设，实现新型农村社会养老保险制度全覆盖。

(三)转变经济发展方式

加强转变经济发展方式的战略部署，促使经济增长的方式由不可持续性向可持续性转变；由粗放型向集约型转变；由出口拉动向出口、消费、投资协调发展转变；由结构失衡型向结构均衡型转变；由高碳经济型向低碳经济型转变；由投资拉动型向技术进步型转变；由技术引进型向自主创新型转变；由第二产业带动向三大产业协调发展转变；由忽略环境型向环境友好型转变；由“少数人”先富型向“共同富裕”转变。构建技术研发服务平台，围绕资源高效循环利用，积极开展替代技术、减量技术、再利用技术、资源化技术、系统化技术等关键技术研究，突破制约循环经济发展的技术瓶颈。积极倡导绿色出行，绿色生产，调动全体成员共同参与。

（四）更加注重宣传教育

教育是改造人的灵魂、塑造人性的重要途径。建设生态文明，普及生态文明观必须积极普及生态科学知识，加大生态文明宣传，繁荣生态文化。加强生态文明宣传教育，增强全民节约意识、环保意识、生态意识，形成合理消费的社会风尚，营造爱护生态环境的良好风气。通过举办宣讲会、报告会、读书教育等活动和广播、电视、报刊、网络等，积极普及生态科学知识，加大生态文明宣传，繁荣生态文化，在全社会树立可持续发展的生态文明观。建设完善的生态文明教育机制，强化从家庭到学校再到社会的全方位生态教育体系，利用各种创新宣传手段广泛宣传有关生态文明建设的科普知识和价值取向，从而将生态文明的理念渗透到生产、生活各个层面，增强全民的生态忧患意识、参与意识和责任意识，树立全民的生态文明观、道德观、价值观，形成人与自然和谐相处的生产方式和生活方式。

（五）加强生态保护和防灾体系建设

完善灾害应急能力建设机制，加强专业抢险队伍、专家队伍抢险救援能力建设，推进“横向到边、纵向到底”的应急预案体系建设，增强群众灾害防治应急能力。完善综合协调机制、灾情信息共享机制、信息发布机制、灾（险）情评估机制和评估标准、救灾监督机制等防灾减灾工作机制，做到科学防灾减灾。提高监测预警科技装备水平，完善重大灾情预测预报体系，努力提高预报精确度，做好灾情监测预报。完善资源配置机制，统筹安排政府资源和社会资源；完善群测群防制度，充分调动和发挥人民群众的积极性；普及防灾减灾知识，提高全民防灾减灾意识。

（六）切实加强农村环境综合治理

紧密结合农村实际，因地制宜，建立健全农村垃圾收集处理基础设施体系、组织体系、制度体系建设。全面开展农村生活污水治理，提高活污水处理率，建立并完善污水处理厂及配套管网建设。积极组织开展农村工业污染专项执法行动，防止工业污染向农村转移，保障乡镇集中式饮用水水源地水质安全。加强开展农村环境监测，定期监测水源，组织开展农村空气及地表水环境质量定期监测试点。大力推广秸秆还田、生产沼气、秸秆气化、建材加工、食用菌生产、编织等成熟的综合利用技术。

（七）建立健全监督和激励制约机制

加强生态文明制度建设，保护生态环境必须依靠制度。要把资源消耗、环境损害、生态效益纳入经济社会发展评价体系，建立体现生态文明要求的目标体系、考核办法、奖惩机制。建立国土空间开发保护制度，完善最严格的耕地保护制度、水资源管理制度、环境保护制度。深化资源性产品价格和税费改革，建立反映市场供求和资源稀缺程度、体现生态价值和代际补偿的资源有偿使用制度和生态补偿制度。加强环境监管，健全生态环境保护责任追究制度和环境损害赔偿制度。

第三节 需要着重把握的主要问题

一、积极探索在发展中保护、在保护中发展的环境保护新道路

建设生态文明，不是要放弃工业文明，回到原始的生产生活方式，而是要以资源环境承载能力为基础，以自然规律为准则，以可持续发展、人与自然和谐为目标，建设生产发展、生活富裕、生态良好的文明社会。我国经济正处于增长速度换挡期、结构调整阵痛期叠加阶段。我们用几十年的时间走过了西方国家几百年的发展历程，在经济社会发展取得巨大成就的同时，各种矛盾和问题也开始集中显现，如土壤、林木过度采伐导致的环境破坏，违章排放造成的水、大气污染，农业过度耕作，牧业放牧造成的草场、耕地荒漠化等。这些问题使得我们需要重新定义发展和保护的关系。

（一）过去和现在的发展模式

1.“粗放型”发展模式

传统的“发展”指的主要就是经济增长。这种发展的特点就是通过较高的资源投入来追求较高的发展“数量”。这种发展需要的技术主要是从国外发达国家引进，以较低的原料成本和劳动力成本吸引外资投资；主要依靠第二产业拉动经济增长，能够快速实现工业化；通过集中资源，在交通便利地区发展，迅速实现城市化；能够在技术水平低，利润率低的情况下，通过大规模投资，短时间快速拉动经济增长。这种发展主要存在于广大的发展中国家。

然而，这种类型的发展是粗放型发展。高投入，低利润率就意味着高消耗、高排放、资源利用率低，以牺牲环境为代价；不注重自主创新能力，对知识产权和生产专利缺乏必要的制度和法律保护；长期引进外资进行低端产业的投资，不利于本国的产业结构升级，最后沦为利润很低的“世界工厂”；从国外引进的技术大多都是发达国家淘汰的技术，过度依靠这种“进口”的技术会使得本国自主研发能力下降，且生产水平长期落后于发达国家并无法实现更快发展；长期依靠工业拉动经济增长会导致环境破坏，人民生活水平提高缓慢；区域性发展最终拉大了社会贫富差距，不利于社会稳定；长期依靠投资拉动经济增长，消费和出口水平就会低下，出现了经济增长，但人民生活没有明显改善的状况。

2.“集约型”发展模式

在经济发展达到一定阶段后，必须要对发展模式进行升级转型。当今，我国的经济总量已经达到世界第二，有了扎实的经济基础，正是转型的关键阶段。我们必须通过促进产业结构升级，发展新技术等手段，加快转变经济发展方式，建

设节约型国家。

新型的"发展"不仅包括经济在"数量"上的发展，也包括了生态环境、文化建设、社会文明等方面的发展，即追求经济、政治、文化、社会、生态环境"五位一体"的发展。这是一种在传统发展阶段后，在经济水平达到一定高度的时候采取的发展模式。在这个发展模式下，国家逐步提高自主创新能力，加强保护知识产权，鼓励研发新技术；经济增长速度放缓，增长依靠新技术，提高劳动生产率来带动；由于新技术的投入，资源消耗和废物排放以及导致的环境问题得到明显改善；经济增长由三大产业协同拉动，产业结构趋于合理，尤其是第三产业比重较传统模式有大幅度增加；消费和净出口对经济增长的贡献加大，消费、投资、出口三驾马车共同拉动经济增长，人民生活水平显著提高；统筹城乡发展，协调区域发展，缩小社会贫富差距；环境明显改善，对环境保护和节约资源的制度和法律逐步完善。

(二)在发展中保护，在保护中发展

在粗放型发展模式下，追求经济增长和保护环境、节约资源在一定程度上是矛盾的，追求环境保护就意味着放弃了一些高回报率的项目，降低经济总产出。而在集约型发展模式中，只有做好环境保护和节约资源，经济才能取得更大的发展，二者是统一的。

总而言之，保护和发展是对立统一的。这与社会的发展阶段和经济发展水平息息相关。经济水平低，国家的主要矛盾是经济发展而不是环境问题，这是二者的对立性；只有经济达到一定水平，政府才能有需求和能力来保护环境，节约资源，即在发展中保护；而在达到这一水平以后，只有保护环境，提高资源的利用，才能在未来取得经济的进一步发展，即在保护中发展，这是二者的统一性。

在发展中保护、在保护中发展，这是对经济社会发展与资源环境关系的深刻揭示。当前，我国正处于由粗放型发展向集约型发展转变的阶段，在环境保护和资源节约上还存在着很多制度、法律等方面的问题，我们更要处理好发展和保护的关系，树立环境保护和资源节约的意识，企业要积极主动地承担社会责任，在创造利润的同时不造成环境的破坏，政府的考核标准中加入并加大环境因素标准，促进经济更好的绿色发展，真正做到在发展中保护，在保护中发展。

二、推进环境保护与经济发展的协调融合

促进保护和发展的辩证统一，就是推进环境保护和经济发展的协调融合，即在保持经济平稳发展的同时，推进环境保护工作；同时展开不仅意味着一边发展经济，一边治理环境。孤立的发展经济和保护环境是相矛盾的，推进环境保护与经济发展的协调融合，要求将发展和保护相互渗透、融合，以环境得到保护作为经济发展的一个结果，以经济得到发展作为环境保护的目标之一。政府、企业、人民意识到环境保护对经济发展的作用，通过相应的政策，使节约环保与调整产业结构、污染防治与企业节约增效、发展节能环保产业与扩大内需、生态保护与

优化生产力空间布局结合起来，以环境容量优化区域布局，以环境监管优化经济结构，以环境成本优化增长方式，以环境标准优化产业升级，推进经济发展方式的绿色转型。通过发挥环境影响评价指标“控制阀”、节能减排“紧箍咒”、环境标准“催化剂”等作用，推动产业结构调整和经济转型。

(一)以环境容量优化区域布局

以环境容量优化区域布局，要按照人口资源环境相均衡、经济社会生态效益相统一的原则，控制开发强度，调整空间结构，促进生产空间集约高效、生活空间宜居适度、生态空间山清水秀。加快实施主体功能区战略和环境功能区划，推动各地区严格按照主体功能定位发展，构建科学合理的城市化格局、农业发展格局、生态安全格局。通过区域协调发展、统筹城乡发展，消除城乡二元制结构等措施，逐步减轻城市化和经济区域发展带来的城市、中东部经济发达地区的环境压力，结合我国的自然资源地理分布，合理安排人口、工厂等，尽可能使各地区的环境压力保持在环境承载力的范围内，从而减少经济发达地区环境的破坏。

党的十八大报告首次把优化国土空间开发格局放在突出位置。我国出台了新中国成立以来首个全国性土地空间开发规则，按开发方式，将国土空间划分为四个区域。针对不同类型的区域，选择不同的经济结构变动、工业化城镇化进度、产量指标、环境优化程度等指标进行区别考核，促使每个地区的发展尽量和当地的环境承载力相符。

作为城市化和经济区域化发展的结果，人口由落后的农村流向经济相对发达的城市，由偏远的中西部地区流向交通便利，经济发达的东部地区，使得很多农村出现了耕田无人种植，中西部劳动力不足，东部地区城市却出现自然资源和教育、医疗、住房等社会资源严重不足的困境。同时，由于我国自然资源分布不均，很多发达地区的城市出现了资源紧张的情况。虽然西气东输、西电东送、南水北调等工程在一定程度上缓解了这个问题，但如果发达地区人口继续聚集，对环境造成的压力超过这些工程带来的环境承载能力的增加，那么资源紧张的问题就会进一步加剧。况且这些工程耗资巨大，必定挤占财政国防、公共基础设施等方面的投资，不利于国家全面发展。因此，优化经济区域布局势在必行。

以环境容量优化区域布局，通过减轻城乡和各地区的贫富差距，抑制人口的过度集中，积极主动的促成“逆城市化”趋势，既保护了城市和东部地区的环境，也发展了农村和中西部地区的经济，使得保护和发展达到统一。同时，这更是朝着我国共同富裕的社会主义建设最终目标前进。因此，社会主义新农村建设和西部大开发政策必须要长期坚持，不断完善。

(二)以环境监管优化经济结构

以环境监管优化经济结构，主要是通过制定强制的行业标准，淘汰高排放、高耗能、低效率的制造技术和企业，严格行业准入标准，对高排放、高耗能、低效率的项目不予审批，使国家的行业平均资源利用率和劳动生产率提高，同时污染物排放水平降低，促进经济绿色发展。环境监管的重点，是控制两高一资行业、低水平重复建设问题和产能过剩项目。

两高一资行业，指的是高耗能、高污染和资源性产品出口行业，资源性产品出口行业，是指不对金属、木材、稀土等资源加工成利润率更高的产品，而是以资源的形式直接作为产品出口。相对于加工后出口，直接出口资源，利润率低，并且没有起到对我国的制造业发展的促进作用，为开采资源破坏的环境，并没有在经济价值上得到完全弥补。因此必须减少资源性产品出口，通过提高两高一资行业的贷款利率，提高资源性产品出口的出口关税、企业所得税等方式抑制这三种行业的发展。

产能过剩行业指的是钢铁、水泥等传统行业以及多晶硅、风电设备等新兴产业，这些行业在建产能多，尤其是部分地方实施此类项目的时候，没有考虑到地区的环境容量和资源供给，出现了投资一哄而上、重复引进和重复建设问题，将其作为调控对象，主要是要促进自主创新，把握发展节奏，引导其有序发展。

低水平重复建设是大规模重复投资到效率低的项目上，结果往往是不被社会需要的产品，使得产值低，资源的投资回报率低。这是由我国 GDP 政绩考核机制、国有投资决策主体与权力和责任不对称、缺乏投资约束机制和淘汰机制、增值税为中央地方共享税的税收体制以及市场机制不健全综合作用下导致的。

通过加强宏观调控，完善市场信息传递机制，通过贷款审批、利率、税收等手段加强投资引导，对高档房地产项目和能耗高、污染重，安全条件差、技术水平低的企业，从严控制贷款，彻底改变目前投资部门对项目“只管生不管养”的问题；建立领导干部科学的政绩考核制度，不仅要关注地方领导任职期间招商、财政收入和 GDP 增长情况，还要考虑当地的可持续发展和环保情况，将其和当地产业发展、经济结构优化、城乡经济协调发展结合起来一并考核，防止出现“数字出政绩，政绩出干部”的现象；加快财政税收体制改革，理顺各级政府间的利益分配关系，积极推进增值税向消费税的改革，使地方政府积极改善社会经济环境；合理界定政府事权和财权，将与地方经济社会发展关系密切、适宜地方征管的税种划为地方固定收入并适当扩大落后省区财权；建立规范的转移支付制度，通过各种专向拨款补助，支持落后地区的社会经济发展。

（三）以环境标准优化产业升级

以环境标准优化产业升级，可以通过政府订立强制性的行业标准，甚至以立法的方式，在资源能源消耗、排放、产量、质量、新技术应用、废料循环利用等方面做出限制。如单位能耗必须小于一定数量，平均每件产品的工业废气、废水必须小于一个指标，产品质量经检测必须达到一个标准……超过上限标准或者达不到下限标准的企业，责令整改，或收取高额罚款，甚至责令其停业整顿，直至达标。同时，政府全力做好技术创新和引进的平台和服务工作，为企业的“清洁生产”做好支持和保障。

除此以外，国家还应该制定相应的激励政策，鼓励和吸引社会资金流入到环保行业，促进环保行业发展壮大；加大国家公园等环境保护区的建设，发展旅游服务业，促进产业结构向资源利用率高，同时有利于环境保护的方向转变。

(四)以环境成本优化增长方式

以环境成本优化增长方式，主要是对企业用电、水、其他资源进行价格调控，通过调整阶梯水价、非居民用电，提高资源税等方式，提高企业用水用电，投入生产资源的成本。粗放型发展模式下，资源利用率低，经济发展依靠的是大量资金和资源投入产生规模效应。如果在政府提高了企业的资源使用成本后企业不做出相应的调整，那么就会大幅增加企业的生产成本，降低企业竞争力。在市场竞争机制下，企业为提高利润，必须要控制成本，提高资源利用率，进而促使整个产业由粗放型发展向集约型发展转变。

此外还可以建立碳排放市场、污染排放市场等排放市场制度和机制。排放市场机制，指的是先由法律规定企业必须达到的减排标准，一些企业通过自行减排取得未排放额度，超过法律规定的应减额度时，可将剩余的排放额度拿到排放市场交易。排放减少量达不到法律规定标准的企业，则可到排放市场购买排放额度以补足其差额，这个过程又称为排放中和。通过这样一个排放市场，减排的企业会得到营业外的收益，对排放超标的企业，他们就要花费一定的支出购买额度。这个市场的构建，是用非政府调节的手段，鼓励企业减排，进而促进我国整体污染物排放的降低，达到保护环境的目的。

以上两种途径都是通过降低集约型发展企业的成本，提高粗放型发展企业的成本的方式，促进国民经济向高效、绿色的增长方向转变，资源使用效率的提高是发展的需要，发展的环保性使这个发展满足了保护的要求。

三、着力解决影响科学发展和损害群众健康突出的环境问题

(一)制约我国发展最大的两个问题

当前，我国存在着各种各样的环境问题。但是对我国发展构成最大障碍的，主要是影响科学发展和损害群众健康的环境问题。

科学发展，就是包含生态文明建设在内的“五位一体”的可持续发展。可持续发展是我们党创造性地回答经济发展与资源环境关系问题所取得的最新理论成果，为统筹人与自然和谐发展指明了前进方向。粗放型发展模式与社会经济的可持续发展要求背道而驰，在可持续发展，也就是科学发展中，环境问题应是着力解决的问题。因此要求深刻把握经济社会可持续发展规律、自然资源永续利用规律和生态环保规律，立足经济快速发展中资源环境代价过大的严峻现实，着眼破解人与自然日益突出的尖锐矛盾，积极应对当前和长远发展不可持续的复杂局面，解决制约可持续发展，即影响科学发展的环境问题。

维护人民的身体健康是我们党积极主动顺应广大人民群众新期待，进一步丰富和完善中国特色社会主义事业总体布局的战略部署，是我们党坚持以人为本、

执政为民，维护最广大人民群众根本利益特别是环境权益的集中体现。随着经济社会的快速发展，人民群众对干净的水、新鲜的空气、洁净的食品等影响身体健康方面的要求越来越高。良好的生态环境，越来越成为人民群众最关心最直接最现实的利益问题。为了为人民群众创造良好生产生活环境，保障和改善了民生、巩固和夯实了党的执政基础，必须着力解决损害群众健康的环境问题。

（二）着力解决影响科学发展和损害群众健康突出的环境问题

着力解决影响科学发展和损害群众健康突出的环境问题，关键是要落实科学发展观，增强发展协调性。

解决影响科学发展的环境问题，要坚持节约优先、保护优先、自然恢复为主三原则。节约优先就是通过推进绿色发展、循环发展、低碳发展，开发、引进相应的技术，提高资源综合利用率，以最小的资源消耗支撑经济社会发展，促进生产空间集约高效；保护优先就是正确处理发展与保护的关系，把环境承载力作为发展的首要前提，努力不欠新账、多还旧账，通过政策限制排放等方式，在努力减少新造成的污染和破坏的前提下，着力解决过去发展造成的环境问题，提高整体环境质量，促进生活空间宜居适度；自然恢复为主，就是减少人为干预，给生态环境以自我修复、自我更新的时间和空间，让其休养生息，早日恢复和提高生态服务功能，促进生态空间山清水秀。要把生态文明建设融入经济建设、政治建设、文化建设、社会建设各方面和全过程，基本形成节约能源资源和保护生态环境的空间格局、产业结构、增长方式、消费模式，走出一条节约资源和保护环境的新道路，全面推进经济社会的可持续发展。

解决损害群众健康的环境问题，要深化节能减排，加大水、大气、土壤等污染治理力度，强化核与辐射监管能力，明显改善环境质量。要确保人民群众饮水安全，全面完成保护区划分，全面取缔所有排污口，全面推进水源地环境整治，确保群众喝上干净水、安全水；要集中力量优先解决重金属、化学品、危险废物、细颗粒物和持久性有机污染物等关系民生的环境问题，合理调整涉重金属企业布局，严格落实卫生防护距离，在人口聚居区和饮水、食品安全保障区坚决禁止新上项目；要通过实行多措并举、多种污染物综合控制，并健全重点区域大气污染联防联控机制，明显减少酸雨、灰霾和光化学烟雾现象，“协同、综合、联动”的治理以 PM2.5 为特征的大气污染；要深入开展整治违法排污企业保障群众健康环保专项行动，严厉查处各类环境违法行为；要全力做好突发环境事件应急处置工作，减少人民群众生命财产损失和生态环境损害。总之，要关注一切与人民群众的健康息息相关的污染因素，维护好群众身体健康的基本权利。

全面协调可持续是科学发展观的基本要求，以人为本是科学发展观的核心。因此，解决保护和发展的矛盾，必须抓住这两个主要问题，这样才能最大程度的促进我国全面的发展。

四、加快建立生态文明制度

节约资源，保护环境，加强生态环境建设，“加快建立生态文明制度”是最重要的内容之一。建设美丽中国，一要依靠公民环保意识提高，二要依靠制度建设。为此，要健全国土空间开发、资源节约、生态环境保护的体制机制，推动形成人与自然和谐发展现代化建设新格局。从恢复和维持生态系统整体性与可持续性的系统理念出发，建立和完善职能有机统一、运转协调高效的生态环境保护综合管理体制。

(一)完善耕地保护制度、水资源管理制度、环境保护制度

建立国土空间开发保护制度，完善最严格的耕地保护制度、水资源管理制度、环境保护制度。

完善耕地保护制度，主要是建立耕地面积“红线”制度。耕地红线指的是我国耕地面积最低不能低于18亿亩的限制，这是保证我国生存的最低耕地面积，是我国的“生命线”。随着我国城市化的发展，耕作用地不断被占用，使得耕地面积持续下降。为了保证我国一切活动有粮食保障，必须建立最严格的耕地红线制度。

完善水资源管理制度，也是要建立水资源的三条红线，即水资源开发利用控制红线，用水效率控制红线，水功能区限制纳污红线。我国人均水资源本就较少，而且水资源地理分布不均，在人口分布和工业、生活用水效率低的作用下，已经成为了缺水的国家。因此控制水资源开发利用总量、用水效率和污染物排放是国情所需。

完善环境保护制度，不只是加大对超标排放的罚款力度。对于环境保护制度，第一，要建立最严格的源头保护制度，如水源地的保护，从源头防止环境污染。第二，要建立最严格的环境审判赔偿和修复制度，对造成的环境破坏，破坏的人必须赔偿，而且是最严格的标准，并必须对造成的破坏进行修复，尤其是矿产资源开发后废弃的矿井。第三，要对政府官员建立最严格的责任追究制度，在任期之内，辖区范围之内造成的环境破坏，会终身追究其责任。第四，要建立污染物排放的总量控制制度及污染物排放许可证制度。

(二)深化资源性产品价格和税费改革，体现资源有偿使用制度和生态补偿

深化资源性产品价格和税费改革，建立反映市场供求和资源稀缺程度，体现生态价值和代际补偿的资源有偿使用制度和生态补偿制度。积极开展节能量、碳排放权、排污权、水权交易试点。通过建立自然资源的资产产权制度、自然资源的用途管制制度、资源的有偿使用制度、重要资源的集约节约利用制度，深化人权体制改革，完善自然资源的管理体制。

第一，要建立自然资源的资产产权制度。产权不清晰，存在着公共的“三不管地带”，这些地区就会出现资源浪费和环境破坏。因此要所有的资源，都要明确它的产权的主体，有保护它的主体，就要建立相应一个制度。第二，要建立自然资源的用途管制制度，对自然资源的使用目的要严格审批，防止浪费。第三，要建立资源的有偿使用制度。过去，很多自然资源可以无偿使用，因此造成了浪

费，通过建立这样一个资源有偿使用制度，通过价格管制、提高资源税等方法，提高资源使用成本，就可以一定程度上减轻浪费现象。第四，要建立起重要资源的集约节约利用制度，水、土地、能源等所有资源都应节约、集约利用，通过制定强制性使用效率指标，促使资源使用效率的提高。第五，要建立生态的补偿制度，体现代际补偿，资源的使用关系到子孙后辈的发展，因此资源的使用必须尽可能做到生态补偿，一些可再生自然资源特别是林木资产，砍伐了多少棵，就要补偿种植多少。第六，开展节能量、碳排放权、排污权、水权交易试点，建立排放市场，通过排放权等资源使用、污染排放的额度限制，以市场的手段促进资源节约，保护环境。

（三）加强环境监管，健全责任追究和损害赔偿

党的十八大报告指出，要建立体现生态文明要求的目标体系、考核办法、奖惩机制。通过加强环境监管，可以促使企业节约资源、保护环境，促进经济结构优化。可以通过建立完善自然资源的管理体制，建立自然资源的资产负债表，并对地方政府的官员在任期之内的自然资源的资产进行离任审计，督促政府官员积极管理辖区内的资源和环境；建立环境保护责任追究制度和环境损害赔偿制度，对每一处环境破坏都要严格追究责任人的责任，而且是终身责任，甚至可以追究到海外，要求责任人对他们造成的环境破坏进行赔偿，并给予额外处罚。通过这样的方式迫使一些资源开采、高污染排放的企业主动减小对环境的破坏。

（四）多途径宣传，培养全民的环保意识和社会的环保文化

我国“五位一体”的发展战略，要求企业和公民逐步养成自发的环保机制和意识，逐步培养社会的环保文化，成为生态文明的重要组成部分，进而也是美丽中国的重要组成部分。当然，这需要多种途径、多方参与、漫长的努力和积累，才能形成。当代大学生，要以身作则，自觉树立良好的环境保护意识，以自身的环保行动带动身边的人一起参与到环境保护、建设美丽中国的队伍中来，引领社会新风尚。

五、统筹国际国内两个大局

改革开放是坚持和发展中国特色社会主义的必由之路，当今世界，早已是“你中有我、我中有你、相互渗透”的局面，我国的发展与全球发展紧密相连。作为世界上最大的发展中国家，我国建设生态文明，实现可持续发展，离不开全球可持续发展的外部良好环境，同时，我国的生态文明建设，也是世界文明的重要组成部分。我国推进生态文明建设有一条鲜明的做法，就是统筹国际国内两个大局，在积极主动参与国际环发领域的合作与治理的同时，在国内根据新形势新任务的需要及时出台加强环境保护的战略举措。

（一）世界生态环境保护的趋势

处于大发展、大变革、大调整之中的当今世界，在生态环境保护方面也呈现

许多值得高度重视的新态势、新特征。

一是生态环境保护已成为各国追求可持续发展的重要内容。一系列具有里程碑意义的纲领性文件和国际公约相继问世，标志着全世界对走可持续发展之路、实现人与自然和谐发展已达成共识，生态环境与经济、社会一起成为可持续发展不可或缺的三大支柱。目前，国际社会正努力建立一套完整的、可量化的可持续发展目标，进一步提高生态环境在各国发展决策中的地位。

二是生态环境保护已成为国际竞争的重要手段。在经济全球化大背景下，各国对生态环境的关注和对自然资源的争夺日趋激烈，其背后伴随着巨大的经济利益、政治利益和发展权益之争。一些发达国家为维持既得利益，保持全球竞争的领先地位，通过设置环境技术壁垒，打生态牌，要求发展中国家承担超越其发展阶段的生态环境责任。

三是绿色发展已成为全球可持续发展的大趋势。国际金融危机爆发以来，许多国家希望通过绿色发展，既保护生态环境，又推动经济复苏，进入强劲可持续增长轨道。近几年，一些主要经济体纷纷实施“绿色新政”，采取一系列环境友好型政策，努力把绿色经济培育成为新的增长引擎，确立新的经济发展模式，积极应对气候变化的影响。

（二）统筹国内国际可持续发展的两个大局

在解决我国的环境问题的同时，也要树立宽广的世界眼光，统筹国内国际可持续发展的两个大局，坚持共同但有区别的责任原则、公平原则、各自能力原则，自觉承担国际环境责任，以自身的绿色发展、循环发展、低碳发展，推动建设持久和平、共同繁荣的和谐世界，推动全人类共同呵护地球家园，为全球生态安全作出贡献。积极参与可持续发展全球治理，承担与我国发展水平及阶段相适应的责任和义务，把继续发挥在全球可持续发展领域建设性作用与解决好国内生态环保问题有效衔接起来，强化国际环境公约履约，进一步提高国际环境合作水平。同时，对外积极宣传我国在建设生态文明、建设美丽中国、促进可持续发展方面取得的巨大成就，树立负责任大国良好形象。

第四节 实现美丽中国的建设途径

美丽中国，是时代之美、社会之美、生活之美、百姓之美、环境之美的总和。经济持续健康发展是重要前提，人民民主不断扩大是根本要求，文化软实力日益增强是强大支撑，社会和谐人人共享是基本特征，生态环境优美宜居是显著标志。其中，优美宜居的生态环境最为重要。优美的生态环境，有利于增强广大人民群众的幸福感，有利于增进社会的和谐度，有利于孕育并提升民族的持久创造力，有利于赢得当前和未来国际新的竞争制高点。是我国发展进入新阶段的迫切需要，为提升发展质量和空间提供了新的战略指导；是主动顺应人民群众对干净的水、新鲜的空气、洁净的食品、优美宜居的新期待，标志着我们党执政理念的重大提升；是全面建成小康社会的基本要求和重要特征，拓展了中国特色社会主义事业的发展领域和范畴；是着眼长远，为子孙后代留下天蓝、地绿、水净美好家园的客观要求。因此，必须实现美丽中国。

(一)以主体功能定位为依据，加快优化国土空间开发格局

实现美丽中国，要根据我国国土空间多样性、非均衡性、脆弱性特征，按照人口资源环境相均衡、经济社会生态效益相统一的原则，统筹人口、经济、国土资源、生态环境，科学谋划开发格局，促进生产空间集约高效、生活空间宜居适度、生态空间山清水秀。

一是坚定不移实施主体功能区战略。严格按照主体功能区定位推动发展，完善与主体功能区规划相配套的法规和政策，加强规划实施监督，在推动科学发展中形成各功能区的区域特色和竞争的比较优势。

二是大力提高城镇化集约智能和绿色低碳水平。从编制规划到建设管理的全过程、各方面，都要融入生态文明理念，积极推广绿色建筑标准、设计、建设，大力发展绿色交通，注意适当添绿留白，同时实施严格的用地、用水、用能节约管理，加强环境污染防治。

三是大力建设海洋强国。保护海洋不仅涉及我国发展空间，也涉及国家战略安全。要确定和守住不再破坏生态平衡、不再影响生态功能、不再改变基本属性、已受损的生态系统不再退化的“四不”开发底线。要实施最严格的围填海管理和控制政策，对已遭到破坏的海洋区域进行生态整治和修复，努力使海洋生态环境逐步得到改善。

(二)以调整优化产业结构为抓手，有效减轻经济活动对资源环境带来的压力

实现美丽中国，必须抓好转方式、调结构、促转型，加快形成有利于生态文明建设的现代产业体系。

一是下大决心化解产能过剩。要严控增量，各级政府和主管部门必须按中央要求，严禁核准产能严重过剩行业新增产能项目，违规项目尚未开工建设的不准开工，正在建设的项目一律停工。要逐步消化存量，有压减的指标和时间表，按照尊重规律、分业施策、多管齐下、标本兼治的原则，充分发挥市场机制作用和政府引导作用，逐步化解产能过剩矛盾。

二是加快推进产业转型升级。要大力发展战略性新兴产业、先进制造业，改造提升传统产业，推动服务业特别是现代服务业发展壮大。要通过深化改革，探索新机制、新方法，在更大范围、更广领域吸引更多社会资本参与到节能环保领域中，使节能环保产业发挥我国经济新的增长点的作用。

三是充分发挥科技创新对生态文明建设的支撑作用。要坚持实施创新驱动发展战略，推动我国经济发展更多依靠科技进步、劳动者素质提高和管理创新而不是资源消耗，减轻对生态环境的压力。积极运用高技术对各产业进行生态化改

造，通过清洁生产实现资源节约、环境保护。加大技术研发力度，努力攻克大气污染控制、水体污染治理、废弃物资源化利用等关键技术，支撑生态文明建设，培育产业竞争新优势。

四是大力发展循环经济。要按照“减量化、再利用、资源化，减量化优先”的原则，提高资源产出率，推进生产、流通、消费各环节循环经济发展，资源循环利用体系。实施好循环经济“十百千”示范行动，建设一批循环经济示范工程，加大推广力度，推动资源循环利用产业做大做强。

（三）以全面加强资源节约为突破口，推动资源利用方式转变

实现美丽中国，必须在全社会、全领域、全过程都加强节约，采取有力措施大幅降低能源、水、土地等资源消耗强度，努力用合理的资源消耗支撑经济社会发展。

一是狠抓节能减排降低消耗。要加快完善重点行业、重点产品能效标准和污染物排放标准，推行能效领跑者制度，提高能效，降低排耗。深入推进企业节能低碳行动和重点污染源治理行动，继续推进节能改造、节能技术产业化示范、城镇污水垃圾处理设施及配套管网建设等节能减排重点工程。

二是狠抓水资源节约利用。要实施最严格的水资源管理制度，严把水资源开发、利用和纳污。大力发展节水农业，着力提高工业用水效率，重点推进高用水行业节水技术改造，加强节水工作。积极推进污水资源化处理，提高再生水利用水平。同时继续发展海水淡化和利用。

三是狠抓矿产资源节约利用。要建立健全覆盖勘探开发、选矿冶炼、废弃尾矿利用全过程的激励约束机制，引导所有环节的生产企业自觉节约利用各种资源，进一步提高开采回采率、选矿回收率、综合利用率，提高废弃物的资源化水平。

四是狠抓土地节约集约利用。要坚持最严格的耕地保护制度，严守 18 亿亩耕地红线和粮食安全底线。科学确定新增建设用地规模、结构和时序，健全用地标准，从严控制各类建设用地。进一步盘活存量建设用地，加大力度清理闲置土地。强化用地节地责任考核，切实做到节约每一寸土地。

（四）以加强污染治理为着力点，切实提高生态环境质量和水平

当前，大气、水和土壤等污染问题突出，实现美丽中国，必须实施有效的治理措施。

一是坚决治理大气污染。要积极落实各项政策措施，把环境治理同经济结构调整结合起来，同创新驱动发展结合起来，突出抓好重污染城市治理、能源结构调整、机动车污染减排、高污染行业及重点企业治理、冬季采暖期污染管控等重点工作，努力走出一条以治理污染促进科学发展、转型升级、民生改善，环境效益、经济效益和社会效益“多赢”的新路线。

二是大力治理水污染。要加强饮用水保护，全面排查饮用水水源地保护区、

准保护区及上游地区的污染源，强力推进水源地环境整治和恢复，不断改善饮用水水质。要积极修复地下水，划定地下水污染治理区、防控区和一般保护区，强化源头治理、末端修复。大力治理地表水，进一步提高生活污水的处理能力和工业污水的排放标准，对企业污水超标排放"零容忍"，继续加强对重点水域、重点流域综合治理。

三是加紧治理土壤污染。土壤是食品安全的第一道防线。要着力控制污染源，严格执行高毒、高残留农药使用的管理规定，实行更加严格的环境准入标准，禁止新建有色金属、化工医药、铅蓄电池制造等项目。要强化重点区域土壤污染的治理和风险管理，对人体健康有影响的污染地块要及时治理，防止污染扩散。调整严重污染耕地用途，有序实现耕地休养生息。

四是切实保护生态系统。要在重要生态功能区、敏感区、脆弱区划定并严守生态红线，下决心退出一部分人口和产业，降低经济活动强度。要大力构建"两屏三带"生态安全屏障，稳定和扩大退耕还林、退牧还草范围，继续实施天然林保护以及荒漠化、石漠化和水土流失综合治理等工程，逐步恢复生态系统。加强防灾减灾体系建设，最大限度减轻自然灾害造成的损失。

五是积极应对气候变化。我们必须抓紧研究国家应对气候变化长远规划，狠抓任务落实，确保环境改善，减小恶劣气候变化带来的影响。同时，要坚持共同但有区别的责任原则、公平原则、各自能力原则，积极参与推动建立公平合理的应对气候变化国际制度。

（五）健全法律法规、创新体制机制为核心，加快生态文明制度建设

实现美丽中国，要加快推进生态文明体制改革，实行最严格的源头保护制度、损害赔偿制度、责任追究制度，完善环境治理和生态修复制度，用制度保护生态环境。

一是进一步健全促进生态文明建设的法律法规。要加快"立改废"进程，完善环境保护和管理的法律制度，使现有法律法规与生态文明建设要求一致，同时研究制定生物多样性保护、土壤污染防治、核安全等法律法规。要独立进行环境监管和行政执法，提高执法工作的权威性。对造成生态环境损害的责任者严格实行赔偿制度，依法追究刑事责任。

二是进一步完善发展成果考核评价体系。将生态环境效益指标全面纳入地方各级党委政府考核评价体系并加大权重。全面修订完善已有的生态环境影响评价、节能评估、资源管理等制度规定。对领导干部实行自然资源资产离任审计，建立生态环境损害责任终身追究制。

三是进一步健全市场体制机制和经济政策。对水流、森林、山岭、草原、荒地、滩涂等自然生态空间进行统一确权登记，形成归属清晰、权责明确、监管有效的自然资源资产产权制度。健全国家自然资源资产管理体制，统一行使全民所有自然资源资产所有者职责。加快自然资源及其产品价格改革，全面反映市场供求、资源稀缺程度、生态环境损害成本和修复效益。坚持使用资源付费和谁污染

环境、谁破坏生态谁付费原则，逐步将资源税扩展到占用各种自然生态空间。坚持谁受益、谁补偿原则，完善对重点生态功能区的生态补偿机制。发展环保市场，吸引社会资本投入生态环境保护，推行环境污染第三方治理。

(六)以促进绿色、低碳消费为重点，加快形成推进生态文明建设的良好社会氛围

实现美丽中国，必须加强宣传教育，把生态文明建设牢固建立在公众思想自觉、行动自觉的基础之上，形成生态文明建设人人有责、生态文明规定人人遵守的良好风尚。

一是加快培养生态文明意识。要建立生态文明教育体系，做好生态环境方面的国情认知教育，让群众充分理解和支持生态文明建设，为生态环境持续改善奠定广泛、坚实的社会基础。要努力使生态文明成为主流价值观并在全社会普及，通过让生态文明知识理念进入校园，加强青少年的节约资源、保护环境意识，树立正确的生态价值观和道德观。

二是积极倡导绿色生活方式。当前，要引导居民合理适度消费，鼓励购买绿色低碳产品，使用环保可循环利用产品，深入开展反食品浪费等行动，使节约光荣、浪费可耻的社会氛围更加浓厚。

三是有效发挥公众监督作用。要主动及时公开环境信息，提高透明度，更好落实广大人民群众的知情权、监督权，积极发挥新闻媒体和民间组织作用，自觉接受舆论和社会监督。

生态文明建设功在当代、利在千秋，关系到中华民族生存发展和伟大复兴，任务艰巨繁重而又光荣。我们要从自身坐做起，为努力建设美丽中国，为全面建成小康社会、实现中华民族伟大复兴的中国梦贡献自己的力量！

思考题

1. 我们每个人怎么为生态文明、美丽中国做贡献？
2. 实现美丽中国的建设途径是什么？
3. 在建设生态文明中需要着重把握的主要问题是什么？
4. 美丽中国提出的意义、科学内涵是什么？
5. 生态文明的特征、重点任务是什么？

第七章　中国海洋与海洋权益

党的十八大报告在“大力推进生态文明建设”内容中明确提出：我国应“提高海洋资源开发能力，发展海洋经济，保护生态环境，坚决维护国家海洋权益，建设海洋强国”。这标志着我国首次正式提出了建设海洋强国的国家战略目标。2013 年 7 月，在中共中央政治局就建设海洋强国研究进行第八次集体学习时，习近平总书记指出：建设海洋强国对于推动经济持续健康发展，维护国家主权、安全、发展利益等，具有重大的意义。党中央的高屋建瓴，深刻总结海洋国家和中国海洋事业发展历程，统筹谋划党和国家工作全局而做出的战略抉择，充分体现了党的理论创新和实践创新，具有重大的现实意义和深远的历史意义。大学生应有责任、有义务增强海权意识，维护中国海洋权益。

第一节　海权的主要内容

海权是一个古老的名词，但同时也是一个具有现代内涵的战略概念。在经典的意义上，海权指的是对海洋的利用和控制，也就是由本国和本民族利用和控制海洋，而剥夺对手利用海洋的机会和权利。新时期，现代海权的作用则更多地体现在对海洋战略通道和海域、岛屿的控制，其最终目标是对海洋资源的占有，甚至超过了海洋作为运输通道的价值，以保证本国在国际竞争中的优势地位。

一、海权的基本内涵

海洋强国思路源于西方，历史表明：海洋强国必须是掌握海洋话语权的国家，其内在逻辑可概括为：海洋思想—海洋话语—海洋法律（制度、规划）—海洋活动—海洋强国。海洋自古以来便是人类活动的重要场所，其重要的交通与安全价值为西方国家所看重。海洋文明发展史昭示了海权在大国兴衰进程中的地位与作用，而随着海洋自身资源能源价值被发现，海洋更成为国际重大政治、经济、军事领域的利益所在，各国围绕海权的竞争愈发激烈。因此，人们不应该再去刻意地分离“陆权”和“海权”，而应该联系起来考量，统一起来运筹。

海洋强国思想渊源于海权论，海权是一个历史范畴。随着人类社会的发展特别是海洋观的发展，海权的内涵也在不断地发生着变化。“海权”（sea power）一词源起于古希腊著名的历史学家修昔底德，其意为“海之权”(power of the sea)，即指征服及利用海洋的权力。在《伯罗奔尼撒战争史》一书中，修昔底德明确阐述了海权的重要性：“我们面对的整个世界可以分为陆地和海洋两部分，每一部分对人类都是有价值和有用的。然而如果谁想进一步扩张，谁就必须从陆地向海洋发展。如果谁具备了一支强大的海军，陆地上的强权对手就不会长期存在。”而整个希腊战争史，尤其是波斯战争和伯罗奔尼撒战争中海权的获胜也为修昔底德的推论做出了有力证明。19 世纪末，美国海洋战略专家阿尔弗雷德·塞耶·马汉第一次提出了完整的海权理论，他指出“海权即凭借海洋或者通过海洋能够使一个民族成为伟大民族的一切东西”。马汉在 1890 年出版的《海权对历史的影响(1660—1783)》一书中首次提出了完整的海权理论，成为西方近代海权观的鼻祖。其后出版的《海权对法国大革命和帝国的影响(1793—1812)》及《海权的影响与 1812 年战争的关系》对其海权理论进行了相关史实论证，共同构成了马汉的海权论三部曲，“海权论三部曲”被誉为海权思想的巅峰之作，成为西方海权观的鼻祖。马汉的海权论源自对历史上海洋斗争的经验总结，强调制海权与海上霸权的重要性，其理论上的最大贡献就是发现并举证了海洋权力与国家权力之间的密切关联，阐明了海权对大国兴衰的重要意义，以及提出了系统的海权思想和海军战略。马汉海权论的实质就是“霍布斯法则”在海洋斗争中的运用，将海军看作是无所不能的工具来进行海上扩张，谋求海上霸权。这种观点为其后半个多世纪各海洋大国制定海洋战略提供了理论基础。

对于中国而言，海权这一概念是个舶来品，是西方海洋文明的产物。从海权的发展来看，海权可以从狭义和广义两个方面来理解。狭义海权，是指一个国家对本国领土(主要是领水及其上空的空气空间)、毗连区、专属经济区具有实际的管辖和控制能力，在受到他国武力攻击、蓄意侵占、违反有关国际法和本国法律法规时，具有自卫反击的能力。它是主权国家在海洋中享有的基本权利，关系到主权国家的安全权、自卫权和发展权；它虽然不是国家兴衰的决定因素，却对主权国家，尤其是沿海国家的主权和领土完整、海洋资源的安全、对外贸易的发展，以及经济可持续发展等有着至关重要的影响。广义海权，是指一个国家除了对本国的领土具有实际的管辖权和控制能力外，还具有在一定公海、国际海底区域自由航行、开发利用的能力和权力。它作为国家主权概念的自然延伸，是国家海洋力量和海洋权利的统一，其基本目的和功能就是在一定时期内有目的地对一定海洋区域海洋战略的有效控制、分配和整合。海权属于权力政治的范畴，海洋权益属于权利政治的概念。海洋权益是海洋权利及有关海洋利益的总称，海洋权益包括海洋政治权益、海洋经济权益、海洋科技权益等。海权是维护国家海洋权益的力量基础，海洋权益是海权所要实现的目标。

二、海权的重要意义

纵观人类发展历史，海洋承载着中国崛起的诸多重大安全利益和发展利益，世界上的强国大多都是海洋国家，这些海洋国家无一不是以海立国，以海兴国，无一不是拥有强大海权的国家。如16世纪的葡萄牙，17世纪的荷兰，18和19世纪的英国，20世纪的美国。正是通过对海权的争夺和瓜分，为维护他们在世界上的地位、争取海上霸权和海外殖民地奠定了基础。在此过程中，向海外移民、传播民族意识、国家观念，从而也促使欧洲国家以外的主权国家的发展壮大，促进了世界主权国家从早期形态向现代形态的转变。这些国家的发展无不昭示着一个真理：海权握，国则兴；海权无，国则衰。

1. 海权是国家综合实力的体现

海洋兴则国家兴，海洋强则国家强。国家的发展、繁荣昌盛与海权的成长是相辅相成的。实现海洋强国目标是中华民族伟大复兴的"中国梦"的一个重要组成部分，它是综合国力的体现，不可能单独实现。纵观历史，可以发现，崇尚海权的海洋文明，无论古代还是近现代，都为世界提供了繁荣富强的典范。在欧洲民族国家的形成历程中，一个极为重要的措施就是对海外殖民地资源的掠夺。海权论创立者马汉认为，海洋不仅是伟大的通道，而且关系到国家的安全和发展。美国海军界人士始终认为，美国自美西战争以来所取得的历次重大胜利以及美国登上世界政治舞台并成为世界超级大国，都应归功于马汉和他所创立的"海权论"。同时，从20世纪后半期到21世纪初，国际社会的海洋之争主要是海洋权益之争。虽然国际社会的有关法规、舆论能够起到一定作用，但从目前解决海洋之争的实践看，在诸多手段中起决定作用的仍然是海权。在陆地疆域基本确立、海洋分割尚在继续的情况下，拥有海权，哪怕是一定水域的海权，都会拥有更多的物理空间，这对于一个国家维护其海洋权益十分有利。

2. 海洋是实现经济社会可持续发展的重要保证

随着科学技术的发展，如今人类对海洋的认识早已超出了"渔盐之利"、"舟楫之便"的传统海洋观。考察近百年中国社会发展的历史，可以清楚地看到中国经济转型的轨迹：即从传统农耕"内向型经济形态"向依赖海上通道的"外向型经济形态"的演变，并带动了社会其他领域的发展。尤其是20世纪80年代改革开放至今，中国的经济结构和社会转型呈现出加速发展的趋势。其中，开发海洋、利用海洋对中国经济社会形态的变化发挥了巨大的推动作用。首先，从经济角度来看，海洋为人类提供足够的空间。海洋空间体现在海洋资源空间、海洋生产空间、人类活动空间，由于海洋空间远远大于陆地，随着海洋空间开发利用的深入发展，开发利用海洋空间就构成了海洋经济的另一个重要内容。其次，海洋为国际贸易提供了桥梁和纽带。海洋包围与分割陆地，国家间的经济活动离不开海洋的纽带作用。海洋的经济纽带作用既属于海洋经济的范畴，是海洋经济与海洋空间的结合利用，又超出海洋经济的范畴，是整个社会经济活动的重要环节，是整个社会经济的组成部分。

3. 拥有海权意味着拥有安全优势

早在2000多年前，罗马共和国的著名哲学家西塞罗就通过罗马与迦太基两次"布匿战争"提出了"谁控制了海洋，谁就控制了世界"的著名论断。当今时代，任何国家的安全理念都不再局限于本土安全，也决不能仅着眼于主权管辖范围内的领海、领空，海上通道、能源供给线和公海航行安全也应是国家安全的内涵。从传统安全意义上看，海上安全的战略重点主要是围绕海峡、航线、岛屿等兵家必争的范围，这是军事领域的角逐、国家权力的碰撞。从非传统安全意义上看，海上安全的战略重点是围绕防范恐怖活动、大规模杀伤性武器扩散、海盗活动和有组织跨国犯罪、沿海经济设施安全等。近年来，各国海员闻盗色变，目前20多个国家战舰云集亚丁湾。从东亚到中东、东非航线处处都有海盗的船影，马六甲海峡甚至被称为“恐怖海峡”。从维护国家综合安全角度讲，借海“强身”，建设海洋强国不等于谋求海洋霸权，以海兴国、建立海洋强国是中国发展的必然趋势。凡是能够利用海洋获得比其他国家更多的海洋利益，从而使其国家成为拥有更多政治、经济、军事优势的国家，都可以称为海洋强国。海洋强国的发展观是人们认识海洋的重要性之后，从社会各个角度提出的一系列更为具体的认识和主张。

三、当前国际海权发展特点

21世纪是海洋世纪，海权在各国安全战略中的地位显著提升，海洋领域的竞争日趋激烈，海洋强国的兴衰更替决定着国际格局的演变，当前许多沿海国家都在制定和实施新一轮的海洋发展战略。

1. 海洋国家从战略高度参与海权竞争

海上崛起是国家崛起的必由之路，而以海洋经济为国家崛起提供“能量”，更是科学发展和正义之道。很多沿海国家把开发海洋资源列入国家发展战略，出台了各具特色的海洋开发计划，不断加大海洋资源开发力度，使海洋经济成为世界经济中发展较快的一个领域。如美国提出“面向海洋——美国未来”的战略，《21世纪海权合作战略》；俄罗斯制定《俄联邦至2020年及更长时期的海洋战略发展》、日本制定《海洋基本计划》等，区域海洋大国也纷纷将海权竞争视为拓展国家利益、实现大国抱负的重要手段，澳大利亚、韩国、印度等国都在强化海洋资源开发的战略部署，加大资金投入和高新技术的应用；东亚中小国家也将海权竞争视为国际海洋秩序重新洗牌、海洋利益重新分配的重要契机。

2. 国际海洋公约体系严重缺失

客观地说，目前为世界各国所普遍遵守的《联合国海洋法公约》，是人类历史上迄今为止最为全面、最为完整的海洋法典，被世界各国广泛誉为“海洋宪法”。随着国际政治、经济格局的新变化，《联合国海洋法公约》对划界原则的规定过于笼统、模糊的局限性也逐渐显露出来，主要表现为专属经济区与外大陆架划界问题上“中间线或等距离原则”与“公平原则”的矛盾，对专属经济区、大陆架的法律地位未进行明确界定，这种试图照顾各方利益诉求的做法，成为引发、加剧海洋争端的根源，致使近年来围绕专属经济区使用权的海洋争端明显增多。不过，国际社会也有通过双边谈判自行解决海域划界争端的成功案例，这种做法不仅有利于当事国，也维护了《联合国海洋法公约》的权威。同时，以外大陆架划界为核心，各国纷纷加紧对海底资源的争夺，极地、深海成为各方争夺的新焦点，不断加大对深海科考与资源开发，并以各种方式强化主权宣示。

3. 国际海洋秩序面临深刻调整

“海洋政治”日益突出，海权争夺白热化，从南极大陆到北冰洋，从印度洋到太平洋，围绕专属经济区划分、海洋油气矿产与渔业资源、海上通道、海上战略打击力量建设等，各方激烈较量。主要海洋大国纷纷着眼于未来国际海洋秩序的主导权之争，加紧投棋布子，战略竞争激化。如美国极力维持“海洋霸权”，大力兜售“全球海上伙伴关系”计划，力图以其为龙头整合各主要国家海上力量、构建新海洋安全秩序；日本全面开展区域海洋外交，试图在东亚海洋安全秩序中扮演更重要的角色。大国关系合作与竞争复杂交织，多个国家大力推进海军“升级换代”。在全球大国关系层面，美国、日本等海权强国已经达成了最基本的战略共识，决心利用其独一无二的海洋战略优势，阻止中国走向海洋。发展中国家与发达国家在海洋问题的合作、斗争加速向纵深发展；发展中国家为了在利用海洋资源和发展海洋经济上占得优势，难以再现共同争取海洋权益的局面；彼此之间的分化、斗争明显加剧。当前大部分划界争端都发生在相邻、相向的沿海发展中国家之间。发展中国家间的海洋权益之争已经成为国际海权竞争的热点之一。

第二节　中国建设海洋强国战略的发展进程

海洋兴则国家兴，海洋强则国家强。随着我国外向型经济的日益发展、对海外资源的需求增长，以及海洋资源的开采，我国对海权有了全新的认识。进入21世纪以来，当代中国社会海权意识迅速发展。

一、中国海权特征

“强于世界者必先盛于海洋，衰于世界者必先败于海洋”，已成为社会各方的共识。从海权角度来看，中国建设海洋强国是其自身实力增长和海外利益扩展的自然反应，目的在于维护海外利益和岛礁主权以及海洋主权权益。

1. 国家统一进程与国家海权的实现进程一致

目前的中国是一个尚未完全实现统一的国家，而这些尚未统一的地区又多集中在中国东部海区。这些地区既是中国领土，又是在实现中国海权中具有战略意义的海上支点。实现中国对台湾、南沙部分岛屿的主权，既是中国实现统一的正义事业，又是关系到能否实现中国海权的关键步骤。实现国家统一进程与实现国家海权进程的统一，这既是中国海权的特点，也是中国海权的优点，它决定中国在相当长的时期内的海权实践的正当性和正义性，它也排除了在相当时期内中国的海权实践转向海上霸权的可能性。

2. 特殊的地缘政治条件决定了中国海权属有限海权的特点

与法国的情形相似，而与美英两国不同，中国是一个陆海兼容型的国家。英美国家属两洋夹护中的国家。这种海上安全的特点迫使英美两国必须将实现海权和扩张海洋利益放在第一位，以至它们最终异化为世界性的海上霸权国家。中国地理上则是一面环海、三面临陆的国家，这种地缘政治的特点和上述中国海权的特点，又决定了中国的海权即使拥有与英美国家同样的财力，在实践中也不需要追求世界性的海上权力。

3. 海上军事力量发展符合国家战略

“中国梦”的实现，必然包括将我国这样一个海洋大国建设成为海洋强国的伟大梦想的实现。中国人对海洋战略利益的认识是从鸦片战争、甲午海战失败后开始的，而从经济全球化视角认识海权却是在中国经济从计划经济向市场经济转型进程中开始的。20 世纪 80 年代改革开放到 21 世纪初的 20 多年间，中国经济已深深地融入经济全球化进程并对国际市场和资源产生了日益深厚的依存关系。鉴于此，中国需要发展出在全球范围得以保护其海外利益的海军力量，并随中国海外利益的扩大而扩展。这种扩展进程是无限的，但其性质却不出自卫的限度。

二、中国海洋强国的内涵

对于海洋强国的内涵，不同的时代、不同的国家有着不同的理解和表述，许多西方国家也都选择了海洋强国之路。国际社会关注中国，关注中国走什么样的海洋强国之路。

1. 从国际看，海洋与人类的生存和发展息息相关

联合国把 21 世纪确定为“海洋世纪”，国际社会更加重视海洋。保护海洋环境、支撑绿色经济、增强可持续发展能力，已成为当代海洋事业发展的主要内容。目前，已有 20 多个国家发布了新的海洋发展战略。如美国先后出台《国家海洋安全战略》、《21 世纪海洋蓝图》等政策文件，不断完善涉海立法、政策体制机制，建立统筹协调国家海洋事务的“国家海洋政策委员会”。我国作为人口最多的发展中国家，大力开发利用和保护海洋，积极参与国际海洋事务，正是扩大对外开放，顺应国际潮流的具体体现。

2. 从国内看，海洋经济呈现快速和稳定增长的态势

我国的海洋经济产值在国内生产总值中的地位与作用正日益提升，并有继续发展的趋势，这是推进我国“海洋强国”建设的重要路径选择。“十一五”期间，全国海洋经济年均增速为 13.5%，高于同期国民经济增长速度。2012 年，我国的海洋生产总值达 50 087 亿元，占国内生产总值的比重为 9.60%。2014 年全国海洋生产总值 59 936 亿元，比上年增长 7.7%，海洋生产总值占国内生产总值的 9.4%。为确保到 2020 年全面建成小康社会，这就要求海洋经济必须在整体经济快速发展过程中发挥巨大的拉动作用。建设海洋强国，建设美丽海洋，不仅是实现国家富强的需要，也是人民群众的新期待。

3. 从历史看，开创了沟通东西方文明交流的“海上丝绸之路”

自鸦片战争到新中国成立之前的百年间，中国逐步沦为有海无防、备受欺凌的半封建、半殖民地国家。历史正反两方面的经验，使中国人民更加清醒地认识到，保守必然落后，落后必然挨打，开拓创新才有希望，才能发展。在我国经济越来越成为高度依赖海洋的外向型经济，我国利益越来越遍布世界各地的情况

下，坚定不移地维护国家海洋权益，维护海上通道安全，对保持经济社会的可持续发展，实现中华民族的伟大复兴具有重要意义。“21 世纪海上丝绸之路”是我国在世界格局发生复杂变化的当前，主动创造合作、和平、和谐的对外合作环境的有力手段，为我国全面深化改革创造良好的机遇和外部环境。

4. 从文化看，历来主张“和为贵”、“顺应自然”的和平理念

“和”是中国文化的最大特点，也是中国外交反复强调的词汇。中国百年的屈辱史也使中国人民更加珍惜和平，更加清醒地认识到，和平与民族复兴紧密关联，没有和平，中国不可能顺利发展，中国只有在和平的国际环境中，才能实现伟大的“中国梦”。2013 年 6 月，习近平总书记同美国总统奥巴马会晤时，概括了中美新型大国关系的三大特点：一是不冲突、不对抗；二是相互尊重；三是合作共赢。对一个历来讲究“和为贵”的国家而言，建设海洋强国也必然要走一个独立、自强、和平的发展道路。

三、中国建设海洋强国战略的发展进程

党的十八大报告提出的建设海洋强国的战略目标，是党和政府应对海洋问题的举措，尤其是新世纪以来对海洋政策特别是海洋经济发展政策的深化和提升，具有连续性及一贯性。

从国家法规层面来看，1992 年 2 月，全国人大常委会通过了《中华人民共和国领海及毗连区法》。这是中国海洋领域的一项重要法律制度，为保证中国行使领海主权和毗连区管制权，维护国家安全和海洋权益提供了法律依据。1994 年《联合国海洋法公约》生效后，给我国国土观念带来了十分深刻的冲击。1998 年颁布的《中华人民共和国专属经济区和大陆架法》，掀开了我国海权历史的新篇章。1998 年 5 月，在国务院新闻办发表的《中国海洋事业的发展》白皮书中，我国首次明确了属于我国的近 300 万平方千米海洋国土面积。1996 年 5 月全国人大常委会通过了《联合国海洋法公约》，并郑重声明：按照《联合国海洋法公约》的规定，中华人民共和国享有 200 海里专属经济区和大陆架的主权权利和管辖权；中国将与海岸相向或相邻的国家，通过协商，在国际法基础上，按照公平原则划定各自海洋管辖权界限；并重申对《中华人民共和国领海及毗连区法》所列各群岛及岛屿拥有主权。

从国家政策层面来看，十四大指出，“军队要努力适应现代战争的需要，注重质量建设，全面增强战斗力，更好地担负起保卫国家领土、领空和领海主权及维护国际海洋权益、维护祖国统一和安全的神圣使命”。这是新中国成立以后，第一次把维护“海洋权益”写进党的政治报告。党中央早在十六大报告中就提出了“实施海洋开发”的任务。国务院在 2004 年的《政府工作报告》中就提出了“应重视海洋资源开发与保护”的政策。在《中华人民共和国国民经济和社会发展第十一个五年规划纲要》（2006 年）中提出了我国应“促进海洋经济发展”的要求。2006 年 1 月，《国家中长期科学和技术发展规划纲要（2006—2020 年）》也把海洋科技列为我国科技发展五大战略重点之一。在 2009 年的《政府工作报告》中又强

调了“合理开发利用海洋资源”的重要性。《中共中央关于制定第十二个五年规划的建议》(2011 年)指出，我国应“发展海洋经济”，具体为：坚持陆海统筹，制定和实施海洋发展战略，提高海洋开发、控制、综合管理能力；科学规划海洋经济发展，发展海洋油气、运输、渔业等产业，合理开发利用海洋资源，加强渔港建设，保护海岛、海岸带和海洋生态环境；保障海上通道安全，维护我国海洋权益。以此为基础形成的《中华人民共和国国民经济和社会发展第十二个五年(2011—2015 年)规划纲要》(2012 年)第十四章“推进海洋经济发展”指出，我国要坚持陆海统筹，制定和实施海洋发展战略，提高海洋开发、控制、综合管理能力。2012 年 4 月，《全国海洋功能区划(2011—2020 年)颁布，确定了五大海区的总体管控要求，明确了重点海域主要功能和开发保护方向。

从理论研究看，随着中国改革开放的历史进程，越来越多的中国人的海洋意识在觉醒，越来越多的中国学者在思考中国的海权问题，这是历史的呼唤。1991 年，第一套《海洋意识》丛书出版，其中由张炜、许华所著的《海权与兴衰》，也就成为国内第一本公开出版的关于海权的论著。1998 年，章示平所著《中国海权》出版，作者强调，对于一个海洋国家或者民族来说，拥有海权并不是目的，而只是一种手段，一种保证本国家、本民族生存与可持续发展不可或缺的手段。2000 年，王生荣所著《海洋大国与海权争夺》，该书以美国马汉“首创‘海权论’”、前苏联戈尔什科夫“重塑‘国家海权’新概念”，以及美国莱曼“对马汉‘海权’思想的复兴”为标题，进一步系统解读了“海权论”经典学说，系统研究和论述了西方海权发展的历史。2003 年以来，以张文木为代表的“海权派”在中国学术界格外引人注目。2005 年，叶自成、慕新海发表了《对中国海权发展战略的几点思考》。文章认为，仅有海上军事力量不能成为海权大国，西方传统的海权概念也不适应今天中国的海权发展。2006 年，《亚洲区域合作路线图》一书，又提出了“海陆和合论”；该书认为，在经济全球化和区域一体化进程中，应提倡海洋国家与陆地国家和平与合作，“以和平方式管理和利用好国家间的地缘关系，以促进本国、本地区和全球的持久和平、安全、发展与繁荣”，实现“海陆和谐”，共同发展。2012 年 11 月，国家海洋局局长刘赐贵提出的“中国特色海洋强国的内涵应该包括认知海洋、利用海洋、生态海洋、管控海洋、和谐海洋等五个方面。”

从政府到民间，这些内容无疑为我国推进海洋事业发展，特别是建设海洋强国提供了重要的政治保障。可见，建设海洋强国是我国结合当前国际国内形势发展特别是海洋问题发展态势提出的，是一项具有政治属性的重要任务，是国家层面的重大战略。发展海权作为中国国家战略的重要目标，不可能重蹈马汉海权的覆辙。对于中国同邻国在海洋事务方面存在的争议问题，中国政府始终着眼于和平与发展的大局，始终主张通过和平、友好的方式解决，对于在一段时期内尚无法妥善解决的争议问题，采取“搁置争议，共同开发”的原则。

四、中国建设海洋强国的基本指标

对中国来说，由于受传统“陆权至上”思想的束缚，中国的海权意识还比较薄弱，海上力量建设与中国的大国地位极不匹配，与海洋强国相比还有较大差距。依据国际社会综合规范海洋问题的法典《联合国海洋法公约》的原则和制度，结合中国的国情和经济社会发展趋势，结合相关专家观点，整体来看中国建设海洋强国目标的基本特征之间紧密关联，不可分割，应该全面规划和整体部署，共同推进和提升。

1. 海洋经济发达

发展海洋经济是建设海洋强国的重要手段和基础。这里的海洋经济为广义的概念，指与海洋经济活动有关的产业，包括海洋油气资源的勘探、开发和运输领域的产业，船舶制造及修复技术产业，渔业加工制造及养殖产业，环境保护产业等相当发达。

2. 海洋科技先进

海洋科技是建设海洋强国的技术保障，也是增强海洋开发能力的重要支柱。具有支撑开发利用海洋及其资源和保护海洋环境的先进科技装备，以及应对海洋环境监测、污染及灾害防治等的先进技术及装备。换言之，需要具有与海洋经济发展水平相称的海洋科学技术及装备，以保障海洋经济发展的后劲。

3. 海洋生态环境优美

海洋生态环境优美是建设海洋强国的重要目的之一。应具备综合管理海洋及其资源的能力，特别需要具有保护海洋环境，预防和修复海洋环境污染的能力。为此，需要进一步构建或完善我国周边海域数据的监测、汇集及处理体系，并加大对污染者或损害者的惩罚措施。同时，应积极开发海洋娱乐项目，以更好地服务国民需求，享受海洋生态环境优美的成果。

4. 构建海洋体系高级人才队伍

人才是各项工作顺利推进的关键要素。高级海洋人才队伍不断涌现是建设海洋强国的持续动力和捍卫国家海洋权益的重要条件，为此，围绕在国际和区域及双边海洋领域的制度建构中，积极创造条件，培养与海洋领域有关的高级人才队伍，使这些领域的人才不断涌现，并为国家海洋事业贡献力量。

5. 海上国防力量强大

党的十八大报告指出，我国应“建设与我国国际地位相称、与国家安全和发展利益相适应的巩固国防和强大军队”。强大海上国防力量是建设海洋强国的必要依托和保障力量。在海洋问题上，为应对我国生存、发展及拓展的海洋利益，我国应加强海上国防力量建设，以坚定捍卫国家主权和领土完整及海洋权益。

五、中国海洋强国战略的基本特征

中国海洋强国战略是中国和平发展战略的重要组成部分，应符合中国的具体国情和实际。其基本特征主要体现在以下几个方面。

1. 和平性

中国海洋强国战略的成型和实施，坚守通过和平的方法和手段予以不断地丰富和完善的原则。这完全符合时代发展的潮流和趋势，符合中国倡导的新安全观

（互信、互利、平等、协作），也符合中国和平发展进程目标。2014 年 6 月，李克强总理在参加中希海洋论坛时，阐释了中国的“海洋观”，表示中国愿与世界各国一道共同建设和平、合作、和谐之海，他强调，“中国将坚定不移走和平发展道路，坚决反对海洋霸权，致力于在尊重历史事实和国际法的基础上，通过当事方直接对话谈判来解决双边的海洋争端和纠纷”。

2. 互利性

针对建设海洋强国战略目标，我国应使来自海洋问题的威胁对我国和平发展进程的影响或阻碍降低到最低限度，中国海洋强国战略的实施不以中国获取最大海洋资源及利益为目的，应兼顾其他国家的合理诉求和关切，寻求适当的利益平衡，以确保互利、共赢原则的实现。

3. 合作性

海洋问题错综复杂，紧密关联，单靠一个国家很难妥善地应对和处理，需要找寻各方利益的共同点和交汇点，在追求自身国家利益的同时，也应合理照顾他国的关切及主张，在实现中国海洋强国战略的进程中，应采取合作的方式推进实施，达成较好的平衡。中国应坚定不移地走以和平方式而非历史上海洋霸权的海洋强国之路，坚持走依海富国、以海强国、人海和谐、合作共赢的发展道路，探索和平建设海洋强国的新模式。

4. 阶段性

由于海洋问题复杂、敏感，尤其在主权问题上相关国家一般很难作出妥协和让步，所以，中国在实施海洋强国战略的过程中，应采取阶段性的步骤比较公平地解决。换言之，应坚守条件成熟时比较公平合理解决海洋问题的原则，相应地不应采取条件并不成熟的情形下，强行采取措施解决海洋问题争议的立场和政策。

5. 安全性

中国在实施海洋强国的进程中，将会采取有力措施确保国际海域的通道安全，包括继续派遣海军参与实施海盗打击行为，以确保国际社会使用海域的安全和海洋利益，尤其是航行和飞越自由安全。2014 年 9 月，中国海军司令吴胜利在第 21 届国际海上力量研讨会上作了题为“树立新型海上安全观，共建和平发展的海洋环境”的大会发言，系统地阐述了以“共同安全、综合安全、合作安全、可持续安全”为核心的新型海上安全观。

中国海洋强国战略的上述主要特征，完全符合中国一贯的主张和追求，也符合国际法，包括《联合国宪章》、《联合国海洋法公约》、《南海各方行为宣言》等规范的原则和要求，应该容易被国际社会所接受。

第三节 我国海洋权益形势面临的严峻挑战

近年来，我国海洋权益问题的复杂性不仅在于争端各国出于自身利益的相互博弈，还在于区外国家的介入和干预。我国权益争端矛盾的尖锐化、问题解决机制的多边化、区域外国家介入的常态化已经成为我国维护海域权益不得不面对的国际环境。

一、海上岛礁被侵占，领土主权难以实现

目前，中国与多个海洋相邻国、海洋相向国存在潜在或现实争端，范围涉及东海、黄海、南海三大海域300多万平方千米，占中国所辖海域的一半以上。新时期，随着《联合国海洋法公约》中有关专属经济区、大陆架划界问题条款的深入实施，中国周边国家掀起了新一轮海域“划界”热潮；中国海洋维权战线扩大，中国在维护海洋权益方面所面临的斗争形势尖锐复杂，难度有所增加。从北到南，我国在黄海、东海和南海3个海域内与多个海上邻国存在权益争端。在黄海，围绕专属经济区和大陆架的划界管理，时有矛盾或冲突发生。

在东海，其中尤其以东海的钓鱼岛和南沙群岛的岛礁主权归属争议和管辖海域的矛盾为焦点，频繁引发渔业纠纷及海上冲突，成为影响我国国家安全的潜在威胁。日本在钓鱼岛问题上不断挑衅，制造事端，中日因钓鱼岛问题对中日关系走向埋下阴影。在南海，围绕油气资源、军事战略等，有关国家相互借重，以多种方式有意把岛礁和海域争端国际化，在权益问题上设置障碍。

二、区域内外国家的联手制衡，海上安全权益受到威胁

自2009年执政至今，奥巴马政府在全球战略布局上最突出的一项动作便是实行所谓的“亚太再平衡”战略，主要是针对国际局势的新变化，适时调整美国的全球战略重点及其在亚太地区的力量布局，以应对中国崛起，确保美国在该地区的主导权。美国宣传在南海地区“拥有国家利益”，兜售“全球海上伙伴关系”计划，推动“跨太平洋伙伴关系”(TPP)谈判，加紧在东亚地区的活动具有长远的战略考虑，力图以其为龙头整合各主要国家海上力量、构建新海洋安全秩序，同时逐步将战略重心转向太平洋地区。美国认为，把中国周边的安全问题国际化和复杂化，让中国背上更多的安全包袱，使中国为了对付诸多安全问题而消耗战略资源，减缓中国崛起的速度。美国希望加强在中国周边的军事行动，显示美国重返太平洋的决心，既利用周边国家的力量与中国抗衡，也防止中国在东亚地区影响力的扩大，以及周边国家因中国力量的增强而倒向中国。

一些域外国家出于地区战略、资源利益等多重需要，竞相插手南海事务。俄罗斯大力推进与东亚沿海国家的军事合作，以凸显其在这一区域的战略存在。英、法、加等西方国家普遍重视东亚海域的经济价值，积极通过“五国联防组织(FPDA)”，加强与新加坡、马来西亚在南海的区域安全合作，不断加大对该地区海域油气资源开发的技术、资金支持力度，与南海周边国家“利益捆绑”程度也不断加深。日本在坚持美日同盟基础上，更加强调自身海洋力量建设，海上自卫队的舰只吨位加速向大型化发展，全面开展区域海洋外交，试图在东亚海洋安全秩序中扮演更重要的角色。印度积极实施“向东看”战略，加强与马、越、泰的军事合作作为影响东亚海洋事务的重要着力点，加强其在安尼群岛的军事存

在，抗衡中国在印度洋地区不断扩大的政治、军事影响力。

三、海上通道安全保障亟待加强完善

海上通道是保障国家经济和社会可持续发展的“生命线”，我国大部分战略物资供给和海外市场拓展都有赖于稳定和畅通的海上通道。中国对维护海洋通道安全的政策准备、能力建设仍处于初级阶段，与美日等发达国家相比存在较大差距。我国海上通道分布范围广，安全形势错综复杂，按走向具体可以分为北美通道、中东欧洲通道、澳洲通道和非洲南美通道。我国石油、铁矿石、粮食等重要战略物资主要通过上述海上通道进行运输。上述通道承运的贸易额占我国进出口总额的比重依次为北美通道30%、中东欧洲通道26%、非洲南美通道13%、澳洲通道4%。中东欧洲通道承担我国进口原油近40%的比例，非洲南美通道原油进口量占到30%。非洲南美通道和澳洲通道占我国铁矿石进口量的70%，北美通道和非洲南美通道占我国粮食进口额的90%。任一条通道的运输安全受到威胁必将直接影响该通道上的贸易活动。

北美通道自然条件较差，不安全区域主要出现在夏威夷群岛、巴拿马运河和加勒比海等地区。欧洲通道外部安全环境恶劣，该通道途经的东南亚、南亚和中东属于不稳定区域。海盗高发的亚丁湾、索马里海域、马六甲海峡均在该通道上。非洲南美和欧洲通道总体安全状况不佳，这两条海上通道既有脆弱性海峡、运河，极端气候海区等自然威胁，又面临政治不稳定区域、海盗多发海域等人为威胁，导致了通道的整体安全水平较低，亟须加强保障。石油通道存在重大潜在安全威胁。我国海上石油来自于中东、非洲以及南美地区，依赖于非洲南美通道和中东欧洲通道，由于上述两条通道总体安全状况不佳导致我国石油海上通道存在重大安全隐患。

四、中国海洋战略布局及管理体制还需完善

在中国战略利益越来越与世界紧密联系在一起的过程中，中国发展海权具有历史必然性。在中国崛起的过程中，海洋问题具有特殊性，处理海洋争端往往涉及不同的组织部门，这为国家的大政方针提出了严峻的挑战。中国的海洋问题涉及范围大、部门广，长久以来一直是“九龙治水”的局面。事实上，中国海洋管理体制远比这复杂，海事管理部门多达16个部委和机构。长期以来，部门繁多、职权不明一直制约着中国的海洋战略。中国海洋产业以及科研、开发方面，江口以北较长江口以南要雄厚，南北实力不均衡，形成了北部强、南部弱的局面；维护海洋权益的法规还不健全，还没有建立起海洋维权法规体系，存在许多法律空白；海上执法力量分散、执法体制不顺、执法船只和设备相对落后，执法资源得不到有机地整合；维权政策缺乏整体考虑，相关研究和政策制定严重滞后，海洋权益信息决策系统、海洋维权监控和应急响应系统等还远没有形成；中国对海洋法理研究、区域和国别划界方案的研究和制定，对全球海洋战略（如公海、大洋、极地、国际通行海峡等）和区域海洋战略（如黄海、东海、南海）以及各类和各时

期的海洋维权政策的研究和制定，还处在比较凌乱的状态，难以付诸实施，或者实施后效果不佳。还需要进一步发挥中央海洋权益工作领导小组的功能，为维护中国的海权提供强大的制度支持。

五、台海两岸分治影响海上安全维护与海权拓展

台海两岸处于分治现实，“一个中国，各自表述”的“九二共识”虽为指导原则，但实际的治权博弈依然激烈。中国的东海、南海主权困境，一直存在“一国两岸多边”的复杂格局，这是历史长期遗留的现实，也是现实难以马上改变的历史。台湾当局对祖国大陆发展海空力量心存疑虑，双方在海洋维权上的合作相对滞后，两岸加强海上合作仍面临诸多挑战。

台湾问题的走向始终与中国海权的维护、拓展密切相关，两岸长期分立的现状却对中国海洋权益的维护带来了不利影响。两岸建立联合维护海权机制的时机和压力已迫在眉睫，这不仅关系着两岸的现实政治经济利益，更关系着整个中华民族祖产的维护和子孙后代的共同福祉。

第四节　构建时代特征的中国海洋强国战略

今天的中国与世界深度融合，海外利益遍及全球，是国际舞台上不可或缺的重要角色。中国对海洋拥有广泛的战略利益，并已形成了高度依赖海洋的开放型经济。海洋的战略价值不仅体现在经济上，对于政治、军事、外交各个方面都有着重要意义，对海洋利用直接关系到国家和民族未来的生存和可持续发展。只有建设海洋强国，才有能力维护国家的领土主权、海洋权益和国家安全，才能为国家经济和社会发展提供必要保障。

一、加快构建新时期中国海洋战略

海洋强国是指在开发海洋、利用海洋、保护海洋、管控海洋方面拥有强大综合实力的国家。作为一个负责任的经济、政治大国，中国的海洋战略不仅要为走向海洋、利用海洋提供理论支撑。

1. 完善21世纪中国海洋发展战略

海权是一个国家战略和国家安全战略范畴的问题，但又不是它们的全部，而是国家战略和国家安全战略的海上部分。从实践上看，当代中国海权是国家综合国力和战略能力的一部分，是实现国家和平发展战略和国家海上安全的手段，具体物化于国家开发、利用、管理和控制海洋的战略规划、管理体制和海上力量之中，其中既有“硬实力”的部分，也有“软实力”的部分。

首先是制定完善的中国海洋发展战略。海洋战略是国家对海洋方向经济、政治、军事、科技、法律、文化等各项事务的总体运筹，是国家权力的产物，也是国家海洋观和政府海洋认知程度的根本反映。发展中国海权，是国家战略的重大选项，要从战略高度认识海洋重要性，充分借鉴美、日、俄等传统海洋强国经

验，逐步完成国家海洋发展战略。发展中国海权与中国和平发展、构建和谐世界的国家战略和对外战略高度一致；中国海权体现中国特色社会主义的核心价值，以马克思主义世界观方法论为指导，以消灭剥削、实现公平正义为目标，把中国国家利益与人类共同利益辩证统一起来。中国崛起的进程极大地依赖海洋，海上通道和海洋资源已经是国家可持续发展须臾不可离开的战略性空间。

其次是应进一步明确我国政府针对海洋问题的政策与立场。破解我国海权所面临的困境，离不开利用国际法赋予我国的合法权利而为应得的合法权益进行有效的斗争。在利用国际法来维护我国自身合法权益时，背后需要有强大的硬实力作为支撑，再完善的国际制度也“不能代替国家对自身实力的依赖”。强调发展海权，不等于要重蹈西方大国的海上霸权道路。应遵循国际法和海洋法的原则，综合而合理地处理中国面临的各种海洋问题，使其对我国的负面影响或威胁降低到最小限度；还要应用国际、区域合作原则，以实现建设和谐海洋的目标。通过创设海洋论坛，组建海洋网站，建立海洋研究基金会，扩大海洋教育和研究机构规模，发布针对海洋问题的政策白皮书，包括加强两岸海洋问题合作进程、中国针对南海断续线政策白皮书(学者版、政府版)，公布我国所属领土岛礁的领海基线，并加强对它们的开发和管理。

2. 完善国家海洋政策法规体系

进一步制定和完善我国的海洋法律制度，包括制定海洋基本法、海域巡航执法条例，修改涉外海洋科学研究管理条例，完善相关部门法规等。科学、合理的海洋政策法规体系有利于维护我国的海洋权益、规范海洋行为、构建海洋秩序，为国家海洋战略的具体实施、细化落实提供强有力的支撑。

美国、英国、日本、印度等海洋强国，都比较注重以政府为主体制定、执行海洋法规、海洋政策，并不断调整各自的海洋发展计划。这既确定了国家海洋行为的法律依据，又提高了这些海洋强国海洋行为的合法性。中国可以通过借鉴先进者的经验，深入考察我国针对海洋问题的政策(包括“搁置争议、共同开发”)、海洋争议问题解决模式，分析利弊得失；制定并适时调整我国的海洋发展规划，加强海洋立法、执法和管理的力度和合法性，也可使国家各类相关经济发展战略规划也应适度向海洋倾斜，为构建海洋强国和本国海洋权益的维护提供法律支持，从而实现有计划、有步骤的经略海洋。

在“和谐世界”理念的指引下，继续通过和平发展的道路，加强与主要海洋大国在军事、海洋科研、保护及资源开放等方面的协调合作；以建设“和谐周边”为指向，遵循睦邻、富邻、安邻，坚持“主权属我、搁置争议、共同开发”的方针，把中国周边海域建设成合作、友谊与和平之海，力争在区域海洋机制建设中发挥主导作用；积极参加海洋国际活动，通过国际协调、合作以及自身“内涵式”发展，实现对海洋的开发与利用。

3. 大力发展海洋经济

中国要争取在21世纪中叶成为世界强国，需要一个强大的海洋经济作支撑。着眼于子孙后代的生存与发展，加大海洋开发和海权发展的技术支持，一方面，要继续致力于促进蓝色经济和工业发展的步伐，提升综合国力，为提升海洋综合国力和维护海权提高技术和资金支持。

首先是加快海洋科技发展。当今世界，海洋已经成为现代科学技术的重要实验场，海洋资源的开发与利用，需要高科技的投入与支持。新的海洋经济和新的海洋产业都与海洋科技的发展紧密相连，新的海洋高科技、新的海洋深海石油开采技术、新的海洋农牧化技术、新的海洋新大陆的建筑技术、新的海水淡化技术等，将在本世纪取得重大突破，从而以高科技的投入与发展来推动中国海洋经济发展。通过整合企业、科研、教育、国防等部门研究力量，为实施国家海洋战略、促进海洋经济发展做出更大贡献。

其次是优化海洋产业结构。培育和发展海洋循环经济，将海洋经济作为推动经济增长方式转变的重点。加快海洋第二产业升级，推动海洋制造业实现跨越式发展。加快海洋服务业发展，重点建设一批国际航运中心，推进优化海洋旅游事业。大力发展海洋保护、海洋监测、船舶制造、资源勘探、海水淡化等方面的技术。保护近海资源，加强对远洋、远海的调研、勘探、开发，积极参与国际社会在极地的勘探开发工作。

二、全面提升全民的海洋意识

海洋意识是濒海民族的灵魂，海洋意识主要包括：海洋主权意识、海洋国土意识、海洋安全意识和海洋可持续发展意识。海权素有保护领土完整、推进国防建设、促进我国经济持续发展的重要作用。2005 年 7 月 11 日，中国官方隆重纪念了郑和下西洋 600 周年。7 月 11 日这一天被定为“航海日”。“航海日”的确定，是中国国家战略从陆上走向海洋、从海洋大国到海洋强国的转折点。

1. 加强海洋意识教育应成为国家决策

海洋意识教育不仅包括海洋知识教育、海洋技能教育，更重要的是海洋观念教育，是面向全体国民的海洋教育，这在世界重要沿海国家和地区是普遍高度重视并付诸实施的。与前几年相比，在党的十八大提出建设海洋强国的战略，以及钓鱼岛争端、南北极科考等重大涉海事件的影响下，我们国民的海洋意识有一个相对明显的提升。在新的历史条件下，对于我国这样一个国民海洋意识长期较为薄弱的大国而言，我国的国民海洋意识教育应该成为为国家决策和行动。近年来，随着国力的强盛，我国国民的海洋意识有所提升，但是我们不得不面对我国青少年海洋意识教育还是相对落后的现状。

对于中国民众、特别是大学生的海权意识以及他们在中国海权发展中的地位和作用等问题，国外学者还没有对此展开研究。当前我国青少年的海洋意识整体状况不乐观。2014 年 4 月，国家海洋局宣传教育中心、中国海洋石油总公司团委与中国青年报社联合主办，委托中国青年报社社会调查中心开展了“中国青年海洋意识调查”，调查显示认为我国国民海洋意识“强”和“弱”的青年受访者比例分别为 20. 9% 和 29. 9%. 青年国民在海洋资源意识、海洋科技意识与海洋环保意识方面表现较好，而在海洋安全意识、海洋国土意识以及海洋政策意识方面表现相对薄弱。65%的学生认为大学生与海权问题息息相关，34%的学生认为大学生与海权问题没有多大关系，1%的学生认为大学生与海权问题毫无关系。关于现在大学生的海权意识，57%的学生认为“逐渐增强”，28%的学生认为“逐渐减弱”，15%的学生认为“和以前一样，没有什么变化”。在“对目前学校有关海洋意识教育的情况满意”上来看，53.3%的大学生表示满意度“一般”，23.0%的大学生表示“不满意”。由此可见高校加强海洋意识教育的紧迫性。

海洋意识的形成和海洋知识的普及离不开教育的推动，为此，对国民进行广泛的海洋教育活动，要不断加强关于开发、保护海洋，维护我国海洋权益知识的传播，培养先进的海洋科技人员，积极促进我国海洋文明的发展并营造有利于我国发展的海洋秩序，使海权观念真正深入人心，使之成为具有中国特色的海洋文化的一个有机组成部分，进而在全国范围内形成统一、科学的海洋观，以便用于指导中国海权维护和发展实践。

2. 强化对全民进行海洋安全教育

为了实现中国梦，全面推动海洋事业又好又快地发展，我们必须在全社会积极倡导树立符合我国国情的、与时俱进的海洋强国意识、海洋可持续利用意识、海洋权益和安全意识。世界上一些海洋大国在青少年海洋意识教育方面有成熟、可借鉴的做法：美国、英国、日本等国家都对海洋教育重视有加。2004年，美国国会通过的国家海洋政策报告《21世纪海洋蓝图》就专门制定了加强全国海洋教育的政策。英国在中小学“国定课程”中全面实施海洋教育，政府规定“国定课程”中的海洋教育并具体设置出各阶段的具体目标。英国很多相关机构，都密切配合“国定课程”提供海洋教育。日本也非常重视海洋教育，中小学教科书中海洋知识相关内容总体上约占20%，近年来还在不断强化，教科书之外的教育手段更是别具特色。

首先是加强海洋高等教育，建立起海洋综合人才和专家的培养机制。百年大计，教育为本，教育是民族振兴、社会进步的基石，是提高国民素质、促进人的全面发展的根本途径。海洋开发与利用尤其是海洋权益的维护涉及科技、经济、军事、外交、法律等各领域，具有极强专业性与综合性，需要一大批海洋综合人才和专家。因此，加强高校海洋综合学科建设，培养更多的海洋综合人才势在必行。国家应加大对海洋类高校海洋学科建设的支持与引导，使之成为我国海洋综合人才培养的摇篮。

其次是加强海洋基础知识教育。我国作为一个海洋大国，应该大力开展和推进海洋教育，以增强全民族的海洋意识。要依据海洋意识内涵层级，区分培育对象，让符合当代世界发展潮流和中华民族利益的海洋意识在国民中切实地生根发芽、开花结果。国家在编制经济社会发展规划、海洋战略规划以及国民教育规划时，应将全民海洋意识与海洋文化教育纳入其中，从宏观确立全民海洋知识教育的根本原则、指导思想和主体内容。在我们的义务教育中必须加强海洋基础知识教育，灌输科学系统的海洋知识，打造国民海洋意识的根基。

再次是大力繁荣海洋文化。海洋意识是海洋文化的灵魂，提高海洋意识必须繁荣海洋文化。切实搞好海洋文化建设，提高全民族的海洋意识，是时代的要求，是国家海洋事业发展的迫切需要。我们要坚持服从、服务于发展海洋经济，努力营造文明健康、积极向上的海洋文化氛围；要抓好统筹规划，加强理论研究，努力打造并形成一批具有中国气派、体现时代精神、品位高雅的海洋文化品牌。

三、充实海上力量，打造综合防护体系

国内外历史经验、教训证明，拥有强大的海上力量是顺利实施国家海洋战略的先决条件。没有强大的海军，就没有制海权。没有制海权，国家的商业活动就会受到威胁，国家的繁荣就无法保障。因此，海军、海权和国家繁荣之间是一种互相促进的关系；没有海军、海权，一个国家的生产力水平、对外贸易能力以及海运能力都将失去进一步发展的基础。

1. 规范维权执法体制

强化海上紧急突发事件应对机制建设，加强各部门的协调、配合。在2013年国务院“大部制改革”方案中，将现国家海洋局及其中国海监、公安部边防海警、农业部中国渔政、海关总署海上缉私警察的队伍和职责整合，重新组建国家海洋局，这是中国第一个具有“职权统合性”的海事执法部门，它将统整分散在各部门的海事权力，结合成一个强有力的“拳头”，可以统一协调形成合力维护主权，得心应手的处理海洋维权问题；同时设立国家海洋委员会是中国迈出的一大步，开始具备启动顶层设计、制定和实施中国海洋战略必要的基础条件。

2. 海上力量的核心是海军

从一定意义上讲，海权就是国家安全，坚决维护国家海洋权益，是人民解放军的重要职责。2013年4月，中国政府发布《中国武装力量的多样化运用》白皮书，新的国防白皮书用大篇幅描述中国武装力量在海洋方向上的多样化运用还是第一次，显示维护国家在海洋方向安全的任务加重。海上力量的多样化运用将为国家利益发展提供更有力的安全保障和战略支撑，为维护海洋权益、海外利益和国际海上战略通道的安全做出更大的贡献。同时中国经济越发展对海上战略通道的依赖性就越大，中国海军将更多地在维护海上战略通道的安全上履行自己应尽的国际义务。中国在必要的时候，应在相关国家、地区有条件地修建自己的军用港口基地，或是以购买、长租等形式取得港口的长期使用权，从而为维护海上战略通道提供及时、有力的后勤保障和军事支援。

3. 推行海洋硬实力和软实力协调发展

坚持促进海洋经济建设与加强海洋国防建设协调发展的方针，遵循海洋硬实力和软实力并行推进的原则。中国海上军事力量建设，应以维护中国合法合理的海洋国家利益为目的，以领土主权为边界，以不称霸为宗旨，以建设有限海权为原则，在国家整体发展战略框架下构建中国海军战略，防止海军发展与综合国力发展相脱节。努力锻造一支与中国国际地位相称、与国家安全和发展利益相适应，能有效履行新世纪新阶段我军历史使命要求的强大的海上力量，更好地遂行

在海洋方向上的多样化军事任务，将是我国今后一个时期的长期任务，需要几代人常抓不懈。

4. 继续完善边海防危机管理

在坚持和平、合作利用海洋的前提，继续完善边海防危机管理，加快海空武器装备研制与更新换代，适度发展现代化“蓝水海军”，打造中等规模的航母编队，确保战略威慑，有效维护中国海外利益。此外，中国海上军事力量的发展应与中国海洋经济与海洋科技的发展相呼应，通过发展海洋经济为海上军事力量发展提供物质支撑，通过发展海洋科技为海上军事力量发展提供技术支持，从而形成海洋军事、经济、科技三者间的良性互动，达到以海养海的效果。

思考题

1. 简述海权的基本内涵以及中国海洋强国的基本内涵？
2. 海权对国家有哪些重要意义？
3. 中国海权有哪些特征？
4. 简述中国海洋强国的基本指标和基本特征？
5. 中国如何构建符合时代特征的海洋强国战略？
6. 你认为中国应该如何维护海洋权益？
7. 中国为实现海洋强国的目标还需要在什么方面做出努力？
8. 你认为在当前的国际形势下，我国能否实现海洋强国？并详述你的观点。

第八章　持续发展的中国“三农”事业

中国是个农业大国，“三农”的发展是评估中国经济社会发展水平的根本标准，是决定中国前途命运的关键。十八大报告强调，解决好农业农村农民问题是全党工作的重中之重；这一科学定位，充分体现了我们党对国情、农情的深刻认识和准确把握。全面建成小康社会，基础在农业，难点在农村，关键在农民。小康不小康，关键在“老乡”。解决好“三农”问题任重道远，作为都市型农业院校的青年学生，要清醒地、坚定不移地深化对农业基础地位的认识，不断增强责任感和使命感。

第一节　改革开放以来以“三农”问题为主题的中央一号文件

波澜壮阔的中国改革事业，发端于农村。研究中国经济体制改革，不能不研究农村改革，对亿万农民而言，一号文件是一份亲切的文件，有着特殊意义。改革开放30多年来，围绕农业、农村、农民问题，中央出台了一系列重要政策文件，包括数个中央全会文件和10余个一号文件。在不同历史阶段，中央农村工作文件准确把握保护农民物质利益、尊重农民民主权利、不断解放和发展社会生产力的改革主线，加速了城乡协调发展的历史进程。

一、20世纪80年代5个中央一号文件

1982年1月1日，中共中央发出第一个关于“三农”问题的一号文件，对迅速推开的农村改革进行了总结。文件明确指出包产到户、包干到户或大包干“都是社会主义生产责任制”，同时还说明它“不同于合作化以前的小私有的个体经济，而是社会主义农业经济的组成部分”。1983年1月，第二个中央“一号文件”《当前农村经济政策的若干问题》正式颁布。从理论上说明了家庭联产承包责任制“是在党的领导下中国农民的伟大创造，是马克思主义农业合作化理论在我国实践中的新发展”。1984年1月1日，中共中央发出《关于一九八四年农村工作的通知》，即第三个一号文件。文件强调要继续稳定和完善联产承包责任制，规定土地承包期一般应在15年以上，生产周期长的和开发性的项目，承包期应当

更长一些。1985 年 1 月，中共中央、国务院发出《关于进一步活跃农村经济的十项政策》，即第四个一号文件。调整农村产业结构，取消了 30 年来农副产品统购派购的制度，对粮、棉等少数重要产品采取国家计划合同收购的新政策；国家还将农业税由实物税改为现金税。1986 年 1 月 1 日，中共中央、国务院下发了《关于 1986 年农村工作的部署》，即第五个一号文件。文件肯定了农村改革的方针政策是正确的，必须继续贯彻执行。针对农业面临的停滞、徘徊和放松倾向，文件强调进一步摆正农业在国民经济中的地位。

5 个中央一号文件在“三农”政策上实现了转折性突破，废除了政社合一的人民公社体制，取消了农产品统派购制度，逐步推进市场取向改革，突破了“农村搞农业”的产业政策，形成了新的“三农”政策框架。5 个中央一号文件为农业和农村经济发展构建起宽松的政策环境，给了农民自主经营权和发展权，促进了土地、劳动力、资金、技术的流动和优化组合，生成了家庭经济和乡镇企业两个最具活力的市场主体，使农业和农村经济产生了充分的生机和活力，也为整个经济向市场化迈进积累了宝贵经验。

二、新世纪以来的中央一号文件

新世纪以来，面对“三农”严峻形势，党中央审时度势，从国民经济全局出发，对城乡发展战略和政策导向做出重大调整：党的十六大指出，统筹城乡经济社会发展，建设现代农业，发展农村经济，增加农民收入是全面建设小康社会的重大任务。农业作为全党工作重中之重的地位得到再三强调，更多关注农村，关心农民，支持农业。

党的十六大以来这些年，在经济快速增长、国力不断增强的背景下，我国坚持统筹城乡发展，坚持把增加农民收入作为农村工作的中心任务，初步形成了强农惠农富农的政策体系，基本建立起符合统筹城乡发展要求的制度框架，我国农业农村发生历史性巨变、农民得实惠最多的时期之一，“三农”发展进入又一个“黄金期”。2004 年以来的中央一号文件，每年通过聚焦一个主题，出台一系列强农惠农富农的重大政策举措，促进了农业农村持续稳定发展，赢得了粮食生产连获丰收、农民收入连攀新高、农村民生不断改善的好局面，农业农村发展的好形势，为国家战胜各种风险挑战奠定了坚实基础，为促进国民经济平稳较快发展提供了有力支撑。10 多年农村改革发展的伟大实践证明，中央发出关于农业农村工作的一号文件，有利于突出工作重点、明确政策指向、集中解决问题，已经成为中央指导“三农”工作的政策导向和主要信号，成为强农惠农富农政策体系的集中体现和鲜明标志，成为统一思想、凝聚力量的有力武器和重要抓手。

2004 年 1 月，中共中央、国务院下发《关于促进农民增加收入若干政策的意见》，就解决农民增加收入问题提出了 22 条指导性意见，该文件是改革开放以来中央的第六个关于“三农”的一号文件，也是新世纪第一个关于“三农”的“一号文件”。文件指出，按照统筹城乡经济社会发展的要求，坚持“多予、少取、放活”的方针，调整农业结构，扩大农民就业，加快科技进步，深化农村改革，增加农业投入，强化对农业支持保护，力争实现农民收入较快增长，尽快扭转城乡居民收入差距不断扩大的趋势。主要内容有：①集中力量支持粮食主产区发展粮食产业，促进种粮农民增加收入；②继续推进农业结构调整，挖掘农业内部增收潜力；③发展农村二、三产业，拓宽农民增收渠道；④改善农民进城就业环境，增加外出务工收入；⑤发挥市场机制作用，搞活农产品流通；⑥加强农村基础设施建设，为农民增收创造条件等。2004 年的中央一号文件让 9 亿农民欢欣鼓舞。

2005 年 1 月，中共中央、国务院下发《关于进一步加强农村工作提高农业综合生产能力若干政策的意见》的一号文件。文件要求，坚持“多予少取放活”的方针，稳定、完善和强化各项支农政策。当前和今后一个时期，要把加强农业基础设施建设，加快农业科技进步，提高农业综合生产能力，作为一项重大而紧迫的战略任务，切实抓紧抓好。主要内容有：①稳定、完善和强化扶持农业发展的政策，进一步调动农民的积极性；②坚决实行最严格的耕地保护制度，切实提高耕地质量；③加强农田水利和生态建设，提高农业抵御自然灾害的能力；④加快农业科技创新，提高农业科技含量；⑤加强农村基础设施建设，改善农业发展环境等。2005 年的中央一号文件表明，中国的发展理念、发展战略和发展格局正在实现重要转变，也要求对体制机制、政策措施和工作布局进行重大调整。

2006 年 2 月，中共中央、国务院下发《关于推进社会主义新农村建设的若干意见》的一号文件。文件要求：统筹城乡经济社会发展，扎实推进社会主义新农村建设；推进现代农业建设，强化社会主义新农村建设的产业支撑；促进农民持续增收，夯实社会主义新农村建设的经济基础；加强农村基础设施建设，改善社会主义新农村建设的物质条件；加快发展农村社会事业，培养推进社会主义新农村建设的新型农民；全面深化农村改革，健全社会主义新农村建设的体制保障；加强农村民主政治建设，完善建设社会主义新农村的乡村治理机制；切实加强领导，动员全党全社会关心、支持和参与社会主义新农村建设。2006 年一号文件不同之处在于，2006 年是“十一五”的开局之年，文件多处提出“十一五”时期农村工作应把握的总体认识和主要任务，为农村工作指明了方向。

2007 年 2 月，中共中央、国务院下发《关于积极发展现代农业、扎实推进社会主义新农村建设的若干意见》的一号文件。文件要求，发展现代农业是社会主义新农村建设的首要任务，要用现代物质条件装备农业，用现代科学技术改造农业，用现代产业体系提升农业，用现代经营形式推进农业，用现代发展理念引领农业，用培养新型农民发展农业，提高农业水利化、机械化和信息化水平，提高土地产出率、资源利用率和农业劳动生产率，提高农业素质、效益和竞争力。2007 年中央一号文件为发展现代农业指明了方向。发展现代农业，是全面贯彻落实科学发展观的客观要求，是建设社会主义新农村的首要任务。无论是保障粮食安全，还是促进农民增收，无论是应对国际竞争，还是持续推进工业化和城镇化，解决农业的深层次问题，都必须加快发展现代农业。

2008 年 1 月，中共中央、国务院下发《关于切实加强农业基础设施建设 进一步促进农业发展农民增收的若干意见》的一号文件。文件全面总结过去 5 年的“三农”工作，深入分析农业和农村发展的新形势，突出加强农业基础建设和积极促进农业稳定发展、农民持续增收。文件提出，加快构建强化农业基础的长效机制；切实保障主要农产品基本供给；突出抓好农业基础设施建设；着力强化农业科技和服务体系基本支撑；逐步提高农村基本公共服务水平；稳定完善农村基本经营制度和深化农村改革；扎实推进农村基层组织建设；加强和改善党对“三农”工作的领导。这个“一号文件”内容相当丰富，既强调了生产和发展，点出了生产、发展的核心问题在于加强农业基础建设，又加强了农村各方面的基础工作，保证农村经济社会能够顺利地发展。

2009 年 2 月，中共中央、国务院下发《关于2009 年促进农业稳定发展农民持续增收的若干意见》的一号文件。本次文件共分 5 部分，一共提出了 28 点促进农业稳定发展与农民持续增收。文件紧紧围绕稳粮、增收、强基础、重民生，出台了一系列目标明确、含金量高、操作性强的政策措施。稳粮，就是稳定发展粮食生产，保障主要农产品有效供给。增收，就是广辟农民增收渠道，拓展农民增收空间，努力保持农民收入稳定增长势头。强基础，就是加强农业基础建设，健全重农强农的体制机制，提高农业农村持续发展能力。重民生，就是搞好农村公共服务，着力解决农民最关心最直接最现实的利益问题。这些政策措施的贯彻落实，必将对战胜各种困难挑战、巩固和发展农业农村好形势发挥重要作用。

2010 年 1 月，中共中央、国务院下发《关于加大统筹城乡发展力度 进一步夯实农业农村发展基础的若干意见》的一号文件。文件提出了“稳粮保供给、增收惠民生、改革促统筹、强基增后劲”的二十字基本思路方针。文件指出：把统筹城乡发展作为全面建设小康社会的根本要求，把改善农村民生作为调整国民收入分配格局的重要内容，把扩大农村需求作为拉动内需的关键举措，把发展现代农业作为转变经济发展方式的重大任务，把建设社会主义新农村和推进城镇化作为保持经济平稳较快发展的持久动力，按照稳粮保供给、增收惠民生、改革促统筹、强基增后劲的基本思路，毫不松懈地抓好农业农村工作，继续为改革发展稳定大局作出新的贡献。一号文件内容分为健全强农惠农政策体系、提高现代农业装备水平、加快改善农村民生、协调推进城乡改革、加强农村基层组织建设五个部分。文件全文多处具有新意，如首次在文件名称中突出“城乡统筹概念”、对“三农”投入首次强调“总量持续增加、比例稳步提高”、首次提出要在三年内消除基础金融服务空白乡镇、首次提到“新生代农民工”这一概念等。

2011 年 1 月，中共中央、国务院下发《关于加快水利改革发展的决定》的一号文件，是新中国成立 62 年来中央文件首次对水利工作进行全面部署。文件指出，力争通过 5 年到 10 年努力，从根本上扭转水利建设明显滞后的局面。到 2020 年，基本建成防洪抗旱减灾体系、水资源合理配置和高效利用体系、水资源保护和河湖健康保障体系、有利于水利科学发展的制度体系。文件进一步明确了新形势下水利的战略地位以及水利改革发展的指导思想、基本原则、目标任务、工作重点和政策举措。这是中央对我国基本国情和水情的准确把握，是对水利发展阶段特征的科学判断，是我国党对水利工作认识的又一次重大飞跃，对统一全党思想、形成全民共识、凝聚全社会力量、加快水利改革发展，必将起到巨大的推动作用和深远的历史影响。

2012年1月，中共中央、国务院下发《关于加快推进农业科技创新持续增强农产品供给保障能力的若干意见》的一号文件。文件指出，实现农业持续稳定发展、长期确保农产品有效供给，根本出路在科技。农业科技是确保国家粮食安全的基础支撑，是突破资源环境约束的必然选择，是加快现代农业建设的决定力量，具有显著的公共性、基础性、社会性。必须紧紧抓住世界科技革命方兴未艾的历史机遇，坚持科教兴农战略，把农业科技摆上更加突出的位置，下决心突破体制机制障碍，大幅度增加农业科技投入，推动农业科技跨越发展，为农业增产、农民增收、农村繁荣注入强劲动力。文件进一步明确了农业科技的定位、定性和定向。

三、“三农”工作取得历史性巨大成就

党的十六大、十七大以来的10年，是农业发展最快、持续向好的10年，是农民得到实惠最多、各项权利扩大落实的10年，是农村面貌变化最大、统筹城乡发展迈出实质步伐的10年。紧紧抓住工业化、城镇化大发展和综合国力、经济实力大提升的难得历史机遇，办了很多事关农业农村长远发展的大事、关系亿万农民切身利益的好事，很多具有划时代和里程碑意义，为促进农村又好又快发展营造了良好环境、注入了强大动力。

1. 与时俱进推进理论创新，确立了科学的“三农”工作指导思想

深刻认识“三农”在党和国家事业全局中的基础地位和关键作用，确立了把解决好“三农”问题作为全党工作重中之重的战略思想；准确把握我国所处历史方位，作出了“两个趋向”的重要论断和我国总体上已进入以工促农、以城带乡发展阶段的重大判断，制定了工业反哺农业、城市支持农村和多予少取放活的指导方针；科学遵循现代化建设一般规律，提出了在工业化、城镇化深入发展中同步推进农业现代化的重大任务，明确了加快形成城乡经济社会发展一体化新格局的根本要求；全面审视世情国情农情变化，规划了建设社会主义新农村的宏伟蓝图，确立了走中国特色农业现代化道路的发展方向。

2. 顺势而为推进政策创新，构建了系统的强农惠农富农政策体系

全面取消“农业四税”，结束了2600多年农民按地亩缴税的历史；实行“农业四补贴”，开创了政府直接补贴农民的先河；彻底放开粮食购销，迈出了农业市场化改革的关键一步；出台粮食最低收购价、重要农产品临时收储、农业保险保费补贴等措施，构建了农业风险化解机制；取消粮食风险基金地方配套、中西部地区公益性建设项目县及县以下资金配套，实行主产区财政奖补，建立了促进地方政府重农抓粮的激励机制；实施林业、草原等生态效益补偿，探索了生态建设保护机制。

3. 坚持不懈推进制度创新，形成明晰的统筹城乡发展制度框架

在农村基本经营制度上，坚持稳定而不折腾，明确提出现有土地承包关系保

持稳定并长久不变，保障农民土地承包权益；坚持完善而不跑偏，健全土地流转机制，大力发展农民专业合作组织和社会化服务；坚持创新而不停滞，全面推进集体林权制度改革，将基本经营制度拓展到林地和草原。在农村公共事业上，坚持推动基本公共服务上山下乡、进村入户，义务教育“两免一补”率先在农村实现，新型农村合作医疗制度和基本药物制度、最低生活保障制度、新型农村社会养老保险制度全面建立，短短几年时间建起了世界上覆盖人口最多的社会保障网。在对待农民工问题上，实现了从多方限制到善待服务、从制度性分隔到制度性接纳的转变，农民工工资报酬、就业服务等问题逐步得到解决，越来越多的农民工举家进城落户。实现了城乡按相同人口比例选举人大代表，城乡居民平等权利进一步体现。

4. 有力有序推进工作创新，建立了高效的农业农村发展推进机制

立足全局谋划“三农”，坚持想大事、谋大事、办大事，主动在发展战略中把握“三农”工作方向，积极在总体布局中找准“三农”工作定位，着力在宏观调控中加强“三农”薄弱环节。统筹兼顾抓住关键，既全面部署、面上推进，又突出主题、重点突破，每年都集中力量办几件事关当前、影响长远的大事。因地制宜分类指导，顺应天时地利发展农业生产，根据社情民意提供公共服务，突出区域特色推进农村建设，针对差异性科学施策，尊重规律性因势利导，把握阶段性循序渐进。加强协同提升合力，强化“米袋子”、“菜篮子”地方行政首长负责制，完善涉农部门工作协调机制，畅通社会力量参与渠道，形成上下联动、左右配合、齐抓共管的格局。强化执行狠抓落实，坚持宣传动员先行、典型示范带动、监督检查保障、绩效考核激励等多种方式，着力提高工作执行力、政策到位率、农民满意度。

10 年来农村改革发展的伟大实践，不仅创造了巨大的物质财富，而且创造了丰硕的理论成果，积累了在发展中人口大国解决“三农”问题的宝贵经验，开辟了中国农业农村发展历史新纪元，初步探索出一条中国特色农业现代化道路，为丰富和发展中国特色社会主义理论作出了重要贡献。

第二节 准确把握农业农村发展中的几个重大问题

当前和今后一个时期，我国仍将处于工业化城镇化快速发展阶段。遵循经济社会发展规律，立足我国基本国情农情，同步推进工业化城镇化和农业现代化，建设社会主义新农村，是关系改革开放和现代化建设全局的重大任务。

一、关于发展现代农业

对我国这样一个人口众多的大国来说，立足国内解决粮食和主要农产品供给问题，始终是治国安邦的头等大事。在推进工业化城镇化的进程中绝不可忽视农业现代化。综合分析各方面情况，今后保持农产品供求平衡的任务将更加艰巨。一方面，人口总量将继续增长，城镇化率和城乡居民消费水平将不断提高，农产

品的工业用途不断拓宽，全社会对农产品需求会持续增长、质量安全要求不断提升；另一方面，耕地和水资源紧缺、农业生产成本上涨、青壮年劳动力减少、环境污染和生态退化等问题突出，农业稳定发展的难度越来越大。同时，国际上农业丰歉、石油价格涨跌、投机资本炒作、货币汇率波动等对我国农产品市场供求和价格产生明显影响。促进农业发展、保障粮食等农产品供给绝非易事，根本出路在于加快推进现代农业建设，不断提高农业综合生产能力。

1. 坚持实行最严格的耕地保护和水资源管理制度

这些年我国在保护耕地方面态度坚决、措施严厉，但耕地每年仍以几百万亩的速度被占用。今后一个时期，随着工业化城镇化的推进，保护耕地面临的压力会更大，必须坚决实行最严格的耕地保护制度和最严格的节约用地制度。在这个事关民族生存发展、子孙后代长远生计的问题上，没有任何讨价还价的余地。要总结一些地方建立耕地保护补偿制度、加强耕地质量建设的成功经验，加快建立健全耕地保护和建设的长效机制。同时，加大中低产田改造力度，不断提高高标准农田比重。我国是一个淡水资源稀缺的国家，今后缺水问题会更加突出。中央已对加强水利改革发展作出了全面部署，要认真落实各项措施，严格实行用水总量控制、用水效率控制、水功能区限制纳污制度，突出加强农田水利等薄弱环节建设，大力发展节水农业，着力破除水资源紧缺对农业发展的制约。

2. 毫不动摇地稳定和完善农村基本经营制度

以家庭承包经营为基础、统分结合的双层经营体制，是农村的基本经营制度。讲稳定，是因为这项制度适应社会主义市场经济体制、符合农业生产特点、符合农民群众愿望，是党的农村政策的基石。讲完善，是因为农业生产力在发展，农业生产关系必须不断地与之相适应。实际上我国一直在完善这项制度。从收入分配看，开始是“交够国家的、留足集体的，剩下全是自己的”，现在全都由农民自己支配。从承包期限看，第一轮是15年不变，第二轮延长为30年不变，现在又进一步明确为长久不变。从统分结合的关系看，过去的“统”单纯靠村组集体，现在靠农民合作和多元化、多层次、多形式的经营服务体系。但在工业化城镇化快速推进的背景下，农业发展也面临新的挑战，主要是随着农村劳动力持续向外转移，一些地方农忙季节缺人手问题越来越突出、务农劳动力老龄化越来越明显、农业兼业化副业化越来越普遍。

“谁来种地”、“地怎么种”，日益成为我国必须面对和解决好的重大问题。解决这些问题，要把握好三点：第一，大力发展农民专业合作社和各种农业社会化服务组织，为农户提供低成本、便利化的生产经营服务。第二，按照依法自愿有偿原则，鼓励和引导农户流转土地承包经营权，发展专业大户、家庭农场等多种形式的适度规模经营。将来农业经营形式会多样化，但家庭经营任何时候都是最基本的形式。国家鼓励工商企业为农户提供产前、产中、产后服务，不提倡工商企业大面积、长时间直接租种农户的土地。第三，推进农业现代化和规模化，需要培养一代新型农民。要加快发展农村职业教育，鼓励有文化和农业技能的青壮年农民留在农村。这件事关系农业长远发展，要作为一项基础性重大工程来抓。

3. 坚持不懈地推进农业科技进步

我国农业发展到今天，已经到了更加依靠科技突破资源环境约束、实现持续稳定发展的新阶段，必须把农业科技摆上更突出的位置。要大力增强农业科技创新能力，加强农业基础性、前沿性科学研究，抓好生物技术特别是优良品种培育，抢占农业高技术领域的制高点。加快科研体制改革，推动资源整合，着力解决科技创新和农业生产脱节的问题。加强农技推广体系建设，稳定和强化基层公益性农技推广机构，加快发展社会化农技服务组织，着力解决“最后一公里”问题。积极发展现代种业，加快培育一批育繁推一体化的大型种子企业。适应农村劳动力结构出现的新变化，积极发展农机装备业，加大农机具购置补贴力度，全面提高农业机械化水平。

4. 持续加大农业支持保护力度

建设现代农业离不开国家的支持保护。这与工业化城镇化进程中农业比较效益低、容易出现萎缩有关，也与农业承载多种功能、在经济社会发展中始终具有不可替代的基础作用有关。我国农业已进入高成本时期，既要保障农民的经济利益、调动他们的生产积极性，又要考虑城镇中低收入者的承受能力，不断加大农业补贴力度是一项长期政策。要继续加大财政支出、国家固定资产投资、土地出让收益和信贷资金对农业的投入。

加入世界贸易组织10多年来，我国劳动密集型农产品出口快速增长，部分土地密集型农产品进口增加较多，总体上反映了我国人多地少水缺的资源禀赋特征。适度进口结构性短缺农产品，对缓解国内资源紧缺矛盾、保障市场供给是必要的，但必须把握好“度”。对于我国这样一个有着十几亿人口的大国来说，立足国内基本解决吃饭问题的方针绝不能动摇。今后农业对外开放的广度和深度还会进一步拓展。这要求我国进一步提高统筹利用国际国内两个市场、两种资源的能力，完善农产品进出口战略规划和调控机制，从长计议，趋利避害，争取主动。

二、关于城镇化

城镇化是经济社会发展的必然趋势，也是现代化的重要标志。30多年来，城镇常住人口增加了5亿人，其中有相当数量是进城的农民工。大规模的人口迁徙，史无前例，世所罕见，既改变了亿万农民的命运，更为经济发展注入了强大动力。需要注意的是，推进城镇化涉及面广、政策性强，对存在的问题要有清醒认识，对今后可能遇到的矛盾、困难甚至风险要有充分估计。

1. 把促进人口城镇化作为重要任务

近些年来，城镇建设日新月异，规模迅速扩大，人口明显增加。但进入城镇的农民工，绝大多数还只是有就业而难以安家。这显然不符合大多数农民工尤其是新生代农民工的愿望，但要使进城农民工真正成为城镇居民，绝不是改变一下户籍那么简单。如何促进人口城镇化，至少有这样两个关系长远的重大问题必须考虑：一要合理引导人口的流向。大量农民工向少数大城市、特大城市和沿海发达地区集中，极大地推动了这些地方的经济增长，但同时也提高了这些地方人口城镇化的成本，甚至超越了这些地方资源环境的承载能力。我国是世界上人口最多的国家，不可能只靠几个城市圈和少数经济发达地区来完成规模巨大的人口城镇化。因此，必须一方面采取措施让具备条件的农民工在就业所在地逐步安家落户；另一方面，加快调整地区生产力布局，引导产业向内地、向中小城市和小城镇转移，让更多农民就地就近转移就业。这既是促进人口城镇化的重大举措，也是转变经济发展方式、调整经济结构、实现区域经济协调发展的重大任务。二要充分考虑农村转移人口的当前利益和长远生计。土地承包经营权、宅基地使用权、集体收益分配权等，是法律赋予农民的财产权利，无论他们是否还需要以此作为基本保障，也无论他们是留在农村还是进入城镇，任何人都无权剥夺。在任何情况下都要尊重和保护农民以土地为核心的财产权利，应当让他们带着这些权利进城，也可以按照依法自愿有偿的原则，由他们自主流转或处置这些权利。对暂未落户城镇的农民工，要注重从制度上促进基本公共服务全覆盖和均等化，努力解决他们在劳动报酬、子女就学、公共卫生、住房租购、社会保障等方面的实际问题。

2. 推进征地制度改革

现行征地制度是历史的产物，在我国工业化城镇化发展过程中发挥了重要作用。但也带来人口城镇化明显滞后于土地城镇化的矛盾，以及对农民土地财产权利保护不够和建设用地粗放等问题，特别是一些地方以农村土地属集体所有为名，不与农民沟通、协商就强占和乱占农户的承包地，损害农民的合法权益。对此，农民很有意见，社会反响强烈。加快修改土地管理法、推进集体土地征收制度改革，这是一件大事，一头连着农民利益，一头连着工业和城镇建设。应该看到，我国经济发展水平有了很大提高，不能再靠牺牲农民土地财产权利降低工业化城镇化成本，有必要、也有条件大幅度提高农民在土地增值收益中的分配比例。《国有土地上房屋征收与补偿条例》体现的立法理念、对一些重大问题的处理，原则上也适用于征地制度改革。当然，后者更加复杂。要使被征地农民生活水平有提高、长远生计有保障，必须按照有利于保护农民利益和节约集约用地的原则，精心设计征地制度改革方案，广泛听取社会意见，加快开展相关工作。

3. 妥善解决农村“三留守”问题

农村留守儿童、妇女、老人问题，是很多国家在城镇化过程中都出现过的普遍现象，但在我国显得更为突出。由于农民工就业不稳定、城镇生活成本高以及户籍制度等多种原因，很多农民短期内难以举家进城。近年来，涉及“三留守”的伤亡事故、权益侵害等时有发生，令人痛心疾首。当前，要抓紧研究制定相关政策措施。对留守儿童，要切实保障他们的人身安全和接受义务教育的权利，给予更多的关心关爱，使他们健康快乐成长。对留守妇女，要通过多种途径帮助她们解决实际困难，丰富精神文化生活，让她们生活安定、心情舒畅。对留守老人，要在提供新型农村社会养老保险的基础上，发展适合农村特点的老龄服务体系，建立健全农村老年社会福利和社会救助制度，让他们能够安度晚年。彻底解决“三留守”问题，特别是留守儿童、妇女问题，根本出路在于实现农业的现代化和在城镇化中逐步解决进城农民户籍问题。这是一个长期的过程，但要积极创造条件加以推进。

三、关于粮食安全

粮食安全是实现经济发展、社会稳定和国家安全的重要基础。解决好 13 亿人的吃饭问题，始终是治国理政的头等大事。党的十八大以来，党中央、国务院把保障国家粮食安全提到新的高度，对粮食工作做出了一系列新的部署，提出了新的要求。确立的“以我为主、立足国内、确保产能、适度进口、科技支撑”的“二十字”国家粮食安全战略总方针，进一步明确了“确保谷物基本自给、口粮绝对安全”的工作重点。国务院在充分征求地方人民政府和党中央、国务院有关部门的意见后，出台实施《关于建立健全粮食安全省长责任制的若干意见》，就是为了深入贯彻落实国家粮食安全战略和中央的一系列决策部署，加快构建国家粮食安全保障体系，落实维护国家粮食安全的责任。从加快转变粮食生产方式的关键环节入手，重点加强事关粮食生产可持续发展全局和影响长远的战略构建。

1. 持续提升粮食综合生产能力

大力推进农业科技进步，增强科技创新和储备能力，围绕提高单产，加快品种改良，推广实用技术。完善农业基础设施建设，加强中低产田改造和农田水利建设，提高土地资源和水资源的利用率，进一步提升粮食增产能力。根据区域特点和比较优势，调整和优化粮食生产区域布局和品种结构，提高粮食生产的集中度，培育有竞争力的粮食产业区。

2. 注重资源高效利用与环境保护治理

加强农业环境保护，重点推广节约型技术，加大面源污染防治力度，改善农业生态环境。推进农产品产地土壤重金属普查与分级管理，建立预警机制，创新修复技术，探索农产品禁止生产区划分，建立禁产区补偿机制。开展农业面源污染定位监测，实施农村清洁工程，推进农村废弃物资源化利用，重点发展生态农业和能源生态工程，培育农村生态文化，提高农业生产资源利用率。

3. 鼓励新型经营体系创新

加快构建新型农业经营体系，推动承包土地经营权流转，发展多元化的规模经营，加快要素的市场取向改革，营造农业创业就业环境以及积极引导工商企业进入农业。坚定不移地维护农民的土地承包权，积极稳妥推进土地流转。创新体制机制促进要素更多向农业农村流动，营造农业创业和就业的良好环境，建立农业职业经理人队伍。引导工商企业规范有序进入现代农业，壮大社会化服务组织。

4. 加快外向型发展

促进国内外粮食的互通有无、调剂余缺以及资源转换，充分利用国际和国内两个市场、两种资源，优化资源配置。加强政府间合作，与部分重要产粮国建立长期、稳定的农业合作关系，积极利用国际农产品市场和农业资源调节国内供需。加强进口农产品的规划指导，优化进口来源地布局，建立稳定可靠的进口粮源保障体系，提高保障国内粮食安全的能力。扩大农业对外直接投资规模，培育并支持具有国际竞争力的粮棉油等大型企业到境外特别是与周边国家开展互利共赢的农业生产和进出口合作。

5. 积极引导消费节约

加快研制推广适合农户使用的新型储粮装具和新药剂、新技术，引导农民科学储粮。加快建设粮食现代物流体系，推广散粮运输和先进实用的仓储、装卸、运输技术和装备，降低粮食物流损失。加强引导，广泛开展爱粮节粮宣传教育，抑制粮油不合理消费和浪费，促进全社会珍惜粮食节约粮食。

第三节　十八大以来农业农村政策

党的十八大报告对"三农"问题作了许多重要阐述，并专题部署了"推动城乡发展一体化"工作，明确提出加快发展现代农业、增加农民收入、建设新农村、推进"四化同步"等重大任务，提出了一系列新思想、新观念、新举措，进一步发展了我们党关于"三农"工作的指导思想与政策理念。这些要求和部署是在"三农"领域贯彻落实科学发展观的具体体现，是全面建成小康社会对农业农村发展提出的新要求新任务，是当前和今后一个时期做好农业农村经济工作的指导思想和行动指南。

一、习近平总书记"三农"思想的基本内涵

习近平担任总书记后，从全面建成小康社会、实现两个百年奋斗目标、实现中华民族伟大复兴中国梦的战略大局出发，在继承党的历代领导人"三农"思想的基础上，根据"三农"的现实矛盾和经济社会发展的需要，创造性地发展了"三农"思想。

1. 明确了"三农"工作的重要性和艰难性

首先，解决"三农"问题是全党工作重中之重。现实经济中，尽管农业的比重在下降，但其重要性并没有下降，其基础地位并没有改变。2012 年 11 月习近平总书记在党外人士座谈会上指出："要加强和巩固农业基础地位，加大对农业的支持力度，加强和完善强农惠农富农政策，加快发展现代农业，确保国家粮食和重要农产品有效供给。"2013 年 11 月习近平总书记在山东考察时指出："'三农'问题始终是贯穿我国现代化建设和实现中华民族伟大复兴进程中的基本问题，必须坚持把解决好'三农'问题作为全党工作重中之重，始终把'三农'工作牢牢抓住、紧紧抓好。"2013 年 12 月的中央经济工作会议上，他强调："把解决好'三农'问题作为全党工作重中之重，是我们党执政兴国的重要经验，必须长期坚持、毫不动摇。"

其次，粮食安全是治国理政的头等大事。2012 年 2 月，时任国家副主席习近

平在中美农业高层研讨会上致辞时表示：中国始终高度重视国家粮食安全，把发展农业、造福农村、富裕农民、稳定地解决13亿人口的吃饭问题作为治国安邦重中之重的大事。2013年11月习近平总书记在山东农科院召开座谈会时指出：“手中有粮，心中不慌。保障粮食安全对中国来说是永恒的课题，任何时候都不能放松。历史经验告诉我们，一旦发生大饥荒，有钱也没用。”2014年5月习近平总书记在河南考察期间指出：“粮食安全、‘三农’工作是一切工作的重要之基，各级党委和政府一定要抓紧抓紧再抓紧。”“靠别人解决吃饭问题是靠不住的，绝不能买饭吃、讨饭吃。”“中国人的饭碗任何时候都要牢牢端在自己手上，我们的饭碗应该主要装中国粮。”“一个国家只有立足粮食基本自给，才能掌握粮食安全主动权，进而才能掌握经济社会发展这个大局。”2013年中央农村工作会议上，他明确提出：“要坚持以我为主，立足国内、确保产能、适度进口、科技支撑的国家粮食安全战略。”

再次，“三农”是经济社会发展的“短腿”“短板”。习近平总书记在强调“三农”工作重要性的同时，又清醒地认识到“三农”的不足，解决“三农”问题的长期性和艰巨性。2012年年底，习近平总书记在河北调研时强调，要扎实抓好农村扶贫工作、全面推进农村小康建设。2013年年底的中央农村工作会议上，习近平总书记指出：“农业还是‘四化同步’的短腿，农村还是全面建成小康社会的短板。”“要从治国安邦的高度认识粮食安全的极端重要性，清醒认识保障国家粮食安全的长期性艰巨性。”

2. 明确了“三农”工作的目标任务

首先，“三农”工作的目标就是实现“农业强、农村美和农民富”。2013年11月28日习近平总书记在山东省考察时指出：“要通过推进基本公共服务均等化，发展现代农业，积极推进新农村建设，让农村成为农民幸福生活的美好家园。”12月的中央农村工作会议上，他在论及全面建成小康社会时指出：“中国要强，农业必须强；中国要美，农村必须美；中国要富，农民必须富。农业基础稳固，农村和谐稳定，农民安居乐业，整个大局就有保障。”可见，“农业强、农村美和农民富”正是实现“两个百年目标”中国梦的“三农”诉求。2014年11月习近平总书记在福建调研时强调，全面建成小康社会，不能丢了农村这一头。

其次，“三农”工作的核心任务就是促进农民增收。习近平总书记指出：“做好‘三农’工作的一个核心任务，就是促进农民收入持续较快增长。”“小康不小康，关键看老乡”，习近平总书记反复用这句朴素语言，揭示了农民增收致富是实现共同富裕的核心和关键。2012年12月30日他到河北省阜平县考察时强调：“没有农村的小康，特别是没有贫困地区的小康，就没有全面建成小康社会。”2015年2月，习近平总书记再次来到他曾经插队的延安市延川县梁家河村，选择农村开始向全国人民祝贺新春，意在强调要注视农村、农业和农民。

再次，“三农”工作的最艰巨任务是消除农村贫困。习近平总书记指出：“与农民群众对美好生活的期待相比，农民增收致富奔小康还是一项极为艰巨的任务。”2012年12月31日，他在河北省阜平县考察扶贫开发工作时强调：“全面建成小康社会，最艰巨最繁重的任务在农村，特别是在贫困地区。”他深入河北、山西、湖南等贫困地区考察时强调：“消除贫困，改善民生，实现共同富裕，是社会主义的本质要求。”“对困难群众，我们要格外关注、格外关爱、格外关心，千方百计帮助他们排忧解难，把群众的安危冷暖时刻放在心上。”

3. 明确了“三农”工作的根本办法

首先，改革是解决“三农”问题的根本。2013 年 11 月习近平总书记指出：“改革开放只有进行时没有完成时。解决中国发展面临的难题，不深化改革不行，深化改革力度小了也不行。”“解决好‘三农’问题，根本在于深化改革，走中国特色现代化农业道路。”2014 年的中央一号文件就全面深化农村改革加快推进农业现代化进行了全面部署。2014 年 9 月，习近平总书记在中央全面深化改革领导小组(下称“中央深改组”)第五次会议上的表态给改革定了调，即坚持农村土地集体所有前提下的三权分置。2014 年 12 月召开的中央经济工作会议上，习近平总书记提出要加快转变农业发展方式。

其次，发展是甩掉贫困帽子的总办法。2013 年 11 月初习近平总书记在湖南湘西贫困地区考察时指出：“发展是甩掉贫困帽子的总办法，贫困地区要从实际出发，因地制宜，把种什么、养什么、从哪里增收想明白，帮助乡亲们寻找脱贫致富的好路子。”2013 年 12 月底，他在河北阜平县看望困难群众时指出：“只要有信心，黄土变成金。各级党委和政府要把帮助困难群众特别是革命老区、贫困地区的困难群众脱贫致富摆在更加突出位置，因地制宜、科学规划、分类指导、因势利导，各项扶持政策要进一步向革命老区、贫困地区倾斜，进一步坚定信心、找对路子，坚持苦干实干，推动贫困地区脱贫致富、加快发展。”

再次，加强和完善强农惠农富农政策。习近平总书记指出：“要加强和巩固农业基础地位，加大对农业的支持力度，加强和完善强农惠农富农政策，加快发展现代农业，确保国家粮食和重要农产品有效供给。”他强调：“坚持工业反哺农业、城市支持农村和多予少取放活方针，不断加大强农惠农富农政策力度，充分保护和调动农民生产经营积极性，加快发展现代农业。”“要加大农业投入力度，财政再困难也要优先保证农业支出，开支再压缩也不能减少‘三农’投入。”“各级党委政府应在工作部署、财力安排和干部配备等方面向农业农村工作倾斜，县(市)级党政领导要把主要精力放在‘三农’上。”“保障金融机构农村存款主要用于农业农村，财政支出进一步向农业农村倾斜；公共财政的阳光进一步向农村普照，公共基础设施进一步向农村延伸，公共服务进一步向农村覆盖，建设农民幸福生活的美好家园。”

二、十八大以来的中央一号文件

2013 年 1 月，中共中央、国务院下发《关于加快发展现代农业 进一步增强农村发展活力的若干意见》的“一号文件”。与以往一号文件相比，2013 年的一号文件可谓面面俱到，实际上是未来 5 到 10 年内农村工作的一份指导性文件，其中包括农村经营体制的改革创新、农村土地确权登记颁证、征地制度改革、为进城农民工解决户籍和公共服务问题等议题。文件提出，要围绕现代农业建设，充分发挥农村基本经营制度的优越性，着力构建集约化、专业化、组织化、社会化相结合的新型农业经营体系。2013 年一号文件较有新意的提法是，要提高农产品的流通效率和完善农产品的市场调控。

2014 年 1 月，中共中央、国务院下发《关于加快发展现代农业 进一步增强农村发展活力的若干意见》的“一号文件”，这是 21 世纪以来指导“三农”工作的第 11 份中央一号文件。文件要求全面深化农村改革，要坚持社会主义市场经济改革方向，处理好政府和市场的关系，激发农村经济社会活力；要鼓励探索创新，在明确底线的前提下，支持地方先行先试，尊重农民群众实践创造；要因地制宜、循序渐进，不搞“一刀切”、不追求一步到位，允许采取差异性、过渡性的制度和政策安排；要城乡统筹联动，赋予农民更多财产权利，推进城乡要素平等交换和公共资源均衡配置，让农民平等参与现代化进程、共同分享现代化成果。

2015 年 2 月，中共中央、国务院下发《关于加快发展现代农业 进一步增强农村发展活力的若干意见》的“一号文件”，这是中央一号文件连续 12 年聚焦“三农”问题，显示了党中央和国务院对农村、农业和农民问题持续而高度的重视。文件以延续了 2014 年改革元年全面深化农村改革、推进农业现代化的思路，并进一步加强，指明了新常态下农村改革的重点和方向，对全面深化改革大局中的农村板块进行了全面部署，在全面建成小康社会的进程中迈出坚实一步。文件提出，必须将农业尽快从主要追求产量和依赖资源消耗的粗放经营转到数量质量效益并重、注重提高竞争力、注重农业科技创新、注重可持续的集约发展上来，走产出高效、产品安全、资源节约、环境友好的现代农业发展之路。

三、新时期“三农”工作重点

当前农业农村形势总体较好，但农业基础薄弱、农民收入不高、农村发展滞后的问题还没有根本解决。适应工业化、城镇化快速推进和我国经济发展进入新常态，迫切需要各种措施，促进农业提质增效、农民持续增收、农村和谐稳定，为经济社会发展提供强有力的支撑。

1. 准确把握党的十八大关于“三农”发展的战略部署

当前，我国现代化建设中最薄弱的环节仍然是农业现代化滞后，经济社会体制中最突出的矛盾仍然是城乡二元体制障碍明显，全面建成小康社会进程中最严重的制约仍然是城乡发展和居民收入差距过大。中央突出强调促进“四化同步”和城乡发展一体化，着眼点就是夯实农业基础、补上农业现代化这个短板，加快推进社会主义新农村建设、解决好农村发展这个重点难点，既管当前，也管长远，是长期指导思想。要把思想和行动统一到中央的决策部署上来，健全“四化同步”和城乡发展一体化的体制机制，坚持工业反哺农业、城市支持农村和多予少取放活方针，加大强农惠农富农政策力度，切实加快现代农业和社会主义新农村建设。

2. 确保国家粮食安全和重要农产品有效供给

2013 年 1 月 8 日，习近平总书记在中央经济工作会议上指出，我国虽然粮食连年增产，但农产品供求仍然处于“总量基本平衡、结构性紧缺”的状况。这个重大判断，既是对过去一个时期我国农产品供求关系的客观总结，也是对未来我国农产品长期供求趋势的科学把握。当前和今后一个时期，面对农业生产进入高成本、高风险、资源环境约束趋紧的新阶段，关键是要全面强化各项政策，营造有利环境条件，使务农种粮和重农抓粮有效益、不吃亏、得实惠。要不断加大农业投入力度，增强农业综合生产能力、防灾减灾能力和可持续发展能力；要不断理顺农产品价格，让农民种粮务农获得合理利润；要不断增加农业补贴，使之成为发展农业的有效政策工具。

3. 积极创新农业生产经营体制机制

党的十八大明确要求构建集约化、专业化、组织化、社会化相结合的新型农业经营体系。这是新的历史条件下坚持和完善农村基本经营制度的努力方向，是走中国特色农业现代化道路的重要遵循。当前和今后一个时期，要按照党的十八大要求，要“守住一条底线”，即充分保障农民土地承包经营权，不能限制或者强制农民流转承包土地。要“抓住两个关键”，一是要着力培养新型经营主体，既注重引导一般农户提高集约化、专业化水平，又扶持联户经营、专业大户、家庭农场，发展多种形式规模经营；二要着力发展多种形式的新型农民合作组织和多元服务主体，构建新型农业社会化服务体系，通过提高组织化程度实现与市场的有效对接。

4. 继续加大统筹城乡发展力度

统筹发展是按照科学发展观要求，立足当前“三农”问题实际，着力提高经济社会发展的全面性、协调性和可持续性。统筹发展反映了社会主义现代化建设的客观规律，体现了社会主义社会全面发展的战略构想，体现了全面协调可持续发展的内在要求，是贯彻落实科学发展观的切入点和现实途径。当前和今后一个时期，要进一步加大力度，推动资源要素向农村配置，逐步缩小城乡发展差距，形成以工促农、以城带乡、工农互惠、城乡一体的新型工农关系。加快推进城乡基本公共服务均等化，促进城乡要素平等交换，有序推进农业转移人口市民化，维护好农民合法权益。

5. 在“收入倍增”中着力促进农民增收

党的十八大明确提出了国内生产总值和城乡居民人均收入 2020 年比 2010 年翻一番的目标。在实现城乡居民“收入倍增”中，重点和难点是农民增收。尽管这些年农民增收实现了“11 连快”，但仍低于同期国内生产总值和城镇居民收入增长速度；尽管近 3 年城乡居民收入差距有所缩小，但收入差距仍处于历史高位。今后一段时间，农民收入至少应与城镇居民收入同步增长，并力争超过。要从战略上研究采取综合措施，营造有利环境条件，不断开辟就业门路、拓宽增收渠道。

第四节 新时期中国"三农"发展的思路

我国是农业大国，农业农村农民始终是社会安定、发展的基础和依靠。小康不小康，关键看"老乡"；实现中国梦，基础在"三农"。"三农"问题仍是关系中国特色社会主义发展全局的根本性问题。

一、用"重中之重"思想引领"三农"问题的有效解决

习近平总书记明确指出，"三农"向好，全局主动；粮食安全、"三农"工作是一切工作的重要之基，是以历史眼光和战略智慧对"三农"工作的时代定位。在二元经结构和梯次发展过程中，农民工问题、农村土地流转问题、失地农民问题、农村社会保障问题、农村环境污染问题等焦点问题困扰着现代化进程。

1. 加强党对"三农"工作的领导

党管农村工作是我们的传统。各级领导干部特别是以农业为主产业的市县乡镇干部，要熟悉农业、了解农业；要不断提高农村基层党组织建设科学化水平，培养造就一支熟悉农业、了解农村、懂得农民的干部队伍，努力夯实党在农村的执政基础。践行"以工补农、以城带乡"和"多予、少取、放活"等重大论断精神和"强农惠农富农"目标，把"三农"问题放在更宏大的历史视野、世界范围、科学发展的范畴内来认识，制定政策措施。

2. 在以城带乡、以工补农

新阶段，必须遵循历史观念、全球视野、系统认识、整体规划，把握制定解决"三农"问题政策的内在规律性和关键性问题，制度设计着眼长远性和适用性，将"三农"问题置于国民经济健康发展的整体序列，必须将农民收入的增加置于人民共同富裕的整体发展中加以规划。在工业发展和城镇建设中尽量不占、少占基本农田，尽量避开旱涝保收高标准农田和城郊菜地，加快推进高标准农田建设和耕地质量修复，不断提高耕地质量。

3. 加快推进农业现代化

健全完善农业支持保护体系，建立农业投入稳定增长机制，改进农业补贴方式，提高市场调控水平，推动农村金融保险创新。充分发挥工业化的反哺支持作用、城镇化的辐射带动作用和信息化的提升改造作用，努力走出一条生产技术先进、经营规模适度、市场竞争力强、生态环境可持续的中国特色新型农业现代化道路。

4. 规划一条城乡一体化的实现途径

在新农村建设跟城乡一体化建设相协调的背景下，使农民权利保障与农民稳步增收、农村重新定位与农村管理创新、农业稳定发展与保证国家粮食安全等问题得到有效解决。大力推进城乡公共资源均衡配置，保障农民工同工同酬，保障农民公平分享土地增值收益，保障金融机构农村存款主要用于农业农村，财政支出进一步向农业农村倾斜；公共财政的阳光进一步向农村普照，公共基础设施进

一步向农村延伸，公共服务进一步向农村覆盖，建设农民幸福生活的美好家园。

二、用统筹思路实现农业、农民、农村“三位一体”发展

在“三农”发展战略中，以农业为本的“三农”发展思路忽视了农民主体和农村问题这个战略支撑点，导致农业自身陷入了“发展悖论”。要彻底解决“三农”问题必须理顺“三农”的内部逻辑，深层思考和长远的谋划“三农”切忌“头疼医头、脚疼医脚”。

1. 统筹“三农”发展的目标

中国要强，农村必须强。要围绕“三农一体、以人为本”的思路，切实加强现代农业建设、增加农民收入、打破城乡隔阂、加快农村公共事业的发展和保护农民权益。使农业成为农民致富的产业，使农民不仅成为农村和农业现代化的主力军，还是城镇化、工业化发展的参与者和成果分享者，使农村成为能使人们安居乐业的新社区。

2. 确保国家粮食安全

明确“三农”发展优先序列和重点。农业问题仍是“三农”的核心问题，首要和基点问题就是增强农业综合生产能力，确保国家粮食安全和重要农产品的有效供给。要从治国安邦的高度清醒认识确保国家粮食安全的极端重要性和长期性、艰巨性。坚持新形势下国家粮食安全战略，战略立足点是始终坚持以我为主、立足国内，战略出发点是始终抓好粮食生产不动摇，战略着力点是努力确保产能、强化科技支撑，战略底线是做到谷物基本自给、口粮绝对安全。要加快对主要品种进行战略平衡的研究和测算，集中国内资源保重点，充分利用国内国际两个市场、两种资源，提高国家粮食安全保障水平。牢固树立大粮食概念，在促进粮食生产稳定发展的基础上，统筹抓好棉油糖、果菜鱼、肉蛋奶等重要农产品生产。

3. 以深化农地制度改革为纽带统筹“三农”发展

创新农村土地制度，发挥土地在财富创造与分配中的杠杆作用。赋予农民对农地的生产经营自主权，使家庭农业经营成为农业增产、农民增收的首要途径。加快农地使用权的市场化和完整的财产物权。推进非农建设用地的改革和征地制度改革，逐步提高对农民的经济补偿和利益保护。从土地流转（让渡）的产权属性、功能属性、供求关系等三个维度构建和完善农村土地治权结构，保护耕地和保障粮食安全。

4. 坚持和完善农村基本经营制度

坚持农村土地农民集体所有，坚持稳定土地承包关系，不断探索农村土地集体所有制的有效实现形式，落实集体所有权、稳定农户承包权、放活土地经营权坚持农村土地农民集体所有，这是坚持农村基本经营制度的“魂”；农民家庭是集体土地承包经营的法定主体，这是农民土地承包经营权的根本，也是农村基本经营制度的根本；坚持稳定土地承包关系，这是维护农民土地承包经营权的关键；把农民土地承包经营权分为承包权和经营权，实现承包权和经营权分置并行，这是我国农村改革的又一次重大创新。这指明了坚持和完善农村基本经营制

度的原则底线和着力点。要研究土地承包关系长久不变的具体实现形式，积极稳妥推进农村土地承包经营权确权登记颁证，让农民吃上“定心丸”。坚持依法自愿有偿原则，积极引导土地有序流转，大力发展适度规模经营。鼓励土地向留在农村的农户特别是种田能手流转。工商企业进入农业应主要从事适合企业化经营的现代种养业，一般种养殖环节尽可能留给农民特别是规模农户，带动农民发展产业化经营。

5. 构建新型农业经营体系

坚持家庭经营在农业中的基础性地位，推进家庭经营、集体经营、合作经营、企业经营等共同发展的农业经营方式创新。广大承包农户是我国农业生产经营的重要基础和数量最多的主体，新型经营主体是引领农业现代化的依靠力量。要坚持农户家庭经营的基础性地位，加快培育种养大户、家庭农场、农民合作社、产业化龙头企业、农业社会化服务组织等新型农业经营主体；加快构建公益性与经营性服务相结合、专项服务与综合服务相协调的新型农业社会化服务体系，提高农业生产经营集约化、专业化、组织化、社会化水平。新型农业经营主体加农业社会化服务，是建设现代农业的理想格局。

三、以民为本的理念促进又好又快地解决“三农”问题

农民是农业生产的主体，关乎国家粮食安全。在工业化和城市化快速推进的背景下，以农民为本是考虑和解决“三农”问题的出发点和落脚点。重点是从农民主体的视角来建构、培育和提高农民现代性，核心是还权于民、用权于民，真正给农民平等的公民权利、财产权利、劳动权益和土地权益，实现农民自由、全面的发展。

1. 农民问题的核心是增进利益和保障权益问题

要把切实提高农民素质、实现人的全面发展，作为“三农”工作的根本出发点和落脚点，实现好、维护好、发展好农民的物质利益和民主权利，不断增强农民群众的自我发展能力。

2. 保护农民积极性

中国要富，农民必须富。通过“以人为本”的生产方式，让农民健康、体面而有尊严地工作。承认农业的产业属性，保护农民的种粮积极性和其他投资主体投资农业的积极性。习近平总书记指出，农村经济社会发展，说到底，关键在人。这提出了农业巩固发展的重大课题，指明了“谁来种地”问题的实质和解决途径。要适应农村劳动力状况和资源配置新变化新趋势，适应建设现代农业新要求，积极培育新型职业农民，培育一大批种田能手、农机作业能手、科技带头人、农产品营销人才、农业经营管理人才。着力提高农业生产效益，拓宽农民增收渠道，使经营农业有钱赚，让农民增收致富同步奔向小康，吸引一部分有文化的青壮年留在农村、从事农业。

3. 以人为本，培育农业经营主体

大力发展农村义务教育，加强农民的职业技能培训，提高农民的就业竞争

力。构建适应农业现代化发展要求的新型农业经营主体和农业经营体系，对农场主、合作社领导人、农业企业家及其成员进行培训，提高其决策水平和经营能力。要通过逐步改善农民的生产生活条件和生活方式，全面提高农民素质。让城市公共产品人才下乡对接，给农民提供人才支持和智力支持。倡导农民组建代表自己利益的组织形式，真正保证农民民主权利的落实和国民待遇。

4. 加快农业科技进步

农业现代化关键在科技进步和创新，要真正让农业插上科技的翅膀。习近平总书记指出，我们必须比以往任何时候都更加重视和依靠农业科技进步，走内涵式发展道路。这指明了农业科技进步和创新的方向。要适应资源禀赋和发展阶段变化，适时调整农业技术进步路线。以解决好地少水缺的资源环境约束为导向，按照增产增效并重、良种良法配套、农机农艺结合、生产生态协调的原则，组织开展重大农业科技攻关和成果转化，加快发展民族种业，提高农业机械化和信息化水平，促进农业技术集成化、劳动过程机械化、生产经营信息化、安全环保法治化。

5. 建立传统农业经营者的进入和退出机制

要加速农民工市民化进程，建立传统农业经营者的进入和退出机制。从制度和体制上解决农民的身份歧视或社会地位问题，引导农民身份的转变。建立户籍制度改革中土地—财税联动机制，引导已转户自愿退出土地。在农民就业问题上，建立覆盖城乡的公共就业服务体系，积极引导建立城乡统一的劳动力市场和公平竞争的就业制度，依法保障农民工的权益，探索农民工市民化的实现路径。要充分尊重农民意愿，切实维护好农民利益，解决好失地农民的社会保障问题。

思考题

1. 改革开放的五个中央一号文件提出之后为什么在1986到2003年没有再提中央一号文件？2004年又重提一号文件的原因？

2. 纵观改革开放后和新世纪提出的中央一号文件，方向都是和时代与时俱进的，为什么要这样？

3. 结合城镇化和粮食食品安全分析发展现代农业的必要性？

4. 现在人们越来越注重饮食健康，政府如何做，我们如何做才能吃到更健康的食品呢？

5. 习近平总书记“三农”思想的内涵是什么？

6. 新时期，中国“三农”的发展思路是什么？

第九章　农业安全

中国是农业大国，农业是国民经济的基础。中共中央在1982—1986年连续五年发布以农业、农村和农民为主题的中央一号文件，对农村改革和农业发展作出具体部署。2004—2015年又连续十二年发布以“三农”(农业、农村、农民)为主题的中央一号文件，强调了“三农”问题在中国的社会主义现代化时期“重中之重”的地位。与此同时，继2014年中央一号文件将确保粮食安全放在首要位置之后，2015年中央一号文件预计仍将粮食安全放在重要位置，农业安全问题受到了各方高度关注。

第一节　农业安全的内涵、特征

在经济全球化背景下，维护本国国家经济安全成为各国实现国家安全的首要目标。农业在我国国民经济中的特殊基础性地位和农业安全的主要特征决定了农业安全必然在我国国家经济安全体系中处于重要地位。

一、农业安全的内涵

农业是通过培育有生命力的动植物生产食品及工业原料的产业，农业的安全是国家安全的基础。农业安全是适应经济全球化背景下世界范围内的农产品贸易自由化运动加剧的趋势，随着经济安全概念的提出而提出的。

国内的研究者们从不同的视角赋予农业安全不同的含义。刘乐山指出，农业安全指一国农业在整体上基础稳固、健康运行、稳健增长、持续发展，在国际经济生活中具有一定自主性、自卫力和竞争力，不至于因为某些问题的演化而使整个农业受到大的打击或损失过多的农业和国民经济利益，避免或化解可能发生的局部性或全部性的农业危机。朱晓峰提出，农业安全指采取有效的国家行动，避免内部和外部因素的变化危及我国农业在国民经济中的基础产业地位，确保农业可持续发展。国家统计局统计科学研究所认为，农业安全指农业能基本满足社会日益增长的食品需求，具有较强的竞争能力和创收能力，处于可持续发展状态。杨巍指出，农业安全指一国农业能够保持相对优势，在资本、技术和市场等领域不受跨国资本的左右，保持较高的控制能力。曹秋菊指出，在贸易开放条件下，农业安全指一国对农业拥有自主权、控制权和发展权，特别是在国际竞争中具有竞争力，能够应对各种生存与发展的外来干扰或威胁，从而保证本国现有的或潜在的农业权益免受危害并不断获得持续发展的状态和能力。

二、农业安全的特征

中国作为一个农业大国，农业不兴，无从谈百业之兴。作为国民经济的基础性产业，农业关系到21世纪我国改革开放和现代化建设的全局。农业本身的特点和弱势地位决定了农业是国民经济安全中最薄弱、最易受到冲击的环节，结合农业的特点进行分析，我国的农业安全有以下几方面的特征：

1. 农业安全的基础性

农业是人类"母亲产业"，没有农业就没有人类的一切，更不会有人类的现代文明。农业不仅为人类社会的生存和发展提供最基本的物质生活资料，是人类的衣食之源、生存之本；同时农业还为其他产业的发展提供资金、原材料、市场和劳动力等方面的支持。从经济角度看，农业国民经济的基础，是经济发展的基础。从社会角度看，农业是社会安定的基础，是安定天下的产业。由此可见，农业安全关系到国家的经济、社会安全，实现国家经济安全和社会稳定必须首先确保农业安全。

2. 农业安全的外在性

农业是国家自立的基础。我国的自立能力相当程度上取决于农业的发展。农业的基础地位是否牢固，关系到人民的切身利益、社会的安定和整个国民经济的发展，也是关系到我国在国际竞争中能否坚持独立自主地位的大问题。在全球背景下，农业安全不再仅仅是一国的问题，更多的是强调外部因素对本国农业的冲击。如果农、副产品不能保持自给，过多依赖进口，必将受制于人。一旦国际政局变化，势必陷入被动，甚至危及国家安全。

3. 农业安全的综合性

首先农业安全涉及的范围非常广泛，既包括广义农业中的种植业、畜牧业、渔业、林业的安全，也包括以粮食、畜牧产品、水产品为加工对象的农产品加质量加工的安全，同时还涉及与农业发展紧密关联的许多产业安全问题。其次，影响农业安全的因素是综合的；农业安全既受农业产业内部因素关键性资源如耕地资源、农业水资源及农业内部生态系统的制约，同时也受农业外部因素如气候、农业生产的外部生态环境的制约。此外，社会性因素比如社会制度、市场环境、政府行政决策、人口、农业科技水平、经济全球化等对农业安全的影响也非常明显。随着世界范围内农产品自由化运动的加剧，尤其是加入WTO以后，我国农业的发展也将直接面临国际国内两种因素和国际国内两重市场的影响。总之，农业涉及范围的广泛性和制约因素的复杂多样性决定了农业安全的综合性。

4. 农业的多功能性

首先，农业具有环境功能。适宜的农业不仅能提供人类生活必要的农产品，而且还能产生怡人的风景和洁净的空气，农业在环境与生态方面，以及人类健康生存方面有着重要的价值。通过管理土壤和植物减少污染，通过多种植物轮作增加生物量和养分固定量，通过控制土壤侵蚀技术，提高生态系统的弹性等。其次，农业具有经济功能。农业除了具有提供产品和就业机会等经济功能外，还有保障劳动力就业、经济缓冲、促进社会公平等非商品产出功能。再次，农业具有社会功能。农业生产的开展有助于形成和维持农村生活模式及农村社区活力，具有减少农村人口盲目向城市流动、维持社会稳定的功能。

5. 农业安全的长期性

我国农业安全的长期性主要表现在以下几个方面：一是农业安全问题是我国经济发展面临的长期问题。因为生物有机体的生长和繁育要受制于自然条件和生物规律，一般生产周期比较长，而且由于农业具有天然弱质性的特点，造成农业安全问题的长期性；二是农业资源短缺将是我国农业面临的长期问题；三是长期以来我国农业为工业“献血过多、输血不足”造成的农业自我积累弱的现状在短时期内很难得到改变；四是长期以来形成的工农分割和城乡分割的二元结构对中国农业和农村经济的可持续性发展的外部负效应在短期内不会消除，工业反哺农业、城市反哺农村机制的建立也需要较长的时期。

三、农业安全的重要性

中国是一个发展中的大国，农业产业的发展关系到国家的粮食安全，关系到国民经济的持续、健康和协调发展，农业安全问题是国家经济安全的重要组成部分，农业不安全必将危及国家经济安全。分析农业安全的重要性主要从以下几个方面展开：

1. 农业的天然弱质性

在农作物长达数月的生长过程中，水旱灾害、病虫害、气温异常、时机不当的刮风下雨等等都有可能是致命的危害。对养殖业来说，疾病防控非常重要，莫名其妙的传染性病变很可能就会演变为灭顶之灾。农业自身的特点决定了它是一个比工业、商业等其他产业要承受更多风险的产业，是一个天然的弱质产业。弱质性的特点决定了安全问题在农业发展中的重要作用。

2. 粮食生产在国民经济中的战略地位

我国庞大的人口规模决定了粮食产业是关系国计民生的战略性产业。由于人口增长以及农村城市化加速，我国未来的粮食需求将持续增长。粮食需求的持续增长决定了粮食产业在我国国民经济中的重要战略地位只会进一步强化。

3. 农业具有保存和延续文化多样性的功能

生产方式决定生活方式，与农业的生产方式密切相连的是农村的生活方式，与城市的生活不同，农村的生活更加接近自然，生活节奏更加平和，能给人更大的想象空间。随着城市化进程的加快，体验农村生活方式的机会将会越来越稀缺，近几年兴起的农家院住宿、观光活动是城市人们对农村休闲生活渴望的证明。随着农村基础设施的不断完善以及生产和生活条件的不断改善，农业以及农村生活的生存能力将会进一步得到增强，其吸引力也会进一步提高。

4. 农业具有政治意义和战略价值

这是由农产品的商品特性和农业生产的特点决定的。一方面，农产品尤其是粮食作为一种特殊的商品，需求缺乏弹性，需要长期稳定的供应，一旦出现短缺，就会危及民众的基本需求，产生社会恐慌；另一方面，由于农业生产需要一定的季节和周期，所以当农产品出现短缺的时候就无法依靠本国的力量快速组织生产，只能依赖国际市场，这就有可能受制于人，危及国家安全。

第二节　我国农业安全面临的挑战

新中国成立66年来，党和政府一直高度重视"三农"发展和农业安全问题，把发展农业、繁荣农村、富裕农民作为立国之基和强国之本，把农业安全作为经济发展的重大课题加以解决，制订和采取了系列政策、措施，包括不断加大农业补贴力度；不断增强农业科技创新体系；不断推进加快农业国际化战略等等。然而，鉴于农业生产的特点所具有的天然弱质性以及由于客观和历史原因形成的不利条件，尤其随着入世过渡期的结束，国内外农产品市场更加开放，经济全球化的不断深化，中国农业受国内外因素影响越来越大，导致国内农业竞争更加激烈，中国农业安全形势所面临的风险十分险峻。特别是农业产业安全、粮食安全和农产品质量安全问题，已成为制约我国农业发展的根本问题。

一、农业产业安全

从我国农业发展现状看，农业生产条件大大改善，农副产品产量大幅度增加，农民生活水平显著提高。但我国农业的基础地位仍然比较脆弱，农业发展速度仍然相对滞后，农业仍是制约国民经济发展的薄弱环节。习近平总书记提出"让农业经营有效益、让农业成为有奔头的产业、让农民成为体面的职业"，强调了效益对于农业发展的重要性。近年来，随着我国主要农产品生产成本持续攀升，农业产业安全受到多种因素影响。

1. 农业缺乏足够的吸引力

第一，农业较低的收益率和较高的经营风险及其特殊地位使农业的吸引力不足。尽管进入21世纪以来党和政府出台了一系列惠农政策，降低农业的经营风险。但由于中国农业生产的不利条件的阻碍，中国农民难以通过市场来充分实现自身经济利益的最大化，农业对于农民的吸引力不断衰减；第二，近年来，随着城乡一体化政策的实施，农民工进城务工现象越来越普遍，一批批青壮年的农民工因才智、机缘留在城市，而农村的活力越来越低。《2012年我国农民工调查监测报告》显示，农民工以青壮年为主，16～20岁占4.9%，21～30岁占31.9%，31～40岁占22.5%，41～50岁占25.6%，50岁以上的农民工占15.1%。综合的因素导致农民普遍对农业生产缺乏兴趣，或者不愿意从事农业生产，或者仅仅为了自己生活需要种植少量农作物，而不愿意进行商业化生产，更不愿意去研究如何提高农业生产的技术。

2. 农业耕地资源锐减

耕地是农业最重要的保障资源。过小的农地规模难以实现起码的规模效益，更不可能为农民带来较高的收入，也不可能具有较强的市场竞争力。我国人均耕地资源大大低于世界平均水平的基本国情使得保护耕地成为确保我国农业安全的最重要、最紧迫的战略课题。过去20年由于生态环境建设中的退耕，工矿、能源、交通、水利建设和城市占用，农业结构调整及自然灾害损毁等，我国耕地面积以年均20万公顷以上的速度递减。中国农民的农地规模过小，是由于客观条件和历史原因形成的。中国本来就人多地少，加之正处于城市化的进程之中，因此每家农户平均拥有的土地就少得可怜，连0.5公顷都不到，预计到2030年全国人均耕地面积只有0.08公顷左右，而发达国家平均每个农场的规模高达数百公顷甚至数千公顷(表9-1)。现实中由于土地出让收入已成为各级地方政府非税收收入的最重要来源，农用地征用为工业用地、城市建设用地能带来几十倍甚至上百倍的级差收益，而招商引资、工业园区、城市扩容又能带来GDP增长、就业扩大、财政收入增长、政绩提高等多种好处，这种巨大利诱使得地方政府普遍缺乏保护耕地的自觉性。实现耕地总量的动态平衡难之又难。

表9-1 世界各国农业人口比例及农场规模

国 别	农业人口比例(%)	农场规模(公顷)
美 国	2	200
加拿大	2.3	233
澳大利亚	4.4	4670
德 国	2.2	<50
法 国	3.5	<50
日 本	3.2	<3
韩 国	7.2	1.3
中 国	60	0.5

3. 农业水资源严重短缺

水利是农业的命脉。我国是世界上人均水资源最少的国家之一，目前全国人均拥有量为2300立方米，不到世界人均占有量的1/4。2011年的国家公告显示，我国全年用水总量为6080亿立方米，农业用水是3790亿立方米，农业用水占全国用水总量的62.4%。在我国水资源短缺危机中农业水源短缺尤为严重，究其原因，一是近年来气候异常，降水量减少，干旱灾害愈演愈烈。二是城市、工业用水与农业用水的矛盾。我国水资源时空分布不均，长江流域及其以南地区国土面积只占全国的36.5%，其水资源量占全国的81%；而淮河流域及其以北地区的国土面积占全国的63.5%，其水资源量仅占全国水资源总量的19%。随着城市的不断扩张和工业的发展，在我国，特别是北方干旱缺水地区，城市和工业用水与农业用水的矛盾越来越尖锐。三是水资源利用方式粗放。目前农田灌溉有效利用系数较低，仅为0.5，而国际先进水平已达到0.8。1千克粮食要耗水800千克——这一数据暴露出了我国农田水利建设存在的农业用水方式粗放，水资源利用效率效益不高的问题。四是水资源污染状况持续恶化。统计显示，2003 年我国全国废污水排放总量 680 亿吨(2/3 为工业废水，1/3 为生活污水)，比 1980 年增加两倍多。约有 1/3 的工业废水和 2/3 的生活污水未经处理排入水中，造成 82% 的河流不同程度地受到污染，其中严重污染的为 1/4。据统计，全国 1200 条河流中，有 850 条河流受到严重污染，利用污染的水来灌溉农田，生产出来的农产品也受到污染。环境和水资源污染降低了我国粮食农产品的质量。

4. 农业生态环境恶化

农业生态环境直接影响到城乡居民的生存环境、生存潜力、生活质量和健康水平。尽管近几年从中央到地方都强调环境污染治理和保护，但由于积弊太深和经济发展方式粗放，使得农业资源的非持续利用、农村环境质量下降、农业生态环境恶化加剧的趋势未能得到有效遏止，部分地区农业资源和生态破坏的程度还在加剧。具体而言，第一，由于大量使用化肥和农膜，施肥结构不良，施肥比例失调，不进行换茬轮作，造成土壤板结，土壤物理结构恶化，水分移动不畅。第二，水资源受到严重污染。一方面，农村生活垃圾的大量排放严重污染了水资源。据统计，中国农村地区每年产生近 3 亿吨生活垃圾、30 多亿吨畜禽粪便、90 多亿吨生活污水，80% 左右的河流和 3/4 的湖泊受到不同程度的污染。另一方面，工业企业污水、废弃物排放环保监管不力，一些粮食主产区因工业发展直接污染耕地。受污染的水资源侵蚀到耕地造成土壤污染。第三，长期以来的毁林开荒、围湖造田、毁草种粮恶劣影响至今尚未消除，水土流失、草原沙化难以有效遏止，农业面临污染问题日益严重，这些都使得农业生态环境恶化的形势十分严峻。2014 年 4 月，环保部、国土部发布最新全国土壤污染状况调查公报，全国耕地土壤环境质量堪忧，有 16.1% 遭到不同程度的污染。利用污水灌溉是我国农田污染的主要污染源。被污染的河流水用于灌溉，对土壤环境产生严重的不良影响，威胁着我国的粮食质量安全。

5. 农业科技较为落后，科技投入不足

目前发达国家农业和粮食增长的 80%、农业劳动生产率提高的 70% 都是依靠农业科学技术取得的，但是中国的农业科学技术还相对落后。据中国农业科学院的专题研究，我国农业科技的贡献率在“八五”期间是 34.28%，比发达国家差 1/3 多；在“九五”期间提高到 40.7%，比发达国家还差一半左右。在农业科技投入方面，尽管中国政府这些年对农业科技投入的数量在不断增加，但是与欧美发达国家仍然存在较大的差距。从 1950 年开始，美国政府和企业对农业的科研经费一直在稳步增加，2008 年达到 96 亿美元，约占全球农业科技研发经费的 20% 左右。而中国农业科技投入主体单一、数量偏少，2011 年的中央财政科技投入仅达到 187 亿元人民币，加上地方政府的投入，总量不会超过 200 亿元。如果从农业科技投资强度来比较，中国不仅落后于发达国家，而且还低于发展中国家的平均水平。我国农业科技的投资强度仅为 0.54%，仅仅相当于美国的 1/7，或发展中国家的 50%。

6. 进口对国内农业产业影响不断加深

受价差驱动，除了三大谷物外，我国棉油糖等主要农产品进口激增。大豆产业冲击最为明显。我国大豆种植户均面积小，难有规模效益，大豆生产成本比美国高出30%以上。由于大豆市场高度开放，国内大豆种植比较效益低，导致大豆种植面积不断减少。黑龙江2013年大豆种植面积3000多万亩，仅为高峰期2006年6000万亩的一半。1995年以前，中国一直是大豆的净进出口国，但是之后中国大豆的进口量快速增加，变成了净进口国，目前中国已经成为世界上最大的大豆进口国。并且从2003年开始，中国大豆的进口量就开始超过了国内的生产量。我国棉花2006年生产成本比美国低27%，但到2012年生产成本比美国高22%。在巨大的差价和进口压力下，不得不主要依靠临时收储，并导致库存积压严重。2013年末国内库存达1148万吨，库存消费比为144%，占全球库存的60%。内外价差不断扩大是造成洋货入市、国货入库的根本原因。食糖近3年进口超出正常缺口500万吨，2012—2013榨季期末库存800多万吨，库存消费比高达58%。食糖进口价格过低，导致国内价格持续下跌。2014年1～4月已跌至4500元/吨，远低于6000元/吨的成本，造成糖企全面亏损，蔗农收入下降。

二、粮食安全

中国人口多，对粮食的需求量大，再加上“民以食为天”的传统观念，粮食短缺的后果可能更加严重，势必影响政治稳定与国家安全。2013年中央农村经济工作会议及2014年中央一号文件都将确保粮食安全放在首要位置，并确立了“以我为主、立足国内、确保产能、适度进口、科技支撑”的国家粮食安全战略。然而，在过去的一年，粮棉油糖等重要大宗农产品国内外价格倒挂、粮食增产潜力减弱，粮食安全问题进一步显现。

1. 粮食增产潜力减弱

粮食是一种特殊商品，需求缺乏弹性，人们不会因为价格低而多吃，也不能因为价格高而不吃，一旦发生粮食短缺，势必引起恐慌乃至社会政治的不稳定。2013年11月，习近平总书记在山东农科院座谈会上指出，保障粮食安全对中国来说是永恒的课题，任何时候都不能放松。历史经验告诉我们，一旦发生大的饥荒，有钱也没用。1949年后我国粮食生产发生过两次大跌落。第一次是在三年困难时期的1961年，产量比1958年水平降低30.9%；第二次是在2003年，比1998年水平降低15.9%。比较而言，2003年后国家重视粮食生产，实现十连增，但十连增实际是“波动型的微增”。10年年均增产幅度为3.4%，不同年份增产幅度差异较大，最高增幅是2004年为9%，最低是2009年仅为0.4%，且近三年度增产幅度有逐年减少趋势，在高基数上继续增产难度越来越大。国家粮食增产客观上正在经历难度最大的爬坡过程。我国粮食发展纲要要求到2020年，粮食产能达5.5亿吨以上，尽管2013年粮食产量已超过该目标，但受耕地面积逐年减少、自然灾害影响和资源环境制约，在农业科技没有重大突破的情况下，保障现有粮食产能难度加大。

2. 粮食生产成本快速上升

据专家测算，从1995年到2011年，我国三种谷物和大豆每亩产出量分别增长了29.1%和32.8%，但同期每亩总成本，按照可比价格计算，分别增长了110.2%和91.8%。谷物和大豆的收益率都出现了明显下降。在农产品生产投入增量中，直接生产成本上升是推动农业生产总成本上升的主要推动力量，包括化肥、农药、农膜、机械作业、劳动力等。这些投入占了总成本的80%以上，而且近几年仍在上升。而另一方面，由于大量进口的影响，粮食价格难以相应上涨，使粮食生产的利益驱动减少。

3. 国际市场对粮食安全产生的影响

当前，国际贸易在优化农业资源配置、调剂不同国家粮食余缺方面发挥着越来越重要的作用。然而，国际贸易对于粮食安全也有不利影响的一面，尤其是国际粮价波动频繁，而粮食价格稳定正是粮食安全的重要一环。根据OECD—FAO联合发布的《2008—2017年农业预测报告》，未来国际农产品价格波动将更加频繁。虽然中国现在已经在国际市场上成为一个粮食生产和消费大国，但在决定世界粮食价格方面没有自己的话语权。自2009年我国谷物由净出口转为净进口以来，进口量一路激增。2012年净进口量达1317万吨；2013年净进口量增至1358万吨。2014年1~8月累计进口谷物和谷物粉1208万吨，同比增加84.5%。在国内粮食连年增产、库容紧张的情况下，谷物及相关产品的大量进口进一步加剧了国内“卖粮难”问题。若谷物进口快速增长的态势延续下去，“以我为主”和“适度进口”的粮食安全战略将受到挑战。

三、农产品质量安全

农产品是指经种植、养殖、捕捞、采集获得的植物、动物、微生物产品及其初级加工产品。农产品质量安全，就是指农产品的可靠性、使用性和内在价值，包括在生产、贮存、流通和使用过程中形成、残存的营养、危害及外在特征因子，既有等级、规格、品质等特性要求，也有对人、环境的危害等级水平的要求。虽然，我国从七项基本制度出发确立了农产品质量安全法。但是，由于全社会质量安全意识不高、农产品种子安全存在风险、农产品质量体系建设不够等原因，近两年，我国农产品质量安全问题危及人民健康的事件屡屡发生，我国的农产品质量安全问题值得关注。

1. 农产品产地环境污染比较严重

从生产条件看，农业投入品种类多，质量不合格、假冒伪劣、滥用、错用问题仍然比较突出，农业投入品安全隐患尚未彻底解决，给农产品质量安全带来不少威胁。如前面文章所提到的，第一，由于农药、化肥等农用化学物质的大量使用，也造成了极其严重的农业面源污染，致使农药在水土及农产品中大量残留，且破坏了特色农产品赖以存在的特殊产地环境。第二，土壤重金属污染较为严重，2011年国家环保部组织的全国土壤污染调查显示，我国重金属污染的土壤面积已达1.5亿亩，占总耕地面积的8%。第三，塑料地膜、禽畜粪便、秸秆和生活垃圾等农业废弃物对农业环境的污染。第四，一些唯利是图的农业生产企业，生产的自律性较差，在农产品生产、加工、流通过程中违规超量使用化学添加剂以谋求更高的经济利益，从而严重降低了农产品的质量，对我国的生态环境、食品安全、百姓健康和农业可持续发展已构成严重威胁。

2. 少数农产品经营者质量安全意识淡薄

近年来，少数生产经营者追求利益最大化，滥用蔬菜高毒农药、畜产品中“瘦肉精”和三聚氰胺等非法添加、水产品中孔雀石绿和硝基呋喃等禁用药物的非法使用事件时有发生；违禁化肥农药的使用禁而不止，农药、兽药等农业投入品使用安全间隔期等隐患仍然存在；违法生产假种子、假农药、假化肥的无良厂商坑农害农。典型事件如 2006 年 11 月 12 日，由河北某禽蛋加工厂生产的一些“红心咸鸭蛋”在北京被查出含有苏丹红Ⅳ号。2011 年 4 月 15 日，湖北省宜昌市万寿桥工商所执法人员接到群众举报，在辖区一座大型蔬菜批发市场内，查获两个使用硫黄熏制“毒生姜”的窝点，现场查获“毒生姜”近 1 吨。据工商执法人员介绍，不良商贩将品相不好的生姜用水浸泡后，使用有毒化工原料——硫黄进行熏制，熏过的“毒生姜”与正常的生姜相比，看起来更水嫩，颜色更黄亮，就像刚采摘的一样。部分菜农在冬季储存生姜时，使用“六六粉”和“敌敌畏”驱虫保鲜，而“六六粉”是国家明令禁止生产、销售和使用的农药。

3. 种子安全潜藏危机

种子安全被认为是国家安全的重要内容之一，是粮食安全及其他农作物产业安全的上游产业，是农业产业安全的基石，保持对种业的控制力和影响力，对促进经济发展和保障国家农业产业安全具有重大意义。粮食安全和种子安全关乎国家安全，绝对不可受制于人。目前中国种子安全方面的情况包括，第一，从中国与世界种子公司的竞争力来看，中国种业的整体竞争力不强，产业分散度高。截至 2014 年 5 月，中国种子企业 5200 家，研发主要依赖公立机构，具有育繁推一体化能力的种子企业较少。从世界情况看，目前农产品种子的专利权也是由少数西方公司所垄断。六家生物科技公司，即安万特、陶氏化学、杜邦、三井物产、孟山都、先正达，拥有全球稻米、小麦、玉米、大豆和高粱专利权的 69%，这些作物占全球粮食供应的 75%。第二，部分农作物对进口种子依赖程度高在种子供需方面，目前中国水稻、玉米、小麦、棉花种子基本上是自给自足，而且供大于求，但蔬菜花卉种子却大量依赖进口。第三，外资正通过多种途径进入中国种子行业。需要注意的是，目前在我国登记注册的外商投资农作物种业公司已有 76 家，其中包括 26 家独资公司、42 家合资公司、8 家中外合作经营公司。这些名义上只能占合资公司 49% 股份的公司，却实际上掌握着种子公司的核心技术与专利。跨国种业公司在我国的扩张，主要采取收购、兼并国内种子公司，以及通过与国内顶级育种实验室“合作”的方式，掠夺我国种子科研资源。总体来看，中国种子行业整体竞争力偏弱，部分农作物对进口种子依赖度偏高，并呈进一步强化趋势，而且外资正通过各种途径进一步控制中国种子行业，这些都会在一定程度上削弱中国对粮食安全和种子安全的控制能力。

4. 进口转基因农作物存在风险

早在2013年12月23日中央农村工作会议上，习近平总书记就强调了转基因问题，指出“转基因是一项新技术，也是一个新产业，具有广阔的发展前景。……对这个问题，我强调两点：一是要确保安全，二是要自主创新……涉及安全的因素都要考虑到……不能把转基因农产品市场都让外国大公司占领”。当前，植物转基因关键技术和方法的知识产权大多数掌握在美国和欧洲国家，中国在该领域的原始创新很少，基于丰富种质资源开发的具有实际应用价值的功能基因则更稀少。绿色和平组织的最新调查显示，中国最接近商业化生产和研发的8种转基因水稻全部被国外专利控制。中国拥有的有效品种权只相当于美国的5.3%、日本的13.4%。在目前情况，大量进口转基因农作物存在一定的风险，主要表现在：

第一，大量进口转基因农产品对中国国内市场会造成很大冲击。以大豆为例，进口转基因大豆已经对中国本土大豆产业带来了巨大打击。由于进口转基因大豆价格低，而国产大豆种植成本高，在进口大豆面前彻底失去价格竞争力，中国大豆产品的定价权已经旁落国外巨头手中，大豆产业链被外国企业控制的风险大大增加，甚至有专家认为，大豆产业链条都已经被外国企业掌控，炼油、饲料以及其他豆制品深加工等几乎全部掌控在外国巨头手中。

第二，非法转基因农作物存在失控的危险。中国虽然制定了法律和政策严格控制转基因农作物的进口和种植，但是由于利益的驱动和监管的困难，目前中国境内非法进口和种植转基因农作物的现象时有发生。已知中国境内最早的非法种植转基因农作物事件发生于2004年，绿色和平组织当年发现在湖北存在转基因水稻种植的现象，并于2005年4月13日发布了《非法转基因水稻污染中国大米》调查报告。2005年8月11日，湖北省政府委托省农业厅就“转基因水稻事件”首次发表声明，此次事件是武汉科尼植物基因有限公司、武汉禾盛种衣剂有限责任公司和华中农大新技术研发公司在承担转基因水稻生产性实验过程中，擅自扩大制种造成的。湖北省农业厅随即对已种植的上万亩转基因水稻进行铲除，并对农民进行每亩四五百元的补助。2010年，农业部曾开展堪称“史上最大”的种子执法专项行动，有超五分之一的种子企业被责令限期整改，超十分之一企业的许可证被注销。根据农业部的总结，这次执法的一个重大突破是首次进行转基因检测。

5. 农产品质量安全体系建设仍不够

近年来，尽管我国在农产品质量安全保障体系建设中加大工作力度，取得了显著成效，但仍存在一些不足。表现为：县乡两级普遍存在“缺机构、缺人员、缺经费、缺手段”的问题，尚未形成系统的监管体系及配套长效管理机制，存在职责不明、管理不到位现象；农产品的检测体系不健全，检测水平参差不齐，部分污染物的残留速测技术严重缺乏；对不法经营者的处罚打击力度不大，监管威慑作用尚没有形成；市场准入及产品溯源机制尚未建立健全，产地准出和质量追溯实施起来制约因素多，确保农产品质量安全的难度较大。

四、农产品国际贸易环境不容乐观

入世以来，随着中国农产品进口关税的大幅下降以及进口配额等贸易壁垒的逐步取消，国外农产品大量进入中国市场变得更加便利，中国农产品贸易也进入了前所未有的快速发展阶段。但是，随着国际市场竞争激烈程度的加剧，各国保护手段的日益多样化和隐蔽化，加上农产品在整个国际贸易中占有的重要地位，我国加入世贸组织后所面临的贸易环境不容乐观。第一，2008 年粮食危机以来，各国的贸易保护主义有所抬头，纷纷出台了相应的措施来保障本国的农业安全。以美国为首的发达国家加大了农业补贴力度，每年的补贴总额高达 3000 多亿美元。欧美国家的农产品补贴幅度较高，压低了世界市场价格，使得我国进口农产品价格低于国内价格。享有高额补贴的低价农产品出口，扭曲了国际贸易，极大地冲击了中国和广大发展中国家的农产品市场，影响了农民的生产积极性，也使贸易条件不断恶化。第二，美欧等主要贸易伙伴加大使用技术性贸易壁垒、进口限制等措施力度，增加了中国出口企业成本，提高了商品出口门槛，直接制约中国出口空间。第三，为了确保本国农业安全，一些产粮大国如阿根廷、乌克兰、印度等国家先后实行了限制粮食出口的措施。尽管这些措施短期内能够缓解其国内市场的压力，但是确加剧了国际市场的波动，也增加了包括中国在内的农产品的进口成本。第四，发达国家在畜产品、水果和蔬菜方面，对我国农产品出口的非关税壁垒不断提高，发达国家在动物疫病方面的检疫规定标准过高，是我国畜产品出口难以增长的根本性原因。

展望 21 世纪，农业安全不仅要求农业生产足够数量的农产品，还要求提高农产品的质量和安全性。对无污染农产品的消费需求将随着城乡居民收入增长而成为未来农业生产的主要发展动力。如何在内忧和外患的严峻挑战下保证中国的农业安全、促进农业发展是新时期的一项重要战略任务。

第三节 国外农业安全模式借鉴

世界各国由于农业发展的自然禀赋，人均占有量，经济发展水平的不同，世界各国农业的发展条件表现出不同的特征，在维护国家的农业安全上也拥有各自的特色。

一、美国农业安全模式

以美国为代表的人少地多的发达国家是以机械化为现代农业起步的。“石油农业”是美国农业的基本模式。美国是世界上农业生产技术水平最高、劳动生产效率最高、农产品出口量最大、城市化程度最高的国家之一，农业是美国在国际市场上最具竞争力的产业之一。在保障农业安全方面，美国的主要措施如下：

1. 政府对农业的补贴和信贷支持

美国历届政府都很重视农业，认为农业关系到其国计民生和国家安全，自

20 世纪 70 年代开始，美国就开始把农业政策作为其全球战略的一部分。2002 年 5 月，美国众议院通过了一项新的农业补贴法案。按照新法案的规定，在今后 10 年里，美国政府对农业的拨款将增加到 1800 亿美元，比现有农业法规定的拨款提高了 70%。第一，美国农业补贴已经成为农民收入的重要来源，在农民家庭收入中，政府的补贴已经占到四分之一。如果当年产品价格达不到目标价格，政府就会以补贴的办法，使之达到目标价规定的水平，以保护农民的收入。农民如果因自然灾害使农作物绝收，除通过农业保险获得一定的赔偿外，也能通过政府农产品减收项目获得价格补贴。虽然美国农业的高补贴政策一直是为世界各国强烈的反对，但是美国对其农业的扶持为其国内的农业经营者降低生产成本、提高农产品市场竞争力起到了重要作用，而美国政府认为具有强大竞争力的农业就是其农业安全的基础。第二，美国约有 51% 的农场主通过信贷支持购置地产、从事农业生产。农民借款有许多来源，如商业银行（主要用于生产和购置不动产，也通常用来购买化肥、围栏、农用设备等）；保险公司（主要向不动产投资）；农业信用系统（主要向农业生产领域提供资金）这些贷款利率低，能帮助人尽快进入农业领域。这些措施，有力地促进了农业的可持续发展，保持美国农产品在国际市场的强势的竞争力。

2. 农业科研和推广体系

第一，高度支持农业科技发展。在美国，农业科技贡献率已近 80%，政府对农业科技有很高的重视度。2014 年美国的农业法案中规定每年安排的特种作物研究计划（Specialty Crop Research Initiative，简称 SCRI）资金增加一倍。根据新法案，美国将建立食物与农业研究基金，与公共研究机构和私人研究机构合作，从事非盈利性的研究与科技转化项目，法案安排了授权 2 亿美元的财政授权，还会与其他基金相配套。此外，新法案还为食物与农业法律研究安排了每财政年度 500 万美元的财政授权。对土地研究机构、美国农业部研究机构以及其他机构，新法案调整了竞争性科研项目配套经费要求。对优先研究的领域，配套经费要求也可以取消。

第二，建立良好的农业科研推广体系。除了对农业科技的重视，美国在农业长期的发展过程中，建立了适合本国国情而且行之有效的农业科研推广体系。美国政府建立了联邦、州和私人公司三个级别的农业科研体系。联邦和州一级的农业科研机构主要侧重于一些基础性、前瞻性的基础研究，并且重视科研成果的推广，需要说明的是美国各州都建立了各自的农学院，农学院一方面是基础研究的执行主体，另一方面又是农业人才的培训中心，承担着农业人才培养和职业教育培训的任务，同时还是农业技术推广的主力，农业科研成果推广应用主要通过这些农学院与县合作建立的农业合作推广站进行。美国的私人研究是以一些大型的跨国公司为主体，杜邦、先锋、孟山都等公司都是世界农业科技重要的研发者和专利成果的拥有者，对农业科技成果的转化和推广起了重要作用。

第三，重视农业科研成果的推广。美国各县都建立了农业推广站，由科研机构、政府、推广站和农民代表组成的农业推广指导委员会，他们定期沟通各方意见，审定推广工作计划和经费使用计划，对农技推广中心的工作进行评估、监督、指导。同时切实发挥农业行业协会在农业科研成果推广中的协调作用，真正做到从科研成果转化及时和有效。

3. 提高进口农产品门槛，扩大农产品出口

美国已建立极其严格食品安全进入制度。为支持农产品价格，在控制市场供应量方面、限制外国农产品、特别是本国能生产的农产品的进口，以保护本国市场。其主要措施有：第一，关税和进口配额。20 世纪 20 年代后，农产品进口增加，出口减少，美国农产品价格低落。1921 年，国会通过了紧急关税法，提高了小麦、玉米等的进口税率。1935 年农业调整计划规定，有权对农产品实行进口限额。依此条款，进入 80 年代后，对花生、食糖、烟草和某些奶制品实行进口限制。第二，相对多地运用卫生检疫、商品包装和标签等措施来限制进口。例如美国规定，除了肉类，家禽外，所有进口的食品均需接受食品药品管理局的检验，这些食品检验机构有大批高度专业化的专家，如化学家、微生物学家、毒物学家、卫生学家等。他们规定成品的受污染的容忍最高限度。

1959 年以前，美国还是一个农产品进口国。但 1997 年农业出口额已高达 560 亿美元。2001 年，美国的农产品出口额高达 535 亿美元，是 1970 年 73 亿美元的 7 倍多。其办法主要有：第一，实行出口补贴，以降低农产品出口价格。美国的小麦、玉米、大豆、棉花等出口时都有政府的补贴。1985 年"粮食保障法"规定，补贴 10 亿美元用于增加美国谷物的出口，夺回美国在市场上的份额。第二，大力提高本国农产品的竞争力，近十多年来，世界粮食价格呈逐年走低趋势。因此，美国十分注重将粮食转化成高附加值农产品出口的工作，既提高了出口产值，又增加了就业。第三，迫使其他国家逐步降低进口关税壁垒、减少农业补贴。20 世纪 90 年代初，针对美国农产品国际竞争力减弱，出口数量下降的局面，美国一方面通过主导关贸协定乌拉圭回合谈判，主张降低并最终取消各国农产品关税，取消农产品贸易壁垒，以清除美国农产品占领国际市场的障碍。

4. 建立了完善的农业信息系统

在市场经济条件下，市场信息千变万化，为了保障农产品市场交易的顺利进行的基础，美国很早就建立了广大的农产品信息收集网络，各新闻媒体都是免费发布美国农业部的市场信息。政府充分利用 RS、GIS 等现代信息收集手段和发布平台，现在提供农业信息服务的商业性系统已近 300 家。农业部形成了庞大、完整、健全的信息体系和制度，建立了手段先进和四通八达的全球电子信息网络来保证信息的来源。他们通过立法确保农产品市场信息的收集、发布，还将市场信息收集、发布的整个过程及人员都纳入农业部统一管理，并建立农产品市场信息收集、发布制度，使市场信息标准化、工作规范化。其不仅仅在关注美国国内的农业信息，并且把其延伸到国际市场，世界农业市场的微小变化，都会反映在美国农产品信息交易系统上，进而影响美国国家的农业政策。

5. 农产品质量安全管理体系

美国农产品质量安全管理实行的是多部门共同负责的管理模式，其中最主要

的是农业部、卫生和人类健康部、环境保护署和商务部。为了加强农产品质量安全管理部门之间的协调和配合，美国政府于1998年成立了“食品传染疾病发生反应协调组”和“总统食品安全管理委员会”。美国农业部主要负责肉类、家禽及相关产品和蛋类加工产品的监管。卫生和人类服务部负责农业部管辖范围外的其他食品(包括鱼类、蔬菜等农产品)、兽药、饲料的监管。环境保护署主要监管饮用水和农药。商务部所属的国家海洋和大气局负责监管鱼类海产品的质量安全工作。这些主要监管部门对所负责的农产品实行“从农场到餐桌”的全程监管，管理环节涵盖了各自所管辖农产品的生产、加工、销售及进出口等各个阶段。

二、日本农业安全模式

日本是一个人口多耕地少的国家，陆地面积仅38万平方千米，而山地和丘陵占总面积的71%，可耕地仅占国土面积12.6%。而且，耕地面积还在不断减少。日本的耕地面积从1965年的600万平方千米减少到2005年469万平方千米，减少了22%；日本人口比较稠密，338人/平方千米是中国的2.5倍，其国内也面临农业劳动力老龄化加剧、农户数量持续下降、耕地持续减少等诸多问题，这严重威胁着日本的农业安全。日本主要农产品除大米、蔬菜自给率很高外，水果、小麦、大豆和饲料作物自给率都很低，并且日本主要的农产品自给率都在不断下，特别是20世纪90年代以来，日本政府面临国际上开放国内大米市场的压力，因此日本农业安全的压力较大。

1. 粮食安全策略

尽管其粮食生产成本相对高于其他国家，加大农业补贴力度，提高粮食自给率。日本政府却牢牢坚守基本口粮自给的安全底线，把“进口替代+口粮自给”的食品安全战略作为其基本的选择，对大米等口粮以外的其他农产品放松贸易管制，实行进口替代，从而最大化享受国外产品价廉质优所带来的经济利益和生活实惠。为保障并提高食物自给率，日本对生产、流通、加工、贸易、科技、教育等涉及农业的各个方面进行方位补贴。通过各类补贴，日本得以有效维持农业的顺利发展，进而实现保障并提高粮食自给的目的。同时，日本政府主要从国内粮食流通体制、对外贸易政策以及粮食储备政策三方面入手，制定适应国情的政策措施。几十年来保持稳定、较高的自给率是比较难能可贵的。

2. 积极的财税支持

在日本，从事农业生产的个人和企业除了享有一系列的政府税收优惠外，政府对农业实施高额的补贴政策。1995年，日本颁布和实施新粮食法，实施各种直接或间接的补贴政策。具体补贴方式主要有农户直接支付制度、稻作安定经营对策、自然灾害补贴和其他补贴等。每年补贴的总额高达4万亿日元以上，而农民收入的60%更是来自政府的补贴，据经合组织调查显示：2000年，日本对农业的补贴已经达到国内生产总值的1.4%，而同期的农业产值只占1.1%，农业补贴超过了农业产值。为了既保证农民收入，促进粮食流通更加市场化，又不违背WTO规则，日本政府提出了稻作安定经营对策制度，用来补偿农民因价格下跌而带来的收入损失。政府和农户共同出资建立稻作安定经营基金(农户按大米基准价的2%出资，政府按6%出资)，作为补贴的资金来源。在粮食价格下降时，基金负责对完成政府规定粮食生产任务的农民进行补贴。除了对农民的直接补贴外，还有很大一部分用于改善农业发展的基础设施建设，对于一般的农田改造项目，费用的50%由中央财政从农业预算中补贴，都、道、府、县和市、町、村财政补25%和15%。1990—1995年，日本农业财政预算支出增加了37%，其中强化农业基础设施建设的支出增加了175%。农业农村基本建设预算占农业预算的比重由1980年的29.5%提高到1995年的49.1%。采取投资或低息融资的方式，支持经营能力强的农户和团体引进先进的生产设施，提高农产品的质量和附加值。鼓励农业研究机构和民间研究机构联合，积极开发农业生产新技术、新产品。基本手段为财政投资与贷款，资金来源大约是中央政府50%、地方政府20%、农户30%，现在农户负担比例已下降到10%。

3. 采用分类管理制度，严格保护有限的农地资源

日本政府针对土地依据自然情况进行土地分级，同时考虑生产技术进行土地利用分类。以土地分级为基础推算土地纯收入，判断不同利用种类的经济效果；以土地分级为基础推算地域土地纯收入，判断土地利用相对有利性。为了保护优良农地，政府对土地分类定等，对农地的购买及转用做出了严格的规定。农地被分为一、二、三类。一类农地主要包括生产力高的农地、公共投资进行改良的农地、新开农地等，此类农地除公共用途外不得转用。三类农地主要包括土地利用区划调整区域内的土地、上下水道等基础设施区内的农地，以及宅地占40%以上的街路围绕区域的农地，这类农地原则上可以转用。二类农地介于一、三类之间，可有条件地转用。凡涉及农地转用的土地买卖，必须由都道府县知事或农林水产大臣批准。通过对农地的分类管理，日本政府有效地保护了农业用地。

4. 形成三方协同的质量安全监管体系

日本为理顺农产品质量安全管理体制，不断地重组和整合部门，目前已形成了农林水产省、厚生劳动省和食品安全委员会三方协同制衡的食品安全监管体系。食品安全委员会主要职能是实施食品安全风险评估，对风险管理部门进行政策指导与监督，负责风险信息沟通与公开。农林水产省主要负责国内生鲜农产品生产环节的质量安全管理，农产品投入品产、销、用的监督管理，进口农产品动、植物检疫等。厚生劳动省主要负责加工和流通环节农产品安全监督管理。同时，日本一直把涉农法律作为维护其产业安全的基本手段。从早期的只限于农业生产和流通领域《旧农业基本法》到1999年7月日本国会通过了《食物、农业、农村基本法》(新基本法)。时至今日日本已经形成一整套比较完整、健全的农业安全法律体系，该体系框架是以新的基本法为核心和纲领，以涉及粮食储备的《新粮食法》，有关农产品贸易保护方面的法律、有关农业的财政税收支持方面的法律、有关保护耕地资源和提高农产品自给率方面的四大具体法律为支撑，为农业长期安全提供了稳定的政策和法制环境。

第四节　维护我国农业安全的思路

鉴于我国的农业安全所面临的挑战，借鉴国外一些好的做法，加强我国农业安全需要从加强自身发展、提高国际竞争力、强化国家对农业的控制力等几个方面进行分析。维护我国农业安全的思路如下：

一、不断加强农业自身发展力

1. 牢牢把握粮食安全的主动权

加大力度提高中国粮食生产能力，是维护我国农业安全的根本保障。为了保障粮食安全必须守住耕地红线，发展粮食生产。第一，根据国情制定相应的农业保护政策。加强国家财政对农业的支持力度，不断丰富和完善粮食补贴制度，加大对我国农业基础设施建设的投入力度，改善农业生产条件，提高农民生活质量，切实提高我国粮食综合生产能力，加强和巩固我国农业的基础性地位。第二，保护和调动主产区粮食生产积极性。加大对粮食主产区投入力度，建立主产区利益补偿机制，进一步加大对粮食主产区的财政转移支付力度，重点投向主产区的大型商品粮基地、粮食仓储和流通设施、粮食加工转化等领域。第三，建立健全粮食质量安全体系标准。从当前实际需要出发，我国要健全农业和粮食的良种体系、安全储藏体系，精深加工体系，资源开发转化体系，质量标准体系等。第四，加强农业社会化服务体系。通过发展强大的社会化服务体系，带动小农进入市场。推进基本公共服务均等化，加强农村金融，鼓励规范非正规金融组织在农村发展。

2. 保护耕地资源

耕地保护，保护的不只是我们现在的粮食安全，更多的是保护未来子孙后代的粮食安全。耕地不仅是重要的生产要素，而且是人类生存的根基；耕地利用不仅有生产功能，更有生态服务功能和社会保障功能。根据国土资源部的统计数字显示，目前中国人均耕地面积还不到1.4亩，占世界平均水平的40%，相差很悬殊。随着我国经济的迅速发展，人口也会不断增加，在未来的一段时期内中国人均耕地面积还会进一步缩小。因此，在未来经济发展过程中，一是要借助技术、经济、行政和法律等手段，采取严格的措施来特殊保护耕地质量和数量。二是可以借鉴日本农地利用和保护的经验，着力进行改革，从强化中国农地使用和保护的专项法律制度建设、完善国家土地规划制度、明确农地产权主体制度、培育耕地相对集中流转机制、规范农地向非农使用流动机制、建立国家土地利用监控机制、实施土地整理和综合治理等方面完善农地法律制度体系。

3. 保护水资源

我国的农业缺水已经越来越严重了，特别是在我国南方和长江三角洲地区，因此我们必须采取措施来保护我们的农业水资源，缓解农业用水短缺的严重局面，主要对策如下：第一，提高工业污水循环利用率和增强生活节水意识，减少污水排放量。第二，推广科学施肥技术和生物防治技术，提高化肥利用率和减少农药、化学除草剂的污染。包括推广土壤诊断和植物营养诊断技术，发展平衡施肥和配方施肥技术；推广使用复合肥，调配好营养比例；推广合理的耕作制度，以有效地减少化肥流失。第三，大力推广节水灌溉和旱作农业技术。落实最严格的水资源管理制度，推进农业灌溉用水总量控制和定额管理。大力研发具有中国特色、适合中国国情、质优价廉的节水灌溉技术和设备，推动高效节水灌溉技术和装备的综合集成与规模化、产业化发展。旱作节水农业是我国今后发展的重要途径。

4. 解决农产品质量安全问题

解决农产品质量安全问题必须从源头抓起，监控关口前移，注重生产过程监管，加强产品质量检验，严格控制“从土地到餐桌”的各个环节。第一，加强宣传与培训，提高农产品生产经营主体的质量安全意识和责任。农产品生产经营主体的安全责任意识和素质是决定农产品质量安全的根本，在提高农业与农产品质量的过程中起着非常重要的作用。第二，加大环境污染监测及治理力度，保障农业生产环境安全。尽快完善和建立农业、畜牧业和渔业监测体系，开展基本农田环境质量监测和农畜渔产品质量检测。加大环境污染的治理力度，为安全农产品生产提供优良的生态环境。第三，健全农产品质量安全监管体系，理顺监管职能和强化执法力度。要健全贯通部省地县和乡镇的农产品质量安全监管机构，建立上下联动的监管网络。要改变各自为政，分头监管的现有工作局面，进一步明确各级政府的监管内容，科学合理地分工协作。第四，大力开发和推广农产品安全生产技术。首先，保证农业投入品的绝对安全。加强无污染、无公害生产资料的开发和推广，提高生物原农药的品质和稳定性，开发和推广有机肥料、有机无机复混肥、微生物肥料。其次，保证生产过程科学有序。所利用的各项生产技术措施、生产工艺、生产流程应当是先进的，并有利于可持续发展。第五，建立农产品质量安全认证体系，同时建立统一的农产品质量安全追溯管理平台。实行农产品质量安全认证，是提高农产品质量安全水平的有效手段。以无公害农产品、绿色食品、有机食品认证为基础，建立健全认证体系，全面开展农产品质量认证工作。通过质量安全追溯管理平台实现对农产品供应链各个环节的监控管理。

二、提高我国农业的国际竞争力

1. 加强我国农业的科学研究

根据统计资料显示，2010 年，中国农业科技进步贡献率只有 48%，要比发达国家平均水平低 30%，然而我国农业科技成果转化率只有 30% 左右，与发达国家 80% 左右的转化率相比更是相差甚远。因此我国要借鉴和学习国外的先进经验，要不断创新我国农业科研和成果推广体制，提高科研成果转化率，同时国家要加大对农业科研的财政支持力度，充分调动企业单位和科研工作者的积极性，从而促进农业科研水平的发展。与此同时要积极创造有利条件吸引农业外资公司的高新技术进入到我国，尤其是跨国企业的农业科技研发部门，鼓励市场进行公平竞争，目的是培育市场竞争环境，逼迫我国国内农业企业和农业跨国公司能够自觉提高各自的技术水平，从而加快跨国企业关键技术向我国农业企业转移的速度。我国政府部门可以通过向跨国公司提供优惠政策的方法，鼓励外资在我国设立农业研发机构，从而带动我国农业科学技术的发展。

2. 加大对农业科技的投入

2012年中央一号文件就是一个专门关于加大农业科技创新的文件，文件明确提出，要坚持科教兴农战略，把农业科技摆上更加突出的位置，下决心突破体制机制障碍，大幅度增加农业科技投入，推动农业科技跨越发展。由于农业科技创新具有显著的公共性、基础性、社会性，因此要求政府充分发挥主导作用，由财政承担主要责任。第一，要加大农业科研投资强度。为确保“科技兴农”贯彻实施，农业科研的投资强度要从现在的0.38%逐渐上升到1.0%以上，其中政府的投资占50%以上，科研单位的创收等接近50%。要达到这目标，政府对农业科研的投入要在现在的基础上提高三倍左右，而且以后的增长还得同农业国内生产总值增长保持同步。第二，要建立多元化农业科技投资模式。改革传统的农业科技筹资方式，拓宽农业科研筹资的渠道，把农业科研的主要筹资对象由政府和农业科技成果需求接受者农户，转向政府、农户和农业科技成果的主要受益者——城镇消费者。第三，在建立合理的投入结构的基础上，对农业科研的项目经费进行合理规划，分类管理。按照影响到国计民生的重大农业科学技术研究、国家鼓励的农业科技发展方向、兴趣驱动的自由探索项目等分类进行不同力度的资金扶持。

3. 推进我国农业创新体系的建设

我国农业科技的挖潜空间相对较大。现代农业的实质就是科技型农业，现代农业的发展过程，也是用先进科技改造传统农业的过程。随着从传统农业向现代农业的快速转型，农业的核心要素将由土地、水等自然资源，转变为科技进步和人力资本。因此，农业科技创新是加快现代农业建设的决定力量；我国未来的农业发展，出路在科技，潜力在科技，希望在科技。在推进我国农业创新体系建设过程中。应做到：第一，尽快制定和实施符合国际规则的农业质量标准体系和法律，通过生产体系创新，减少和防范食品污染，促进绿色食品生产的发展，解决农产品生产体系与消费安全的需求脱节的问题。第二，深化农业科技体制改革，促进农业科技与经济的紧密结合。在加强前沿和基础性研究和攻关的同时，积极促进农业科技产业化，培养和造就一大批具有国际竞争力的农业科技企业。第三，推进农业组织创新。发展农产品生产、加工和销售有机结合、相互促进，利润合理分配的农业产业化组织，提高农民的组织化程度。

三、加强我国对农业的控制力

1. 建立农业安全预警系统

积极有效的应对农业安全问题的前提便是建立功能完善的农业安全预警机制。第一，我国要建立专业化的预警分析系统机构，在建立农业预警系统机构的过程中，必须要充分利用不同层次预警系统的优势，例如公立的预警系统，这种来自民间的体系有其自身优势，如及时全面、市场化强、相对独立等特点，在农业安全预警过程中这种系统能够起到非常积极的作用，其代表着来自民间不同层次的研究机构，往往会发布多种类型的研究报告和结果，在一定程度上会影响到政府的农业决策。第二，建立农业安全集成监测系统。该系统是包括农业生态安全集成监测系统、动态的粮食安全预警系统、国内食品卫生安全保障体系、国际农产品市场行情监测系统、为农业生产服务的信息网络系统，以及农业可持续发展的农业保险体系等在内的共同体。

2. 加强农业产业安全审查和监管工作

在开放形势下，为了更好地确保农业产业安全，当前需加快实施以下几方面的安全审查和监管工作。第一，建立基于农业产业安全的信息统计与预警制度。例如，针对国际粮商、国外种子公司等外资控制问题，由于国内对外资实际控制情况至今缺乏权威的数据和分析，应从国家安全和国家战略高度，对重要领域外资实际控制程度等方面进行一次普查摸底工作，并据此加强监管，做好应对工作。第二，加强对国际农产品市场的监测、研判和预警工作，提前做好应对准备工作。尤其要重点监测农产品的进口数量和价格。根据世贸组织所作出的规则，如果一国农产品进口价格过低或者进口数量过多时，为了维护本国的农业安全，国家可以实施干预通过采取特别保障措施的手段。第三，加强重点领域的管制或审查工作。例如，加强生物制剂、转基因种子的进口管制(或审查)、种质资源的出口管制(或审查)等。第四，强化对农产品进出口的管理，加强对农产品市场的监管，积极推进农业管理体制改革，建立健全统筹管理农业对外开放的体制机制。

3. 防范外资控制我国农业企业

自从中国加入 WTO 以后，外资开始大规模涌入中国，同时全球兴起跨国并购的浪潮将严重冲击着我国的产业发展。我国要因势利导让其为国内产业发展服务，同时在中国农业市场领域要密切监管国际跨国企业的并购行为，要积极运用法律手段防止跨国企业垄断我国农业企业，并且要建立有效的农业安全监管体制，防止跨国公司采取不正当的并购方式来破坏我国的经济秩序。第一，要建立健全外资准入和管理制度。由于农产品对于中国的特殊性，开放和保护应该适度。在维护国家粮食安全战略利益的原则下，建立和完善农产品进出口政策体系，建立健全外资准入和管理制度，建立外资并购境内涉农企业报告和安全审查机制。第二，要注意防范外资对我国龙头企业的控制。通常情况下外资企业一开始并不控股，由于我国资本不足的原因，外资企业在增资扩股的过程中获得了控股权。因此在外资农业企业合资并购的过程中，我国政府要积极引导国内农业企业保持自身的控制权，加强对外资企业的警惕性。

保障我国农业安全是一项涉及生产、储备、贸易、产业结构升级等诸多因素的系统工程。尤其是在后危机背景下，应当充分认识到中国农业安全面临着机遇和挑战并存的局面。因此，从优势领域入手，以点带面，立足国际、国内市场，积极采取必要措施努力维护我国农业安全，具有更加重要现实意义。

思考题

1. 农业安全的重要性体现在哪些方面？
2. 目前我国农业水资源面临哪些问题？
3. 我国进口转基因农作物存在哪些风险？
4. 作为一名农业院校学生，我们能为国家农业安全做出怎样的贡献？

第十章　中国农村土地政策

伴随我国工业化、信息化、城镇化和农业现代化进程，农村劳动力大量转移，农业物质技术装备水平不断提高，农户承包土地的经营权流转明显加快，发展适度规模经营已成为必然趋势。实践证明，土地流转和适度规模经营是发展现代农业的必经之路，有利于优化土地资源配置和提高劳动生产率，有利于保障粮食安全和主要农产品供给，有利于促进农业技术推广应用和农业增效、农民增收，应从我国人多地少、农村情况千差万别的实际出发，积极稳妥地推进，农村土地政策关系到农业经济的发展。

第一节　农村城镇化

城镇化是指一个国家从传统的农业国家步入现代工业国家所必然出现的城镇发展过程，是人类社会经济发展和文明进步的必然趋势，其主要内涵是农村人口转变为城镇人口的过程。城镇是城镇化的载体，城镇的数量和规模决定着城镇人口的容量，决定着城镇化水平的高低。《中华人民共和国城市规划法》中关于城市的定义，即指国家按行政建制的直辖市、市和镇。由此可见，镇属于城市的范畴。

城镇化是经济社会发展的必然趋势，也是现代化的重要标志。大规模的人口迁徙，史无前例，世所罕见，既改变了亿万农民的命运，更为经济发展注入了强大的动力，需要注意的是，推进城镇化涉及面广、政策性强，对存在的问题要有清醒的认识，对今后可能遇到的矛盾和困难要有充分估计。

土地是城镇和加快城镇化的最基础要素，农村城镇化过程中农村人口户籍身份的转化使城镇和农村人口规模发生变化，相应的用地也进行相应的调整。特别是产业结构变化，由第一产业为主逐渐向第二、三产业为主转化，涉及建设用地的合理布局以及土地的利用效率等诸多问题。

一、我国城镇化的历史与特征

我国农村城镇化的兴起，是在中国特定的城乡分割制度限制农村人口进入城市的特殊国情条件下推动的。一方面，现有的大、中、小城市在户籍、就业、土地、社会保障等方面阻碍着农村人口的进程；另一方面，农村经济发展客观上存在着对城镇化的主要选择。农村城镇化是中国农民创造出的一条具有中国特色的城镇化道路，也是符合中国国情特点的城镇化进程。

1. 我国城镇化的历史沿革

(1)我国三次设置镇的标准

第一次，1955 年颁布的标准。建国初期，我国没有明确对于镇的设立标准，1954 年《中华人民共和国宪法》颁布，其中第五十三条有了对于市、镇的规定。在此基础上，国务院于 1966 年颁布的《关于设置市、镇建制的决定》明确规定：镇属于县、自治县领导的行政单位；县级或者县级以上地方国家机关所在地可以设置镇的建制；非县级或者县级以上地方国家机关所在地，必须聚居人口 2000 人以上，有相当数量的工商业居民，并确有必要方可设置镇的建制；少数民族地区如有相当数量的工商业居民，聚居人口虽不及 2000 人，确有必要时，可设置镇的建制；工矿基地规模较小、人口不多，由县领导的，可设置镇的建制。因此，此阶段的标准明确了镇的行政隶属关系，放宽了设置镇的条件，充分考虑了地区间发展不平衡的特点，提出了聚居人口和工商业居民的改建。

第二次，1963 年制定的标准。中共中央、国务院于 1963 年颁布了《关于调整市镇建制、缩小城市郊区的指示》：工商业和手工业相当集中、聚居人口 3000 以上，其中非农业人口占 70% 以上，或者聚居人口 2500 人以上，不足 3000 人，其中非农业人口 85% 以上，确有必要由县级国家机关领导的地方，可以设置镇的建制；少数民族地区的工商业和手工业集中地，聚居人口不足 3000 人，或者非农业人口不足 70%，但确有必要由县级国家机关领导的，可以设置镇的建制；现有的建制镇，凡不符合上述条件的，或者虽然人口符合上述条件，但是以该归乡级人民公社领导为有利的，都应该撤销，即使是县级或者县级以上地方国家机关所在地，也应当撤销；现在农村人民公社领导的集镇，凡是以保持原有领导关系更为有利的即使符合设置镇的人口条件，也不要设置镇的建制。

第三次，1984 年试行的标准。党的十一届三中全会以后，我国城乡经济结构发生了巨大的变化，农村部分剩余劳动力在经济利益的驱使下，转入非农业生产领域，但是原有的规章制度限制了城镇的发展，国务院在 1984 年批准的民政部《关于调整建镇标准的报告》中提出：凡国家机关所在地，均应当设置镇的建制；总人口在 2 万人以上的乡、乡政府驻地非农业人口超过 2000 人的，可以建制镇，总人口万人以上的乡、乡政府驻地非农业人口占全乡总人口 10% 以上的，可以建制镇；少数民族地区人口稀少的边远地区、山区和小型矿区、小港口、风景旅游区、边境口岸等地非农业人口不足 2000 人，如果确有必要，也可以设置镇的建制；凡具备建镇条件的乡，撤乡建镇后，实行镇管村的体制；暂时不具备设置镇条件的集市，在乡人民政府中配备专人加以管理。1984 年的试行标准，主要特点体现在以下几个方面：首先，指导思想上，放宽了设置镇的条件；其次，向城乡结合、统一进行发展；第三，在特定条件下，增加了特殊地区的建镇情况，如少数民族地区、人烟稀少的山区，小型矿区或者小港口等地区，体现出国家对贫困边区的倾斜政策；第四，在布局上，山区和偏远地区放宽了建镇的条件，有利于镇的合理布局和全面发展。

(2)我国城镇化五个发展阶段

新中国成立以来，根据不同时代的历史背景以及客观条件，我国城镇化经历了五个重要的发展阶段。

第一，我国城镇化启动阶段。"一五"计划顺利实现时期，重点优先发展重工业，初步推动了中国城镇化的发展进程，城市人口大规模增加。

第二，我国城镇化发展阶段。1954 年《中华人民共和国宪法》地无视三条规定县、自治县分为乡、民族乡、镇，从而以国家根本大法的形式明确了镇是中国的基层行政区域单位。1955 年《关于设置市、镇建制的决定》中，对各地区原有的镇进行了清理，撤销部分不符合条件的镇，并且将部分镇进行了合并，撤销了镇级下设的乡级建制。1956 年国家对城镇私营工业进行限制和改造，行业公私合营，农村商品流通完全靠国营、集体、供销的方式，限制了镇的商业流通。1958 年中共中央发布了《关于在农村建立人民公社问题的决议》，实行"政社合一"，再合并小乡建立人民公社的过程中，有的乡合并为镇，一部分改乡为镇，镇的数量迅速增长。

第三，我国城镇化停滞阶段。由于大跃进，促使大量农村劳动力进城，城乡人口呈现失衡趋势，加上自然灾害，农业粮食生产大面积受损，致使粮油供应困难。因此，1962 年中共中央、国务院颁布《关于当前城镇若干问题的指示》，要求对镇进行审查，撤销不符合标准的镇。1963 年中共中央、国务院发布《关于调整市镇建制、缩小城镇郊区的指示》，提高了设置镇的标准，各地依照要求进行整顿，审查。在"文化大革命"期间，抽取了农业剩余劳动力支援国家工业的发展，因此，农村集体经济处于停滞状态。

第四，我国城镇化慢增长阶段。自改革开放以后，稳定的政策环境促使国民经济持续增长，乡镇企业也不断发展，农村非农就业程度增加，为农村的城镇化提供了有利条件。同时，这一时期，降低了对于设置镇的标准和条件，放宽了农民进城落户的条件，我国城镇不断发展。

第五，我国城镇化快速增长阶段。随着经济的迅速增长，党的十五届五中全会指出，"我国推进城镇化条件已经逐渐成熟，要不失时机地实施城镇化道路"，积极稳妥地推进城镇化。中央"十五"规划有关城市化的决策，对中国社会主义现代化建设具有历史性、里程碑的意义。2002 年 11 月，中国共产党第十六次全国代表大会胜利召开，明确指出：要逐步提高城镇化水平，坚持大中小城市和小城镇协调发展，走中国特色的城镇化道路；农村鼓励劳动力向非农产业和城镇转移，是工业化和现代化的必然趋势。2013 年 11 月召开十八届三中全会特别指出：完善城镇化健康发展体制机制，坚持走中国特色新型城镇化道路，推进以人为核心的城镇化，推动大中小城市和小城镇协调发展、产业和城镇融合发展，促进新农村建设以及城镇化建设。

2. 我国城镇化的基本特征

我国作为发展中国家，虽然城市化进程同其他发展中国家有其相似之处，但由于基本国情不同，有多地方有别于发达国家和其他发展中国家。特点主要体现在以下几个方面：

首先，起步晚，发展快。从我国的城市化进程来看，1949 年才刚刚起步，既晚于发达国家，也晚于某些发展中国家。1949 年以前城市人口不断增加，但乡村人口增长更快，工业发展缓慢不前。我国真正进入城市化阶段是改革开放以后，1978—2002 年全国的城市化率由 17. 9% 上升到 39. 1%。

其次，中国城市构成独特，地区差异大。我国幅员辽阔，区域发展不平衡。总体来看，我国城镇化水平东高西低。现阶段，东部沿海一带的经济发展领先于中西部地区，这种经济发展上的差异决定了城市化在发展速度、规模和建设特点等方面存在着一定的地域差异。中国城市规模结构中的大城市人口增长较快，而小城市的人口增长较慢，与世界其他一些国家形成鲜明对比。近十几年，中国小城市获得了较快发展，但主要是由于行政区划变化使然，表现为明显的城市个数增加，而实际上考虑到长期暂住人口趋于分布在大城市中，小城市的人口增长速度仍旧慢于大、中城市。与此同时，中国城市构成的独特还表现在功能上过分单一化，即不论城市大小，均不同程度的偏向集中于手工业，这是长期实行工业化而后城市化的自然结果。近年来，随着城市房地产和第三产业的发展，这种趋势正在变化。

第三，城镇化滞后于工业化。改革开放后，我国农村城镇化得到了长足的发展，但并没有达到与农村经济同步增长的客观要求，特别是大大滞后于农村工业化的进程。我国城镇化整体水平远低于同等 GDP 水平国家的一个非常重要的原因。一定程度上也说明了现实中某些政策、制度等社会因素设置的不合理，限制了经济动力对农村城镇化促进作用的发挥。

二、农村土地制度变革

1. 中国农村土地制度历史沿革

(1) 土地改革

我国农村土地集体所有制，是通过农业合作化运动对农民个体小私有制的改造建立起来的。废除旧中国不合理的土地制度，是中国民主革命的主要任务之一，也是中国农民的强烈愿望。在建国前，中国共产党就在其控制地区领导农民先后进行过多次土地改革。中华人民共和国成立以后，中央人民政府于 1950 年 6 月 28 日通过了《中华人民共和国土地改革法》，在全国大部分地区推行土地改革。该法第一期明确写道：废除地主阶级封建剥削的土地所有制，实行农民的土地所有制，借以解放农村生产力，发展农业生产力，为新中国的工业化开辟道路。具体办法是，没收地主的土地，征收祠堂、庙宇、寺院、教堂、学校和团体在农村中的土地及其他公地，对富农，由过去征收富农多余的土地财产改为保存富农经济。到 1952 年年底，全国大部分地区已经完成了土地改革。

土地改革使 3 亿余农民无偿获得了 7 亿亩土地的所有权和其他生存资料。土改虽然没有改变土地私有制，但是使土地所有权在农民之间的分配平均化，铲除了地主土地所有制，形成了“耕者有其田”的农民所有制。土改后，佃农成为自耕农，封建土地租佃关系基本被消灭。私有土地仍可自由买卖，农民一半仍以家庭为单位经营土地。土地改革激发了农民的生产积极性，促进了农业生产的恢复和发展。

(2)农村土地集体所有制

农村土地改革实质上是一次均田运动，消灭了大地产，形成了农民小土地私有制，但没有改变土地私有制，土地人可以自由买卖，因而土改并不能阻止小地产主的破产和大地产主的重新形成。在漫长的封建社会中，发生过多次土地所有权从相对平均化到集中化的轮回。土地改革之后，我国一些地区也出现了农户两级分化的情况。

为了防止土地所有权的再次集中，以及农民贫富的两极分化，土改后的土地政策还是存在一些新的问题。

(3)农村家庭承包经营制度

集体统一的经营方式，由于不能够合理确定每位社员的付出以及劳动成果，造成奖惩不明显，使更多的农民产生了以家庭为单位经营土地的想法。国家实行农村土地承包经营制度，农村家庭承包经营制度是在农村土地集体所有保持不变的情况下，由村委会或者农村集体经济组织与农民或者农户签订农村土地承包合同，农民依法取得农村土地承包经营权，自主经营。

1978—1982 年期间我国农村实行了包产到户，但是法律对于农民的土地使用权没有明确的保护，直到 1982 年党的十二大报告明确了“在农村建立的多种形式的生产责任制，进一步明确解放生产力，必须长期坚持下去”。1986 年颁布《中华人民共和国土地管理法》第十二条规定了：“承包经营土地的集体或者个人，有保护和按照承包合同规定合理利用土地的义务，土地承包经营权收到法律保护”。1987 施行的《民法通则》做了同样的规定。法律只对土地经营权做了保障，1993 年颁布的《中华人民共和国农业法》中规定：“承包人在承包期内死亡的，该承包人的继承人可以继承承包”。1995 年《农业部关于稳定和完善土地承包关系的意见》规定“农村集体土地承包经营权流转，是家庭联产承包责任制度的延伸和发展，应纳入农业承包合同管理的范围。在坚持土地集体所有和不改变农业用途的前提下，经发包方同意，允许承包者在承包期限内，对承包标的依法转包、转让、入股、其合法权益受到法律保护。”“土地承包经营权流转的形式、经济补偿、应由双方协商，签订书面劳动合同，并报发包方和农业承包合同管理机关备案。”1998 年修订了《中华人民共和国土地管理法》，指出“土地承包经营期限为三十年”。

这些措施的施行，使农户成为自负盈亏的生产经营单位，家庭承包经营制度，重新成为了中国农村的主要经营模式，牢固了家庭承包经营在中国的地位和位置。家庭承包经营的方式主要是以农村集体经济组织的每一个农户家庭全体成员为一个生产经营单位，作为承包人承包农民集体的耕地、林地、草地等农业用地，主要有三个特点：

首先，集体经济组织的每个人都享有承包本集体土地的权利，不论男女老少，没有年龄、性别、民族的限制，特别强调了农村妇女的权利；其次，以户为单位的承包方与集体经济组织签订承包合同，依法享受权利并且承担相应的义务。承包户家庭中，某个成员死亡，只要承包户的其他人还在，承包关系不改变，该土地的承包权可以继承；第三，承包标的不限于耕地、林地、草地，凡是经济集体组织的成员都有份的经济集体土地，都应当实行家庭承包的方式，包括自留地。

2. 农村土地制度的基本特点

农村土地实行土地公有制，土地公有制是我国社会主义制度的基础，因此，进行土地管理和土地利用都必须以土地公有制为前提。农村土地公有制的基本形式是集体土地所有制。土地为社会主义劳动群众集体所有制，具体采取的是社会主义集体经济组织所有制的形式。集体土地所有权具有流转的可能性，农村集体所有的土地有可能通过征收而发生土地所有权转移。农村农地使用制度实行家庭联产承包责任制度，土地承包经营权是一个不很完整和明晰的土地使用权；土地承包经营权不稳定；承包的土地可以有条件转让且承包方有权获得相应补偿，《中华人民共和国农村土地承包法》第二十六条第四款规定："承包期内，承包方交回承包地或者发包方依法收回承包地时，承包方对其在承包地上投入而提高土地生产力的，有权获得相应补偿。"农村建设用地使用实行审批制度。乡镇企业建设、乡村公共设施、公益事业、农村村民住宅等乡村建设，应当符合乡村土地利用总体规划；符合农村土地利用年度计划；符合村庄和集镇规划；坚持合理布局，综合开发，配套建设；及农村用地的依法办理农村用地转用和用地审批。中国作为一个传统的农业大国，又是一个新兴的工业化国家，自从启动城市改革以来，农村的发展实际上就放才有所改观。国家大力发展工业化、城市化和现代化，直到近些年以来也才有所发展。

第二节　土地的所有与流转

一、农村土地的所有权制度改革探索

在2013年中央农村工作会议中，指出坚持党的农村政策，首要的就是坚持农村基本经营制度。坚持农村土地农民集体所有，这是坚持农村基本经营制度的"魂"。坚持家庭经营基础性地位，农村集体土地应该由作为集体经济组织成员的农民家庭承包，其他任何主体都不能取代农民家庭的土地承包地位，不论承包经营权如何流转，集体土地承包权都属于农民家庭。坚持稳定土地承包关系，依法保障农民对承包地占有、使用、收益、流转及承包经营权抵押、担保权利。土地承包经营权主体同经营权主体发生分离，这是我国农业生产关系变化的新趋势，对完善农村基本经营制度提出了新的要求，要不断探索农村土地集体所有制的有效实现形式，落实集体所有权、稳定农户承包权、放活土地经营权，加快构

建以农户家庭经营为基础、合作与联合为纽带、社会化服务为支撑的立体式复合型现代农业经营体系。土地经营权流转、集中、规模经营，要与城镇化进程和农村劳动力转移规模相适应，与农业科技进步和生产手段改进程度相适应，与农业社会化服务水平提高相适应。要加强土地经营权流转管理和服务，推动土地经营权等农村产权流转交易公开、公正、规范运行。

1. 农村土地所有权

(1)农村土地所有权的归属

根据《中华人民共和国宪法》和《中华人民共和国土地管理法》的规定，我国现行土地所有制为社会主义土地公有制，分为社会主义全民所有制和社会主义劳动群众集体所有制两种形式。

《中华人民共和国宪法》第十条规定："农村和城市郊区的土地，除由法律规定属于国家所有的以外，属于集体所有；宅基地和自留地、自留山，也属于集体所有。"第九条规定："矿藏、水流、森林、山岭、草原、荒地、滩涂等自然资源，都属于国家所有，即全民所有；由法律规定属于集体所有的森林和山岭、草原、荒地、滩涂除外。"《中华人民共和国土地管理法》第二条规定："中华人民共和国实行土地的社会主义公有制，即全民所有制和劳动群众集体所有制。"第八条规定："农村和城市郊区的土地，除由法律规定属于国家所有的以外，属于集体所有；宅基地和自留地、自留山，属于农民集体所有。"

《中华人民共和国宪法》和《中华人民共和国土地管理法》规定，集体所有的土地属于村农民集体所有，由村农业生产合作社等农业集体经济组织或者村民委员会经营、管理。已经属于乡镇农民集体经济组织所有的，可以属于乡镇农民集体所有。村农民集体所有的土地已经分别属于村内两个以上农业集体经济组织所有的，可以属于各该农业集体经济组织的农民集体所有。但《中华人民共和国民法通则》第七十四条规定："集体所有的土地依照法律属于村民集体所有，由村农业合作社等农业集体经济组织或者村民委员会经营、管理。已经属于乡(镇)农民集体经济组织所有的，可以属于乡(镇)农民集体所有"，可见《中华人民共和国民法通则》不承认村民小组的集体所有权。

(2)农村土地所有权的流转

《中华人民共和国宪法》总纲第十条规定："国家为了公共利益的需要，可以依照法律规定对土地实行征收或者征用并给予补偿。"《中华人民共和国土地管理法》总则第二条规定："国家为了公共利益的需要，可以依法对集体所有的土地实行征用。"第四十三条规定："任何单位和个人进行建设，需要使用土地的，必须依法申请使用国有土地；但是，兴办乡镇企业和村民建设住宅依法批准使用本集体经济组织农民集体所有的土地的，或者乡镇村公共设施和公益事业经济建设经依法批准使用农民集体所有的土地的除外。"从法律上来说，农民集体拥有土地的所有权，但是这个所有权却是没有保障的所有权。虽然宪法从法律上规定了农村土地归农民集体所有，但是国家有权强制转移这种所有权。这种所有权的转移是单向的，补偿标准是由国家规定的。

2015 年 2 月 1 日中共中央、国务院近日印发了《关于加大改革创新力度加快农业现代化建设的若干意见》，提出稳步推进农村土地制度改革试点。在确保土地公有制性质不改变、耕地红线不突破、农民利益不受损的前提下，按照中央统一部署，审慎稳妥推进农村土地制度改革。分类实施农村土地征收、集体经营性建设用地入市、宅基地制度改革试点。制定缩小征地范围的办法。建立兼顾国家、集体、个人的土地增值收益分配机制，合理提高个人收益。完善对被征地农民合理、规范、多元保障机制。赋予符合规划和用途管制的农村集体经营性建设用地出让、租赁、入股权能，建立健全市场交易规则和服务监管机制。依法保障农民宅基地权益，改革农民住宅用地取得方式，探索农民住房保障的新机制。加强对试点工作的指导监督，切实做到封闭运行、风险可控，边试点、边总结、边完善，形成可复制、可推广的改革成果。

同时，还指出健全农村产权保护法律制度。完善相关法律法规，加强对农村集体资产所有权、农户土地承包经营权和农民财产权的保护。抓紧修改农村土地承包方面的法律，明确现有土地承包关系保持稳定并长久不变的具体实现形式，界定农村土地集体所有权、农户承包权、土地经营权之间的权利关系，保障好农村妇女的土地承包权益。统筹推进与农村土地有关的法律法规制定和修改工作。抓紧研究起草农村集体经济组织条例。加强农业知识产权法律保护。

2. 我国农村土地使用权

(1) 农村土地使用权的归属

《中华人民共和国土地管理法》第九条规定："国有土地和农民集体所有的土地，可以依法确定给单位或者个人使用。"该法第十条规定："农民集体所有的土地依法属于村农民集体所有，由村集体经济组织或者村民委员会经营、管理。"《中华人民共和国土地承包法》总则第一条规定："为稳定和完善以家庭承包经营为基础、统分结合的双层经营体制，赋予农民长期而有保障的土地使用权。"该法第三条规定："国家实行农村土地承包经营制度。土地承包采取农村集体经济组织内部的家庭承包方式，不宜采取家庭承包方式的荒山、荒沟、荒丘、荒滩等农村土地，可以采取招标、拍卖、公开协商等方式承包。"所以，我国现有农村土地使用权主要在农民手里，农民以户为单位，通过与农村集体经济组织或村民委员会签订承包合同来获得集体经济组织土地的使用权。我国法律还规定，农村土地的使用必须符合规划，必须科学合理的使用，必须遵守用途管理制度。

(2) 农村土地使用权的流转

2003 年 3 月 1 日开始实施的《中华人民共和国土地承包法》第十条规定："国家保护承包方依法、自愿、有偿地进行土地承包经营权流转"。第十六条规定："承包方享有下列权利：①依法享有承包地使用、收益和土地承包经营权流转的权利，有权自主组织生产经营和处置产品；②承包地被依法征用、占用的，有权依法获得相应的补偿；③法律、行政法规规定的其他权利"。第三十二条规定："通过家庭承包取得的土地承包经营权可以依法采取转包、出租、互换、转让或者其他方式流转"。第三十四条规定："土地承包经营权流转的主体是承包方，承包方有权依法自主决定土地承包经营权是否流转和流转方式”。第三十六条规定：“土地承包经营权流转的转包费、租金、转让费等，应当由当事人双方协商确定。流转的收益归承包方所有，任何组织和个人不得擅自截留、扣缴。”第三十七条规定：“土地承包经营权采取转包、出租、互换、转让或者其他方式流转，当事人双方应当签订书面合同，采取转让方式流转的，应当经发包方同意；采取转包、出租、互换或者其他方式流转的，应当报发包方备案。”

此外，农业用地使用权流转收到一定的约束。如《中华人民共和国土地承包法》第三十三条规定：“土地承包经营权流转应当遵循以下原则：①平等协商、自愿、有偿，任何组织和个人不得强迫或者阻碍承包方进行土地承包经营权流转；②不得改变土地所有权的性质和土地的农业用途；③流转的期限不得超过承包期的剩余期限；④受让方须有农业经营能力；⑤在同等条件下，本集体经济组织成员享有优先权。”

2008年10月12日，中国共产党第十七届中央委员会第三次全体会议通过的《中共中央关于推进农村改革发展若干重大问题的决定》明确提出，要“加强土地承包经营权流转管理和服务，建立健全土地承包经营权流转市场，按照依法自愿有偿的原则，允许农民以转包、出租、互换、转让、股份合作等形式流转土地承包经营权，发展多种形式的适度规模经营。”

(3)农村土地承包权流转

《农村土地承包经营权流转管理办法》对农村土地承包权流转的行政管理进行了相应的规定。

首先，审批责任。第二十五条规定：“发包方对承包方提出的转包、出租、互换或者其他方式流转承包土地的要求，应当及时办理备案，并报告乡镇人民政府农村土地承包管理部门，承包方转让承包土地，发包方同意转让的，应当及时向乡镇人民政府农村土地承包经营权部门报告，并配合办理有关变更手续；发包方不同意转让的，应当于七日内向承包方书面说明理由”。

其次，服务责任。第二十六条规定：“乡镇人民政府农村土地承包管理部门应当及时向达成流转意向的承包方提供统一文本格式的流转合同，并指导签订”。第二十七条规定：“乡镇人民政府农村土地承包经营管理部门应当建立农村土地承包经营权流转情况登记册，及时准确记载农村土地承包经营权流转情况。以转包、出租或者其他方式流转承包土地的，及时办理相关手等级；以转让、互换方式流转承包土地的，及时办理有关承包合同和土地承包经营权证变更等手续”。第二十八条规定：“乡镇人民政府农村土地承包管理部门应当对农村土地承包经营权流转合同及有关文件、文本、资料等进行归档并妥善保管”。第二十九条还对相应的产权管理进行了规定，指出“采取互转、转让方式流转土地承包经营权，当事人申请办理土地承包经营权流转登记的，县级人民政府农业行政主管部门应当予以受理，并依照《农村土地承包经营证管理办法》的规定办理”。第三十条规定：“从事农村土地承包经营权流转服务的中介组织应当向县级以上地方人民政府农业行政主管部门备案并接受其指导，依照法律和有关规定提供流转中介服务”。

第三，监督责任。第三十一条规定：“乡镇人民政府农村土地承包管理部门在指导流转合同签订或者流转合同鉴证中，发觉流转双方有违反法律法规的约定，要及时予以纠正”。第三十三条规定：“农村土地承包经营权流转发生争议或者纠纷，当事人应该依法协商解决。当事人协商不成的，可以请求村民委员会，乡镇人民政府调解。当事人不愿意协商或者调解不成的，可以向农村土地承包仲裁机构申请仲裁，也可以直接向人民法院起诉”。

二、城镇化进程中农村土地流转问题

随着我国城市化进程的不断推进，农民与土地的关系以及以土地为载体的农民与农民的关系一直处于不断地变换之中，十一届三中全会通过了《中共中央关于推进农村改革发展若干重大问题的决定》中提到“加强土地承包经营权流转管理和服务，建立健全土地承包经营权流转市场。按照依法、自愿、有偿原则，允许农民以转包、出租、互换、转让、股份合作等形式流转土地承包经营权，发展多重形式的适度规模经营”。农村土地流转是当前我国深化农地制度改革、推动农业现代化的重要内容，规范化、有序化的土地流转是稳定完善农村土地承包关系的关键步骤，是土地规模经营实现农业产业化的重要方式。农村土地承包经营权能否得到有效规范、有序流转，直接关系到我国农村的城镇化、农业现代化的进程，关系到农民的增收和农村经济的持续繁荣稳定。

农村土地流转涉及农户的切身利益，农村土地流转的程序是否规范、农村土地的农业用途是否有保障、农村土地流转的具体措施是否因地因时制宜等关系到农村土地流转的效率、关系到我国农业的长远发展和农村社会的稳定，因此，在推动农村土地流转过程中，需要保持积极的心态、沉稳的步伐，根据地区差异，采取因地制宜的措施有序推进。

1. 农村土地流转的含义

广义层面的农村土地流转包括：“征收、土地所有权和承包经营权的流转”。我国农村土地的流转是指狭义层面的农村土地流转，即土地承包经营权的流转。在我国，法律已经明文规定了城市土地归国家所有，城郊土地以及农村土地中除了法律规定为国家所有的土地外归集体所有，由此看出，我国土地的所有权没有划归个体，而是带有模糊含义的集体对土地拥有所有权。农地的流转主体中，出转主体包括个体户和集体，其中个体户的土地流转占绝大多数。自我国农村实行家庭联产承包责任制，个体户从国家或者集体手中承接了土地的承包经营权，以及以承包经营权为基础的其他权利，如收益权、管理权，部分处分权等，也可以有农民自己掌控，农村土地流转也是以承包权为基础开展的，农村土地流转的标的物是承包经营权而不是土地的所有权。

关于农村土地流转的含义，应该以我国的基本土地所有制度为基础，以上所述的土地承包经营权为核心给予定义。在我国，农村土地流转等价于农村土地承包经营权的流转，土地承包经营权流转指的是“在农地承包中的物权性质土地承包经营权有效存在前提条件下，在不改变农地所有权权属性质和主体种类与农地农业用途的基础上，原承包方依法将该物权性质土地承包经营权或者从该物权性质土地承包经营权中分离出来的部分权能等具体民事权利转移给他人的行为”。

在理解农村土地流转时应该注意以下几个方面：首先，农村土地流转的载体是土地的承包经营权以及从承包经营权中延伸出来的部分权利。其次，农村土地流转不能改变土地的国家所有或者集体所有的性质，即转出方转出的不是土地的所有权，接转方也不应该误认为接转了土地的所有权，特殊情况下土地所有者有权依法、合理、有偿对土地行使所有权。第三，处于国家粮食安全、生态平衡等方面的原因，农村土地流转中，禁止改变流转后的土地的农业用途，如果确定因公共利益的需要改变土地用途的必须经过严格的审批程序，并需执行“易地补偿”原则。

2. 土地使用流转制度的形成

家庭联产承包制相对于50年代初期的土地制度改革，是一场关于土地使用权的革命，让土地的所有权与具体的经营支配权相分离，农民得到了自主、自由，农民自身的生产积极性也被调动起来，提高了劳动生产效率，推动了农村经济的发展。

近些年来，随着经济的高速增长与非农业产业的发展，农村剩余劳动力的逐步流动，同时农产品的供求关系发生了一定的变化，把土地视为唯一经济来源的农民也逐年下降，致使农村土地使用权流转成为现实。因此，土地对农民来说已经不再是生存的基础，农民有除了种植土地经济来源之外的就业渠道，如有公司、企业、个人愿意以高于种植平均利润的价格租用土地，使用权的流转就发生了。

伴随着经济的发展，以及农村经济的迅速发展，第二、三产业的迅速兴起，小城镇建设和农村城市化的逐步推进，农村劳动力的转移加快，在经济发达的农村，很多农村劳动力已经转移到二、三产业。在一些欠发达的地区，农业劳动也大量转向发达地区，农民对土地的依赖感发生了实质的变化，种植业已经不再是农民生活的唯一依靠。与此同时，传统的耕种方式致使农业经济效益下降，在一些地区土地粗放经营和抛荒较为严重，最早出现在经济较为发达的地区，近几年逐步向中西部地区蔓延。随着农业产业化经营理念的逐年兴起，农村中的种植大户、城市中的企业、民营企业家、外资公司等到农村租种开发土地的情况越来越多，加快了农村土地使用权流转。农村劳动力的转移和土地使用权的流转相互促进，一方面农村劳动力的转移为土地使用权流转提供了条件，另一方面农村土地使用权的流转也促进了劳动力向第二、三产业的转移。因此，相当一部分农民已经从非农业劳动、生产中获得了稳定的收入，不再把土地视为唯一的谋生手段，土地使用权的流转成为了现实。

农村土地使用权的流转相较于家庭联产承包责任制有着非常明显的优势。家庭联产承包责任制是我国农民的伟大创举之一，为我国农地制度的改革做出了巨大贡献，但是家庭联产承包责任制度是小农经营方式，每位农户都拥有土地面积，采用劳动集约的精耕细作的生产方式。随着经济的发展，这种小农经营模式有了明显的局限性，资源不能得到有效的整合利用，条块分割明显，不能够产业化经营，影响了农业产业化的进程，影响了农业结构。1988 年 4 月，第七届全国人大常委会对 1982 年的《中华人民共和国宪法》修正案规定："任何组织或者个人不得侵占、买卖或者以其他形式非法转让土地。土地的使用权可以依照法律的规定转让。"这一宪法修正，允许土地使用权依法转让，为土地使用权流转从理论走向实践奠定了法律基础，并且提供了依据。

3. 农村土地流转的构成要素

农村土地流转是一个人与人之间、地与地之间、人与地之间的互动交易过程，在我国，由于国家和集体对土地拥有所有权，国家行政权力也介入了农村土地流转的过程，因而，国家行政权力也是推动农地流转的要素之一。

首先，农村土地流转的载体——"农地"。农地作为一种自然资源，对于我国大多数农民来说有着两种主要功能：一是经济功能，即农民可以依托"土地"种植经济作物、开发农林果地、搭建畜牧养殖基地等，以此谋取适当的经济收益；二是社会保障功能，即农民可以以"土地"作为满足自身最基本的社会需求，土地的社会保障功能在我国农村地区表现得十分明显，许多农民有不愿意流转承包土地的心理障碍。

其次，农村土地流转的主体。人是农地流转的主体性要素，主要包括土地转出者或由个体组成的转出集体，土地接转者或由个体组成的集体性质的接转团体。农户、乡镇村委、村集体经济组织在不同环境下均可能成为土地出转方，其中农户个体是最常见的出转主体，许多地区的农地规模化集中都是千千万万个农户转出承包经营权的结果。乡镇政府也可能成为国有土地的转出主题，村委、村集体经济组织也有可能成为农村集体用地的转出主体，承担的土地交易笔数一般仅次于农户间的交易笔数，是次于农户用地的第二转出主体。

4. 土地使用权流转制度的意义

中国土地制度的第一次创新是 1950 年以后的土地改革，废除了封建土地所有制，1979 年开始的包产到户的家庭承包制是中国土地制度的第二次创新，在短时间内解决了中国的温饱问题。农村土地使用权有偿的合理流转，必将会给中国农民带来巨大的变化。

首先，农村土地使用权的流转制度促进了农民增收。土地使用权流转推进了土地要素的市场化，能够有效地改善土地资源的合理配置，激活了农业剩余劳动力的转移，为农业规模化、集约化、高效化经营提供了广阔的空间。同时，构建和规范农村建设用地的流转机制，能够使农民更加充分地参与分享城市化的成果，显现出集体土地资产的价值，促进农民的增收。

其次，土地使用权流转是对家庭承包经营制度的完善。使用权流转实行土地所有权归属集体经济组织，承包权归属承包用户，使用权或者经营权归属转入方的土地经营制度，因此，它是以家庭承包责任制度为基础，以农户为主体，以意思自治为前提，以获得更多的经济利益为条件，以平等协商为原则的土地经营权的转让，其实质是在不改变土地经营承包关系的前提下，农户将已经承包的土地使用权转移给他人经营耕种的行为。解决了农业经营规模过小，农地荒废闲置的情形，优化了土地资源的合理配置，促进了土地、资金、技术、人才等要素的有效合理流动，加速了农业产业化结构的调整和农村劳动力的转移。

5. 农村土地流转的主要形式

《中华人民共和国农地承包法》第三十二条规定，通过家庭承包取得的土地承包经营权可以依法采取转包、出租、互换、转让或者其他方式流转。农业部于2005年出台的《农地承包经营权流转管理办法》对转包、出租、互换、入股等问题也做出了详细的解释。根据上述法律法规及广大群众在实践中的具体做法，我国目前农地流转的主要形式有以下几种。

(1)转包

转包是指承包方将部分或全部土地承包经营权以一定期限转给同一集体经济组织的其他农户从事农业生产经营。转包后原土地承包关系不变，原承包方继续履行原土地承包合同规定的权利和义务。接包方按转包时约定的条件对转包方负责。承包方将土地交他人代耕，不足一年的除外，转包方式中，需要注意的问题是权利义务关系的增加，转包前只有发包方与承包方之间的权利、义务关系，转包后则增加了承包方与接包方的权利、义务关系。

(2)转让

转让是指承包方有稳定的非农职业或者有稳定的收入来源，经承包方申请和发包方同意，将部分或者全部土地承包经营权让渡给其他从事农业生产经营的农户，由其履行相应土地承包合同的权利和义务，转让方式一般需要发包方的参与，转让过程使用权利、义务都完全变更，发包方与原承包方之间解除权利义务关系，与新的承包方建立新的权利义务关系，新的承包方承担原承包方对发包方要求的一切义务。

(3)互换

互换是指承包方之间为方便耕作或者各自需要，对于属于同一经济组织的承包地块进行交换，同时交换相应的土地承包经营权。互换方式中，发包方和承包方之间的权利、义务关系基本不变，只是承载权利、义务关系的农地需要调整，同时，互换农地的承包主体之间互换了承包地的权利和义务，这个过程需要发包方的统一和确认。

(4)入股

入股是指实行家庭承包方式的承包方之间为发展农业经济，将土地承包经营权作为股权，自愿联合从事农业合作生产经营。入股的流转方式以农户自愿为原则，是农户之间的自由联合，但是我国农地的流转实践中，以承包经营权主动入股的农户不是很多，大多情况下，村委会或者基层政府组织在推动农地入股中起了很重要的作用。

(5)出租

出租是指承包方将部分或全部土地承包经营权以一定期限租赁给他人从事农

业生产经营，出租的农地流转方式一般只需要出租方和求租方之间自愿协商租金、期限、用途、违约补偿的事宜，一般不需要发包方参与，因为出租后，承包方与发包方之间的权利义务关系没有改变，承包方对发包方承担原有义务，求租方对出租方承担租赁合同中规定的义务，即出租的流转方式中存在着不同的两对权利义务关系。

6. 土地使用权流转制度的现状

为了提高农业生产水平，实现农业生产的规模化、专业化、产业化，我国许多乡镇在21世纪初期进行了农业产业结构调整，土地流转这一数量不断扩大，规模呈现上升趋势。同时，政府不断出台相关政策鼓励、奖励农村土地合理有序流转，如最早的延长农村土地承包期限，允许土地在不改变用途的情况下自由流转。1999年国土资源部确定安徽芜湖等地为农村集体土地建设用地使用流转试点，2008年胡锦涛同志对小岗村的访问，2009年两会上对农村土地使用权流转的提案等，都促进了我国农村土地流转制度的形成。2014年的中央农村工作会议重点研究加快推进农业现代化问题，引导土地经营权有序流转，发展农业适度规模经营；扩大土地承包经营权确权登记颁证试点。具体现状主要体现在以下几个方面：

首先，地域差异。我国各个省市之间发展不够平衡，东部沿海地区比中西部地区经济发展快，因此导致经济发达地区土地流转规模要高于经济落后地区。经济发达地区第二、三产业发展水平高，为农民提供了非农业就业的机会多，岗位多，农民对土地的依赖程度有所降低，因此，土地的流转积极性较强，土地的流转规模也相对较大。

其次，以农户为主。我国农村土地市场比较封闭，土地流转没有发挥真正的作用，也尚未优化合理配置土地，农业的弱质性以及农业投资回报率低，导致了对农业的投资缺乏积极性。

第三，流转过程纠纷较多。在我国，由于农民种田效益低、负担重，农村条件差，致使部分农民外出务工，大量土地闲置荒废，因此部分外出务工农民将土地租给他人耕种。随着近年来土地相关政策的出台，如中央一号文件以及《中华人民共和国农村土地承包法》，农业生产效率提高，外出务工农民愿意再次回到家乡务农。由于农民对土地使用权流转制度的认识普遍偏低，文化程度有限，前期没有土地流转合同、合同不规范或者土地流入方管理不善，以及流入方不能按照约定固定支付使用费用等原因导致转出方中途终止合同，因此引起纠纷。

7. 我国土地使用权流转过程中存在的问题

我国是人口与农业大国，农业是国民经济的基础，农业的稳定关系着国民生活的幸福指数以及国家的长治久安。“民以食为天，食以安为先”，充足的耕地面积是我国国家安全的重要保障。然而，近些年来，随着我国改革开放的深化发展，大量耕地被占用，如何处理好工业快速发展需要大量土地与土地资源的供给短缺，是我国经济可持续发展的必然要求，因此农用土地在流转过程中的保护十分重要，目前我国农村土地流转制度主要存在以下三方面的问题。

第一，法律体制不健全。我国农村土地流转不是靠市场自动调节，而是政府的宏观调控来强制干预调节，与此同时我国农村土地流转法律体系不够完善，致使很多省市没有执法根据，政府寻租行为严重。与此同时我国土地交易市场的服务机构不够健全，交易成本高，影响了我国土地流转的速度。部分地方省市不重视土地流转制度的法律知识普及，致使土地流转只是达成口头协议，缺少书面材料，法律法规对此效力不够清晰，不利于争议的处理。

第二，流转程序不规范。基于我国农村土地流转的行为缺少管理，很多农民在相互协商的基础上，私自进行土地流转，导致统计也较为困难。同时，在流转过程中，口头协议多于书面协议，存在多次流转的可能性，严重影响了土地的利用效率。另一方面，由于流转存在期限问题，导致很多流入方为了追求近期利益，使土地的表层遭受破坏，严重影响土地的肥力，不利于我国土地的整体利用。总之，土地的流转带有随意性与无序性，不利于我国进行科学系统的进行土地流转改革。

第三，社会保障机制不完善。目前，我国农村的社会保障体系覆盖范围小，养老、医疗、失业是制约农民收入的三大因素，很多农民在土地流转后，因缺乏社会保障而有后顾之忧。同时，我国绝大多数地区的农村，土地经营分散，小块土地经营较多，难以形成规模，农民没有抵御农业风险的能力，同时小农户经营信息不够畅通，很难把握市场需求，不利于与国际市场接轨，缺乏竞争力，在土地流转的过程中，受到一定的制约。

第三节 完善土地流转的政策及法规

1. 明确集体土地产权的边界，稳定承包经营权

国家具有一定的强制力，可以运用法律等手段，为行为主体竞争、博弈提供基本的框架、准则和规范。任何一项产权制度的界定、保护与实施都离不开政府的宏观作为，因此，一切都要靠法律的手段进行调控，才能得以有效的实施和运转。培育农村土地流转市场的关系时，国家应当明确农村土地制度的政策目标，处理好公平与效率的关系。一方面，完善农村土地产权制度体系，以法律法规的形式明确界定农村土地的产权，明确所有权的主、客体；另一方面，明确界定农村土地产权利益各方面的权利、义务、责任关系，以法律法规细化范围、约束规范农村土地产权利益各方面的关系。规范农村集体与农户个人的权责，科学的界定国家征地范围，在完善土地流转相关法律制度的基础上，适当放宽农地流转的条件。

2. 规范农村土地流转合同

《农村土地承包经营权流转管理办法》第二十一条规定："承包方流转农村土地承包经营权，应当与受让方在协商一致的基础上签订书面流转合同。"因此，农村土地承包经营权流转合同是建立在平等自愿的基础上，进行协商签订的，仅产生债券效率，受让方所取得的使用农地的权利为债权。在对方侵犯自身合法权益

时，可以要求对方承担违约责任。由此可见，为了避免农地流转过程中的纠纷，在农村土地流转过程中应当签订流转合同，并且要做到程序合法、手续完备、合同规范。

农村土地流转涉及多方面的利益关系，因此要健全制度，按照规定程序对原有土地进行流转。对于之前已经流转，手续不够完备，流程不够规范或者合同内容不够详细明确的，应当经过双方同意完善合同，加以规范。

3. 完善农村土地流转等级制度

在明确土地产权的基础上做好等级备案工作，对于涉及流转的土地交易主体要详细，保障流转程序有条不紊、有案可依。所谓等级是指经当事人申请，国家专门机关将物权变动的事实记载在国家设计的专门簿册上的事实或者行为。不动产登记是不动产物权变动的法定公示手段，是决定不动产物权变动能否生效，是否取得完全法律效力的必备条件。登记能够保护不动产物权，能够保护安全交易。土地登记是国家建立的关于土地权利的统一的法律基础，有利于节约交易成本。

土地承包经营权作为一种用益物权，要做到有效流转，必须借助于一定的公示手段。目前，在我国还没有设立专门的不动产登记机关，《中华人民共和国农村土地承包法》第三十八条也仅仅是规定“向县级以上地方人民政府申请登记”，没有规定具体的登记部门。《中华人民共和国物权法》在一定程度对于不动产登记制度做了统一的立法。因而，应该把土地承包经营权纳入土地登记中，由登记机构将土地承包经营权、集体土地所有权、国有土地使用权、集体建设用地使用权等进行统一登记。

4. 完善农村土地流转的机构建设

禁止非法占地，强买强卖等行为的发生，在流转的审查过程中，要严格按照国家相关的法律法规的要求。首先，建立县级农村土地流转中心，完善土地经营流转的统筹管理、资格审查、协调服务，引导土地定向集中流转，避免土地流转过程中的盲目性以及无序性，消除农村土地流转混乱对农业生产的印象。其次，建立农村土地流转的评估机构。能够确保在流转工程中各方的利益，有利于流转项目的成功实施，并且使双方的利益最大化。

5. 强化监督管理

政府部门要积极履行土地市场管理者的身份，在不干预合法交易的前提下积极参与土地流转审查、排查、备案、处罚等行为。我国是人口和农业大国，存在着人地矛盾，人口多耕地面积少，耕地总体的质量也在不断下降，土地资源严重不足。《中华人民共和国土地管理法》第四条规定：“严格限制农用地转为建设用地，控制建设用地总量，对耕地实行特殊保护。”但是，在我国，农用地与非农用地的收益有着巨大的差距，必然导致一些农用地向建设用地转变。土地承包经营权在流转的过程中必须要防止土地多次流转后改变了农用用途，造成耕地的流失或者破坏，实施有效的监管，对农村土地流转进行监督，是实现农民土地财产权和促进农用土地自愿合理有效的利用的基本保障。为了防止集体经济组织、企业和个人变相地通过各类集体建设用地渠道私下占用和转用农业用地，保护有限的农地资源，必须建立健全更为严格的土地用途管理制度，在农村土地承包经营权流转过程中，限制通过土地承包经营权流转把农地用途变更为非农用地的行为。

6. 健全农村社会保障制度

健全农村社会保障制度，削弱土地社会保障功能。在我国，农民之所以不愿意放弃土地致使土地承包经营权流转难以实行，主要原因是没有了土地作为保障，农民失去了安全感，失去了安全保障，因为农村社会保障机制的缺失，大部分农民不敢把土地流转出去，即便是有些农民已经向第二、三产业转移，即便一些土地已经荒置。因此，必须加快农村社会保障制度的建立，体系的完善。就目前来看，要实现农村土地承包经营权的流转，就必须建立起农村养老制度以及医疗保险制度，才能够消除农民的后顾之忧，促进农民完全进入市场经济。一方面要建立适合农村区域经济发展水平的与我国国情相适应的农村社会保障制度。主要体现在农村社会养老保险制度、最低生活保障制度、农村医疗保障制度。应当根据我国各地区之间的实际情况，采取因地制宜的策略，按照地区的不同分别推进不同地区的农村社会保障工作。

另一方面，加快户籍制度改革，建立城乡一体化的劳动市场。户籍制度一直都是制约我国农民真正融入城市的根本，进城务工人员也不能够享受到与城市户口居民同等的教育、社会福利等，因此要加快户籍制度的改革，使农民尽快向市民转变，给予农民平等就业的机会，加强对规范用工的监督，强制劳动单位与农民之间签订劳动合同，享有工伤保险基金等。建立健全农民的社会保障机制，让农民脱离对土地的依赖，使土地真正地流转起来，实现其真正的价值。

7. 各级政府加强对农业农村的投入

首先，要加大对农村教育、公共卫生事业以及弱势群体的扶持等投入，促进农村经济的发展。2015 年中央一号文件指出，增加农民收入，必须推进农村一、二、三产业融合发展，积极推进农村产权制度改革，重点推动土地三权分离和集体资产权能改革。继续深化农村金融体制改革，在确保政策性金融供给的同时，积极开展金融制度创新，提高村镇银行的覆盖面，拓展商业银行对农村信贷业务范围，支持新型农村金融合作组织健康发展。二是加快培育新型农业经营组织的发展，鼓励和支持家庭农场、专业合作社、协会、龙头企业、农业社会化服务组织以及工商企业，开展多种形式的农村产业融合发展。三是建立农村产业融合发展的利益协调机制，保障农民和经营组织能够公平分享一、二、三产业融合中的“红利”。四是加快构建农村一、二、三产业融合发展的产业政策框架，制定产业融合的标准化建设体系，开展对涉农企业家和农民的技能培训，提高他们的产业融合能力。五是建立农村产业融合发展基金，不断增加对农业农村基础设施建设和公共服务方面的投入，并对产业融合发展提供财政、税收、金融等方面的援助支持。

思考题

1. 农村土地流转的主要形式是什么?
2. 我国土地使用权流转过程中存在哪些问题?
3. 如何完善土地流转的政策?

第十一章　发展中的北京都市现代农业

北京农业定位于都市型现代农业，是根据北京城市总体规划，结合区县功能定位的落实而作出的选择。北京经过多年实践，在资源空间极为有限的情况下，探索出了都市型现代农业发展的新路，构建了比较完善的都市型现代农业发展格局，以及支撑都市农业发展的服务体系。当前，北京正着眼于建设国际一流和谐宜居城市，大力推进生态文明建设和城乡一体化步伐，着力推动农业调结构、转方式，大力发展高效节水的都市型现代农业。

第一节　北京都市型现代农业的发展历程

20 世纪 90 年代中期，随着现代城市功能的日益多元化和现代农业功能的不断扩展，我国学者提出了都市型农业的概念。都市型农业是在向市场经济转变过程中，在农产品市场供不应求的局面得到根本性改观、农民生活有了根本性改善、城市对农业的非生产性功能需求日趋强烈的条件下，为适应建设现代化国际都市的要求而提出的。其目标不仅是实现农业生产性功能内部的调整，更重要的是实现农业功能的调整与拓展，特别是在“生产性功能”的基础上更多地发挥“生活性功能”和“生态性功能”，率先实现具有都市特点的农业现代化，并使现代化的大城市成为“有农”的都市。

一、都市型现代农业的内涵

都市型现代农业是现阶段我国大中城市和经济发达地区的研究与实践热点。在世界的范围内，都市型现代农业也日益被发达国家和现代化城市中的广大研究和实践者所接受。都市型农业是现代农业在大城市的表现方式，是大城市率先实现农业现代化的重要途径，是大城市农业发展的必由之路。都市型现代农业(agriculture in city countryside)这一名词的英文原意为“都市圈中的农地作业”。在经济发达国家的一些大城市里，保留一些可以耕作的土地，由城里人耕种，这就是“圈中”所确定的特定区域概念。但随着城市社会生活的变革以及广大市民对精神文化层面需求的不断丰富和深化，都市型的内涵不断拓展，都市型现代农业的概念也不断发展。

都市型现代农业，是指都市经济发展到较高水平后，随着农村与城市、农业与非农产业相互融合，为适应城乡互动发展的需要，而在整个都市区域范围内形成的以农业和农村产业为基础，以城市资本、信息、人才、科技和市场等优势为依托的紧密关联的、具备生产和服务功能的、现代化水平较高的和可持续发展的农业生产及运行体系。发展都市型现代农业，可以促进实现产业、产品和功能的转变，形成城乡一体统筹发展的局面。发展都市型现代农业，必须发挥首都科技、人才、信息、市场和资本方面的优势，整合资源，扬长避短，走可持续发展的道路。发展都市型现代农业，关键是要着力开发农业的多种功能，向农业的广度和深度拓展，促进农业结构不断优化升级，实现质量和效益的提高和统一。

都市型现代农业是与生产、生活为一体的现代化大农业系统，其核心是提高经济效益，促进农民增收，关键任务是开发农业的生产、生态、生活和示范功能，向农业的广度、深度扩展，促进农业结构不断优化升级，实现质量和效益的提高。北京发展都市型现代农业，是对大城市地区农业发展的一般规律的积极探索，是实现北京农业又好又快发展的主要途径。北京都市型现代农业，是与首都功能定位相契合，以市场需求为导向，以科学发展理念为指导，以现代物质装备和科学技术为支撑，以现代产业体系和经营形式为载体，以现代新型农民为主体，融生产、生活、生态、示范等多种功能于一体的现代化大农业系统，目标是形成优良生态、优美景观、优势产业、优质产品。

与传统农业相比较，都市型现代农业具有一些突出特点：一是发展导向的差异性。传统农业侧重于以生产者为出发点，都市型现代农业，更加突出了满足城市发展要求和市民消费需求的导向，进而提高经济效益，实现农民增收。这种发展导向连接了城乡，拉动了消费，促进了生产。二是农业功能的多样性。传统农业主要是满足食品需求，体现的是生产、经济功能。而都市型现代农业除生产、经济功能外，同时具有生态、休闲、观光、文化、教育等多种功能。而且，随着工业化、城市化的进程，都市型现代农业的生态、生活功能将会日益突出和强化。三是产业之间的融合性。传统农业是封闭循环的产业，都市型现代农业是开放循环的产业。经济社会发展，城乡要素流动，一产业必然向二、三产业延伸，二、三产业自然反哺农业，这种“你中有我，我中有你”的产业互促，恰恰是都市型现代农业的重要特征。

二、北京发展都市型现代农业的重要意义

对于北京市来讲，目前下辖 6 个城区、10 个远郊区(县)，郊区面积占全市面积 90% 多，其中山区面积又占了相当比重，山区成为拱卫京城的绿色生态屏障和城市用水的水源涵养地。北京作为首都，农业在经济增加值中的比重较小，近年来农业增加值占 GDP 总量不足 1%；北京农业价值不仅体现在经济层面，而且体现在社会层面，其生态服务、生活参与的隐性价值也开始显现。特别是在首都人均 GDP 超过 1 万美元的新阶段，农业生态服务价值会得到更加充分的体现。据有关研究显示，北京农田总服务价值为 120 亿元，其中生态价值 90 亿元，是

产品价值的3倍，全市森林服务价值高达2100多亿元。

发展都市型现代农业，是北京市委、市政府对北京农业发展规律认识的深化，是推进北京市社会主义新农村建设的首要任务。在北京市经济总量中，虽然农业增加值仅占不到1%，但在高楼林立、钢筋水泥丛林的大都市里，农业不仅是人生命的加油站，滋养着人的“胃”，还滋润着人的“心”和“肺”，农业的生产、生活、生态多功能性以及日益显现的隐性价值，彰显着农业在首都经济社会发展中不可或缺的重要作用。近年来，北京市围绕“人文北京、科技北京、绿色北京”和建设“有中国特色世界城市”的要求，突出农业应急保障、生态休闲、科技示范等功能，充分发挥首都教育、科技、人力资源优势，探索了一条有北京特色的都市型现代农业发展道路，在全国产生了示范引领作用。

北京发展都市型农业是北京经济社会发展现阶段的客观要求。北京市正处于全市人均地区总值从6000美元向10 000美元迈进的关键阶段，正处于城市化、市场化、国际化和现代化的加速期。建设中国特色世界城市，是《北京城市总体规划(2004—2020年)》的战略部署，是新世纪中央对北京工作的要求，“中国特色世界城市建设目标的提出，是北京顺应历史潮流、把握发展机遇、谋求更高发展水平的重大战略抉择。近年来‘人文北京、科技北京、绿色北京’理念的成功实践，也为北京建设世界城市奠定了基础。”按照建设世界城市的要求，北京都市型现代农业需要达到：第一须形成特色鲜明的特色产业；第二须宜居，有利于环境建设；第三须具有应急保障功能。

三、北京发展都市型现代农业发展模式

1. 北京都市农业发展的新格局

在城区，北京农业重点发展家庭农业、楼宇农业、宠物农业、物流农业、社区农业；在近郊农业区，重点发展农业高新技术研发、会展农业、休闲观光农业、科普农业；在平原农业区，重点发展加工业、设施农业、现代农业和景观农业；在山区农业区，重点发展循环农业、低碳农业和休闲观光农业；在京外合作区，重点发展北京农产品生产供应基地，形成外埠供应基地网络。

(1)稳定北京市场

北京市高度重视菜篮子工程，在全市开展了农产品质量安全监管示范区县创建活动；畜禽实现规模化标准化养殖比例达80%；建立了菜篮子重点产品的政府贮备制度，应急保障能力稳步提升。

(2)建设北京农业科技城

北京市聚集了全国主要的农业科技研发资源，科技优势明显，2010年科技部、北京市政府启动了国家现代农业科技城项目，通过高端研发与现代服务引领现代农业，国家现代农业科技城将成为全国农业科技创新中心和现代农业产业链创业服务中心。

(3)打造“种业之都”

北京市为加快种业这一农业产业发展的基础产业和核心产业发展，制订实施

了《北京种业发展规划(2010—2015)》。立足北京科技优势，谋划种业发展，建设通州国际种业园区、中关村良种创制中心和丰台品种权交易中心，初步形成了全国种业科技创新中心、交易交流中心等综合服务平台。

(4)都市农业产业特色和水平显著增强

北京着力拓展和延伸农业产业链条，拥有农业龙头企业国家级和市级企业一百余家；郊区实现了四季休闲，草莓、樱桃、大桃、苹果等采摘成为市民最喜欢的体验农业新形式，顺义的花卉博览园的花田观海等花田景观成为“亮点”，休闲农业园达到1300个，实现收入30.4亿元；都市会展农业蓬勃发展，先后举办了第七届中国花卉博览会和第七届世界草莓大会。

(5)都市农业的生态功能特色明显

北京把农业定位为“生产性绿色空间”，投资46亿元实施农业基础建设和综合开发规划；农业、森林的生态价值凸显，绿色生态价值达到1万亿元，生态资源和农田景观成为都市靓丽的风景；德清源循环农业模式探索了一条产业发展和生态建设协调统一的有效途径；沟域经济成为山区可持续发展新模式。

2. 北京都市农业的发展趋势

结合新农村建设，至2020年时，北京农业综合生产能力和可持续发展能力将显著增强，全面实现现代化，基本具备都市型现代农业的主要特征。

(1)农业结构科学、合理

科技密集的种业，知识、文化密集的农业旅游业，信息技术密集的设施农业，实施清洁生产的畜禽养殖业，四者构成了北京都市型现代农业的支柱产业；而且，在布局上，实现了自然资源和社会资源的优化配置，生产、生态、生活、社会、服务五大功能齐全、强大。

(2)生产功能完成了质的转变

“名、特、优、新、稀”为北京地产农产品的主体，且80%以上属于绿色或有机食品。农业生产的专业化、规模化、标准化、数字化、智能化，使北京品牌不但在全市、全国市场上享有盛誉，成为著名品牌；而且，在国际市场上亦有一定知名度，成为免检产品。

(3)区域农业一体化形成

北京的种业、农产品加工与制造业和农民教育培训，为环渤海经济区乃至全国的农业，起到有力的辐射、带动的服务作用。并与周边农业在市场、生产上合理分工，互补；相互促进，相辅相成，共同发展，达到共赢，实现区域农业一体化。

(4)人与自然和谐

清洁生产、循环经济的全面实施，农业不但实现了资源低耗、高效、集约，而且使农村环境洁净、空气清新、流水清澈；山区生态足迹，由“赤字”转为基本平衡。林、灌、草、花和农作物呈马赛克式错落交融，形成恬静、幽雅、莺歌燕舞的优美乡村田园景观。

(5)农业的多功能性得到深入开发

农业旅游、休闲、娱乐项目丰富多彩，优雅的乡村田园景观，成为游客留恋忘返的"乐土"，加上"沃土"(肥沃的土地)和"净土"(洁净的环境)，"三土"成为都市人出游的首选地之一；通过合理利用农业资源，采取节水、增加植被等措施，使农业的生态功能得到更大的发挥；在农业进步、发展的拉动下，涉农二、三产业发达，吸纳了大批农村劳动力，使一产从业人员较目前减少一半以上。

(6)农业效益得到大幅度提高

充分的就业技能培训，使农村的剩余劳动力得到转移，劳动生产率大幅提高；通过创意农业的发展，提高农业的文化附加值、科技附加值、绿色附加值、服务附加值、加工附加值，使农业效益位居全国前列。

(7)城乡更加融合

城乡二元结构被彻底打破，农民越来越多地享有与城市居民相同的权益与福利；农民的体质、素质、素养得到全面的大幅度提高，收入增速快于城市居民，收入差距缩小到1:2以内。从而，实现城乡统筹、山区与平原统筹、协调发展，构成和谐社会。

(8)农业高度组织化、系统化

出现一批跨区、跨省市的农业行业协会，其对内、对外职能不断健全、完善，有的还发育成策略联盟。以现代先进信息网络支撑的、强大的农产品物流配送体系，将物资流、信息流、经济流融为一体，并与农产品加工制造业构成了协会的中坚力量，共同打造农产品产、加、销一体化。它们与发达的种业一起，形成了"两头在内、中间在外"的哑铃形模式，在畜牧业、水产业率先得到巩固、完善，并逐渐扩展到条件成熟的其他产业。

(9)农业经营体制多元化

公有、私有、股份、外资、合资等各种类型的农业企业(公司)，合作社，家庭农场(专业农户)，兼业农户等并存。

第二节 北京都市型现代农业的政策回顾

党的十六大以来，中央解决"三农"问题的思路发生了重大变化，这与国家经济社会发展的大背景相一致，北京都市农业的发展也进入了一个更高和更新的阶段，这就是都市型现代农业阶段。北京市委、市政府统筹全局发展、强化顶层设计、创新工作举措，着眼全面统筹，制定实施了都市型现代农业发展意见、促进农民增收行动计划，出台了一系列强农惠农富农政策，"城市带动农村、工业反哺农业"的机制进一步巩固。有力推动了都市型现代农业发展。

一、北京都市型现代农业萌芽阶段

基于市情和首都发展要求，北京市委、市政府近年来一直把"三农"问题作为全市工作的重中之重，把大力发展都市型现代农业作为农业发展的重要方向。

20世纪90年代中后期，我国农产品市场实现了从供不应求到供大于求的历史性转变，特别是在新世纪我国加入了世界贸易组织。围绕农民增收、农业增效和率先实现现代化，做出了积极的尝试。发展都市型现代农业，是一项优化资源配置、综合各方合力的系统工程，为此，在选择发展都市型现代农业的过程中，北京奉行以市场为导向、有所为有所不为的原则，坚持走特色之路，把培育唯一性特色农产品、开发农业新功能、优化农业产业结构作为当前推进都市型现代农业发展的切入点。

1994 年，朝阳区在制定《北京市朝阳区经济与社会发展"九五"规划》时，在全市范围内首次提出了发展都市农业的目标，开启了北京市探索发展都市农业的时代。从 1997 年开始，北京市展开了对农业结构的新一轮战略性大调整：1997 年市政府提出以发展以"设施农业、籽种农业、精品农业、加工农业、创汇农业和观光农业"等六种特色农业带动结构调整；1998 年提出从种养比例、粮经比例两个层次上加大调整力度，发展养殖业、形成粮经饲三元结构，使结构调整进入了更深层次；1999 年突破了粮食面积和总产"双稳定"的长期制约，实现了由市场配置农业生产资源的大转折；2000 年开始，逐步由"撒芝麻盐"式的支持转向有重点地扶持主导产业，培育产业组织；2001 年以来，通过鼓励实行产业化经营把农业结构调整引向深入，进一步加强了对安全食品体系建设和农产品加工、流通企业、农民专业合作经济组织的支持；2002 年以来，北京市委、市政府进一步明确提出了将都市型现代农业作为首都农业未来的发展方向；并围绕"人文奥运、科技奥运、绿色奥运"理念，在"六种农业"仅注重农业生产、生活功能的基础上，进一步提出了"生产、生活、生态"多功能服务首都的农业发展思路，把农业的生态功能建设放在更加重要、更加突出的位置。

二、北京都市型现代农业快速发展阶段

2003 年 1 月，胡锦涛同志在京考察时，与北京市领导交谈中，提出北京如何瞄准城市居民的餐桌，发展都市型现代农业。2003 年 3 月，北京市召开了新中国成立以来第一次郊区工作会议，正式提出了发展都市型现代农业的战略任务，以现代新型农民为主体，融生产、生活、生态等多种功能于一体的现代化大农业系统，目标是形成优良生态、优美景观、优势产业、优质产品。

2004 年 3 月，北京市农村工作委员会《关于实施"221 行动计划"推进北京农业现代化的意见》(京政农发[2004]7 号)出台，主要内容是："摸清农业资源和市场需求两张底牌，搞好科技和资金两个支撑，搭建一个综合信息平台"。本次文件是站在新的历史高度，根据市场需求，合理配置资源，使生产、生活、环境相协调，社会效益、生态效益和经济效益相统一，实现郊区农业的可持续发展。通过"221 行动计划"的实施，将显著提高郊区农业的科技含量、产业化经营和标准化生产水平，进一步推进农业产业结构战略性调整向纵深发展，促进具有国际化大都市特点的都市型现代农业格局的形成。

2005 年 10 月，北京召开"第三届北京郊区现代化发展论坛"，正式提出都市型现代农业的概念。2005 年 11 月，北京市农村工作委员会《关于加快发展都市型现代农业的指导意见》(京政农发[2005]66 号)正式出台，首次对发展都市型现

代农业作出全面、系统部署。并明确提出："都市型现代农业是指在我市依托都市的辐射，按照都市的需求，运用现代化手段，建设融生产性、生活性、生态性于一体的现代化大农业系统"。文件还明确了北京都市型现代农业发展的目标是要形成优良生态、优美景观、优势产业、优质产品；主要着力点是开发农业的多种功能，向农业的广度和深度拓展，促进农业结构不断优化升级，实现质量和效益的提高和统一；重点是开发四种功能，发展四种农业，即：开发生产功能，发展籽种农业；开发生态功能，发展循环农业；开发生活功能，发展休闲农业；开发示范功能，发展科技农业。

2006 年北京市更加明确了开发"四种功能"，发挥"四种农业"的都市型现代农业发展方向。2006 年 4 月，北京市农村工作委员会发布了《关于发展设施农业的意见》(京政农发[2006]17 号)文件，指出设施农业作为都市型现代农业发展的一种重要形式，通过汇集土地、资金、技术和劳动力等要素，形成了以资金密集、技术密集、劳动力密集为主要特征的集约高效型产业，不仅成为吸纳农民就业的重要载体和农民增收致富的重要途径，而且还可以有效地促进农业综合生产能力的增强和农业产业结构的调整。

2007 年北京市农村工作委员会发布了《关于北京市农业产业布局的指导意见》(京政农发[2007]25 号)文件，对北京都市型现代农业的总体功能及产业布局进行了确定。文件指出：通过调整产业布局，优化产品结构，实现北京都市型现代农业"生态、安全、优质、集约、高效"发展。到 2010 年，初步形成"五圈九业、优质品群"的都市型现代农业布局。即：在空间分布上，促进与北京"两轴—两带—多中心"城市空间规划及区域功能定位相协调的五个农业发展圈层；在产业结构上，形成生态粮经种植、高效设施蔬菜、有机特色果品、健康畜禽养殖、特色名品花卉、生态垂钓观赏渔业和旅游农业、籽种农业、加工农业九大优势主导产业；在产品结构上，具有满足市场高端需求的一批名优品牌、优质品种农产品和农副产品。通过转变农业生产经营方式，农业的综合功能得到有效开发，农业综合生产能力和产业竞争力明显提升，农业增效、农民增收效果明显，新农村建设中农业产业得到明显发展。

2008 年，北京市人民政府下发《北京市人民政府关于促进设施农业发展的意见》(京政发[2008]30 号)文件，指出：设施农业是通过综合应用现代工程技术、生物技术和信息技术，按照动植物生长发育的要求控制生产环境，从而提高农产品产量和质量的现代农业。发展设施农业可以有效提高农业水利化、机械化和信息化水平，提高土地产出率、资源利用率和农业劳动生产率，提高农业素质、效益和竞争力，对保障农产品供给、增加农民收入、促进可持续发展具有重要作用。要深入贯彻落实科学发展观，以市场需求为导向，以"两区两带多群落"为重点，结合"菜篮子"工程建设，发挥政策引导作用，强化生产标准，优化设施结构，完善配套技术，提高装备水平，充分挖潜，扩大规模，积极引导设施农业加快发展，增强抵御自然和市场风险的能力，促进农业生产稳定发展、效益稳步提高，充分发挥设施农业在推进本市都市型现代农业建设中的作用。

2009 年 6 月，北京市社会主义新农村建设领导小组下发《北京都市型现代农业基础建设及综合开发规划(2009—2012 年)》(京新农发[2009]2 号)文件，文件指出：要按照“人文北京、科技北京、绿色北京”的建设目标和率先形成城乡经济社会发展一体化新格局的根本要求，围绕首都城市的“四区功能定位”和都市型现代农业的“五圈布局”，围绕首都城市的“四区功能定位”和都市型现代农业的“五圈布局”，立足现有工作，整合现有项目，集成政策，形成合力，加快推进重点区域、优势主导产业“农业四项基础建设”，不断开发农业生产功能、生态功能、生活功能和示范功能，促进都市型现代农业又好又快发展。

2009 年 7 月，时任北京市委书记刘淇在全市上半年经济形势分析会上提出，要重新认识首都“三农”。并指出：“首都的农业是都市型现代农业，是一、二、三产业相互融合，充分体现人文、科技、绿色特征的低碳产业。”确立了都市农业是“建设世界城市的特色产业、首都生态宜居的重要基础、首都高端农产品供应和城市应急安全的基本保障”三个定位。这既是对北京农业在经济社会发展中的重新定位，对北京都市型现代农业多元价值的充分认可，也是对近几年北京发展都市型现代农业的高度肯定。2010 年 9 月，北京市农村工作委员会下发《促进设施农业发展实施细则》(京政农函[2010]45 号)，进一步促进我市设施农业产业的健康发展。

2010 年 2 月，北京市农村工作会议把都市型现代农业定性为建设世界城市的特色产业，提出要着眼于“基础设施最领先、成果转化首选地、籽种品种顶尖级、机械装备现代化、服务体系最完备、人才素质第一流”的标准加强农业建设，积极争创国家都市型现代农业示范区。这充分体现了北京市委、市政府对北京都市型现代农业发展高起点、高标准的要求，也彰显了北京在全国都市型现代农业发展中的示范引领作用。

2010 年 10 月，印发《关于加快推进北京种业发展方式转变的意见》和《北京种业发展规划(2010—2015 年)》，指出：北京种业是都市型现代农业的重要组成部分，具有高端、高效、高辐射的显著特征。站在建设世界城市高度，要进一步强化种业对都市型现代农业的引领作用，根本转变北京种业发展方式，打造“种业之都”。《规划》洞察了北京种业发展的环境条件和面临的关键问题，明确了北京种业发展的定位、目标和转型提升方向，谋划了北京种业发展的布局和重点工程，提出了推进北京种业可持续、跨越式发展的主要措施。

2011 年 8 月，北京市农村工作委员会、北京市农业局等部门联合下发了《北京“十二五”都市型现代农业服务体系总体规划》，文件指出：都市型现代农业是北京建设世界城市重要特色产业、是生态宜居城市的基础、是高端农产品供应和城市应急安全的基础保障的科学定位。

2012 年 6 月，根据《北京市国民经济和社会发展第十二个五年规划纲要》和《北京市“十二五”时期城乡经济社会一体化发展规划》，北京市农委会同市农业局、市发展改革委编制了《北京市“十二五”时期都市型现代农业发展规划》(京政农发[2012]14 号)，文件要求以科学发展观为指导，以转变发展方式为主线，按照建设世界城市与“人文北京、科技北京、绿色北京”的总体要求，围绕率先形成城乡一体化经济社会发展新格局的战略部署，创新北京都市型现代农业的发展模式，深入开发农业多功能，努力挖掘农业新价值，推进农业专业化、规模化、标准化发展，推动资源、资本要素向农业合理聚集，加快一、二、三产业的相互渗透和融合，满足市民生活、生态的多元化需求和农民的持续增收要求，为首都经济社会科学和可持续发展提供有力支撑。

2014 年 2 月 25 日，习近平总书记在视察北京工作时，进一步明确了北京建设国际一流和谐宜居城市的战略定位。实现和谐宜居，首先对北京的生态环境建设和城乡一体化发展提出了更高要求。基于此，北京市充分发挥都市型农业的基础地位和综合功能，加快推进农业节水，调整农业结构，转变农业发展方式，着力构建与首都功能定位相一致、与二、三产业发展相融合、与京津冀协同发展相衔接的都市型现代农业产业结构，强化首都农业的战略地位以及应急保障、科技示范、生态休闲等功能，全面推动都市型现代农业向纵深发展。

第三节 北京都市型现代农业“十一五”发展回顾

都市农业是现代农业的重要组成部分。北京市结合发展实际，探索了一条具有北京特色的都市农业发展道路。“十一五”时期是北京都市型现代农业的起步发展阶段。这一阶段，对都市型现代农业的认识不断升华，在“221 行动计划”的指引下，以“开发生产功能，发展籽种农业；开发生态功能，发展循环农业；开发生活功能，发展观光休闲农业；开发示范功能，发展科技农业”为核心，加大强农惠农政策扶持力度，建立起推进都市型现代农业发展的工作机制，实施了一批重大工程，对都市型现代农业进行了创造性的探索和实践，并取得了重要的阶段性成果。农业的功能得到进一步拓展，农业的基础地位进一步巩固，农业发生了重大的功能性和历史性变化，有力地支撑和保障了“十一五”时期首都经济社会的发展，也为“十二五”时期都市型现代农业发展提供了强有力的理论和实践支撑。

一、农业多种功能全面开发

大力开发农业的生产、生态、生活等多种功能，农业的综合服务价值全面提升，农业的多功能性得到了社会普遍认可。

在稳步提升农业综合生产能力的同时，全面开发农业的生态功能。大力开展风沙源治理，在全国率先全面实施保护性耕作，覆盖率达到 90%；着力推进农业清洁生产和节能减排，强化农业面源污染防控，累计推广测土配方施肥 1249 万亩，以大中型沼气、生物质气化、堆肥技术和秸秆还田技术为主，开发绿色能源，实现农业资源的综合利用；持续开展水生生物增殖放流，净化了密云水库等水源区的水质，美化了城市景观水域，水域荒漠化得到有效控制；持续增加农田作物与林果等植被的绿色覆盖，不断提升北京农业的生态服务功能。2009 年农业的生态服务价值已达1万亿元，有力地支撑了首都经济社会的可持续发展。

二、都市型特色产业快速发展

大力发展籽种农业、观光农业、设施农业、农产品加工业等都市型现代农业特色产业，基本建立起都市型现代农业产业体系。

种养业稳步发展。粮食作物播种面积稳定在330万亩左右，蔬菜播种面积稳定在120万亩左右，果树面积达到246万亩，花卉种植面积6.7万亩，不仅成为首都重要的“菜篮子”农产品生产基地，也构成了首都的生产性绿色空间。养殖业布局和结构更加合理，商品畜、禽、鱼生产比重下降，畜禽良种、水产种苗比重显著上升，并基本形成以标准化规模饲养为主的“三带多品群”格局，产业化水平进一步提高。“十一五”期末，养殖业在农业产值中的比重保持在50%左右。

籽种产业加快发展。依托首都科技资源优势，北京种业快速发展，成为都市型现代农业的重点产业。2010年种业生产性收入达14.6亿元，比2005年增长1.52倍；种业销售额达60亿元，较2005年增长36%。另外，编制并启动实施了以打造“种业之都”为目标的《北京种业发展规划》，成功申办了2014年世界种子大会。

大力发展设施农业。出台了《关于促进设施农业发展的意见》，2010年年底，设施农业面积达到27.48万亩，初步形成了“两区、两带、多群落”的新布局，产值达40.7亿元，比2005年增长了82.1%，成为农民增收的支柱产业。

观光休闲农业快速发展。2010年全市农业观光园1303个，市级民俗旅游户9970户，全市休闲农业共接待游客3328.5万人次，同比增长11.3%，总收入超过25.2亿元。

农产品加工业迅猛发展。规模以上农产品加工企业产值超过600亿元，与农业总产值之比接近2∶1，达到发达国家水平(2.0~4.0∶1)；积极开展首都农业品牌建设，推动龙头企业上市，顺鑫、三元、德青源、大发、华都等都已成为国家级龙头企业和全国知名品牌。

产业融合速度加快。休闲农业、创意农业、农产品流通业、会展农业等融合性产业得到发展，成功举办了第七届中国花卉博览会，成功申办并积极筹备2012年第七届世界草莓大会，融合性产业成为了农业新的增长点。

三、农产品质量安全水平逐步提升

“十一五”期间，在耕地面积刚性减少的情况下，粮食、牛奶、干鲜果品产量分别较2005年增长31.5%、5.0%和12.3%，禽蛋产量稳定在15万吨以上。在保证农产品有效供给的前提下，全面加强农产品质量安全监管，强化了无公害农产品、绿色食品、有机食品和地理标志农产品“三品一标”的认证。截至2010年年底，全市共有1083家企业3770个产品有效使用“三品”认证标志，占全市主要食用农产品产量的35%；初步建立了农产品质量安全保障体系、从农田到餐桌全过程监管控制体系、食用农产品质量安全追溯系统；本市自产畜禽产品的

"瘦肉精"等主要药残抽检合格率已连续6年保持100%，蔬菜基地的农残抽检合格率达99.1%，水产品基地抽检合格率达到98.3%，生产基地农产品合格率处于全国前列。

四、农业科技支撑作用更加明显

深入落实"221行动计划"，充分发挥科技对农业的支撑作用，农业的可持续能力逐步增强。

农业科技取得新成效。实施了35个重大农业科技项目，示范推广了设施育苗、环境友好栽培、健康养殖、病虫害综合控制、农业机械化作业等一批先进适用的技术，一批重点项目获得国家级、省部级奖励，不断推动北京农业向高端、高效、高辐射方向发展。

农业科技推广的机制不断创新。围绕食用菌、西甜瓜、生猪、奶牛、鲟鱼等主导产业和特色产业，组织实施科技入户，促进了新品种与新技术的推广与应用。以果类蔬菜、生猪和观赏鱼三个产业为重点，推进了现代农业产业技术体系北京市创新团队建设；开办农民田间学校627所，启动"林果乡土专家行动计划"。累计培养学员2万余人，乡土专家480名，带动农民达5万户。农民的综合素质、技术创新与应用能力，农业的辐射带动能力和增收致富能力都有显著提高。

农业科技示范作用日益明显。建设各具特色的农业科技园区25个。小汤山现代农业科技示范园升级为国家级农业科技园区，锦绣大地农业技术园、顺义三高农业示范区等7个园区成为科技部挂牌重点园区。"十一五"期间，本市陆续创办480多个高效农业园，极大地发挥了都市型现代农业的示范功能。

农业信息化步伐加快。以资源底牌、市场底牌、科技支撑、资金支撑四大模块为主要内容，初步搭建起"221信息平台"；开通了"尚农网"，面向政府、企业、合作组织、农民和市民提供查询、分析、决策和交易服务；开通了"12396"北京新农村科技服务热线和"12316"农业服务热线，农村基层各类信息服务站点已达10 680个，郊区信息化水平得到了显著提升。

五、农业基础建设扎实推进

启动实施了《北京市农业基础建设和综合开发规划(2009—2012年)》，围绕九大片基本农田，重点开展了以配水节水为中心的农田水利改善工程、以质量提升为中心的农田培肥工程、以改善环境质量为中心的田园清洁循环工程、以农田景观建设为中心的沟路林渠配套工程建设，一期规划建设面积120万亩，已实施60万亩。

全市耕种收综合机械化水平从40%左右提高到63.85%，设施、植保和畜牧生产的农机装备水平稳步提高。农业节水工作取得显著成效，目前，节水灌溉面积占总灌溉面积近90%，农业用水从2006年的12.78亿方下降到2011年的10.9亿方，占全市用水总量中的比重也由37%下降到30%。

全面加强动物防疫基础设施建设，组织实施《北京市动物防疫体系建设规划》，健全市级动物疫病预防控制机构体系，着重加强了基层动物防疫体系建设，初步建立了村级防疫员。组建了重大植物疫病防控指挥部，重大动植物疫病应急反应能力显著增强。深入开展了以农资打假为主的“绿剑行动”专项治理，执法力度进一步加大，执法行为进一步规范，依法行政水平逐步提高。

六、惠农政策与机制不断创新

政府投入农业的力度不断加大。“十一五”时期市级财政投入539.4亿元，比“十五”时期增长2.9倍，政府固定资产投资投向郊区的比例保持在50%以上；各项强农惠农政策不断推陈出新，实施了粮食直补、良种补贴、奶牛补贴、种猪补贴、农资综合补贴、农机具购置补贴，在全国率先建立起农田生态补偿制度。各项强农惠农政策的落实，保护了农民种地积极性，有力地推动了郊区农民收入的较快增长。

农业服务机制与模式不断创新。探索了大兴设施农业、怀柔公园式农业、丰台会展农业等10种都市型现代农业发展的典型模式，打造了京承高速等一批都市型现代农业走廊。启动了农村金融综合改革试验区建设；在全国率先试行了农业政策性保险，逐步建立起农业政策性保险机制；设立农业产业投资基金，建立健全农村金融体系；创新了农民培训方式，创办参与式、互动式的“农民田间学校”，成为政府加强农民和技术人员能力建设的典范。形成了“部门联动，政策集成、资金聚焦、资源整合”的工作机制，为转变农业发展方式，全面推进都市型现代农业的科学发展提供了良好的体制机制保障。

第四节 北京都市型现代农业“十二五”规划主要内容

“十二五”期间，北京发展都市型现代农业有难得的历史机遇。“十二五”期间是率先形成城乡经济社会发展一体化新格局的关键时期，也是都市型现代农业全面深入发展的重要时期。市委市政府从战略高度谋划都市型现代农业发展，突出基础性、强调融合性、开发创意性、拓展开放性，明确了“首都的农业是都市型现代农业，是一、二、三产业相互融合、充分体现人文、科技和绿色特征的低碳产业”，确立了都市型现代农业是“建设世界城市的特色产业、首都生态宜居的重要基础、首都高端农产品供应和城市应急安全的基本保障”的定位，建设“人文北京、科技北京、绿色北京”和世界城市，为北京农业的发展提出了新要求，产业发展的内外在需求，对北京农业发展提供了新动力。

一、北京发展都市型现代农业存在的问题

1. 农业发展所需的资源和空间受到的制约明显

北京市人均水资源占有量不足300立方米，仅为全国人均占有量的1/6、世界人均占有量的1/25；土地资源数量有限，质量不高，山地多，平地少，土地

后备资源不足。随着城市化进程的不断加快，以及新城和小城镇的建设，农业发展空间及资源的刚性约束越发凸显，统筹安排农业大规模生产的难度越来越大，加快转变农业发展方式，推动农业的集约化、高端化发展，成为“十二五”时期农业发展十分紧迫的任务。

2. 农产品有效供给能力有待进一步增强

本市农产品生产方面发展空间有限，加上气候条件和自然灾害的不确定性，需要不断从政策扶持、基础建设、技术支撑等环节挖掘潜力；在农产品市场供应和应急保障方面，加强农业区域合作、改善农产品的流通和市场调控，保障市场的稳定供应，特别是极端条件下和特殊时期的“菜篮子”主要农产品的应急供应，任务十分艰巨。

3. 农业管理和服务面临严峻挑战

一方面，食品安全受到前所未有的高度关注，特别是北京作为首都，农产品的质量安全问题极为敏感，而动植物疫病的发生和流行从时间和空间上存在极大的不确定性，面临的形势比较复杂。因此农产品质量安全监管和动植物疫病的防控难度比较高，压力比较大。另一方面，与都市型现代农业相匹配的现代农业服务体系还不健全，农业产前、产中、产后的多元化服务体系还不完善，需要切实建设好农业技术推广、动植物疫病防控、农产品质量安全、农资、农机等服务体系。

4. 农民组织化程度亟待提高

现阶段农业的规模化程度较低，加上农业生产的高成本，使得农业在国内外市场竞争的优势不明显；与发达国家相比，农民的素质还相对较低，产业化程度及合作组织所发挥的作用不够，需进一步加强农民专业合作组织建设，不断提高农民经营管理、科技运用、抵御市场风险等方面的能力和水平。

5. 农业国际化水平与建设世界城市的要求还有一定差距

作为首都，北京的农业是对外展示的重要窗口。但现阶段，农业的国际参与度不高，国际竞争力还不强，与北京建设世界城市的要求还有不少差距。需要不断深化国际交流与合作，提升农业的开放性水平，积极参与国际竞争，打造形成首都特色的农业国际品牌。另外，对比纽约、巴黎等世界城市，农业的生态价值和对宜居城市建设的保障作用还有不少潜力可挖。

二、北京发展都市型现代农业发展目标

“十二五”期间，北京市将按照“建设有中国特色世界城市”的总体要求，发展世界水平的农业，建设世界水平的农村，培育世界水平的农民，进一步增强农业的应急保障、休闲生态、科技示范等功能，高标准推进都市型现代农业发展。《北京市“十二五”时期都市型现代农业发展规划》按照《北京市国民经济和社会发展第十二个五年规划纲要》、《北京市“十二五”时期城乡经济社会发展一体化发展规划》的要求，从产业、布局、功能和支撑能力等层面落实发展都市型现代农业的任务，统筹城乡资源，转变发展方式，深度开发农业多功能，使都市型现代

农业成为首都鲜活安全农产品供给的基础保障、宜居城市的生态景观基础保障和直接从事农业生产的农民增收的基础保障，为首都“十二五”时期经济社会科学发展提供有力支撑。

三、发展思路与目标

“十二五”期间，以科学发展观为指导，以转变发展方式为主线，按照建设世界城市与“人文北京、科技北京、绿色北京”的总体要求，围绕率先形成城乡一体化经济社会发展新格局的战略部署，创新北京都市型现代农业的发展模式，深入开发农业多功能，努力挖掘农业新价值，推进农业专业化、规模化、标准化发展，推动资源、资本要素向农业合理聚集，加快一、二、三产业的相互渗透和融合，满足市民生活、生态的多元化需求和农民的持续增收要求，为首都经济社会科学和可持续发展提供有力支撑。

1. 发展目标

(1)总体目标

以高端、高效、高辐射为主要标志，以基础完善、科技领先、产业高端、服务完备、装备现代、人才一流为主要标准，农业的多功能实现深度开发。力争通过5年的努力，使农业成为首都鲜活等安全农产品供给的基础保障、宜居城市的生态景观基础保障和直接从事农业生产农民增收的基础保障，基本形成业态丰富、功能多样、环境友好、特色鲜明的都市型现代农业产业体系。率先成为国际领先、国内一流的都市型现代农业引领区、农业高新技术示范区和农业高科技人才聚集区。

(2)具体目标

①农产品生产供应保障能力明显提升　耕地稳定在330万亩左右，基本农田稳定在280万亩以上，其中：粮食占耕地面积稳定在200万亩左右，粮食总产量达到110万吨以上；菜田占耕地面积稳定在70万亩(其中，设施蔬菜总面积35万亩)，蔬菜年总产量达到450万吨；蔬菜自给率提高到35%，禽肉、禽蛋、牛奶的自给率分别达到70%、66%、68%以上，猪肉自给率达到30%，水产品自给率达到15%。通过本市及外埠基地建设，大幅提高北京农产品的市场控制力。“菜篮子”产品全面达到无公害标准，绿色食品、有机农产品的产量比“十一五”末翻一番。

②农业产业实现特色高端高效　“种业之都”建设迈出坚实步伐，种业销售额达到80亿元；设施农业稳步发展，产值和效益提高20%以上；农业服务业收入提高30%以上，休闲农业总收入达到35亿元左右。农民组织化程度和农业规模化经营程度提高20%以上；农产品加工业总产值与农业产值之比达到2.5∶1。

③农业生态服务水平国内一流　农田周年覆盖率达到95%以上，景观农田达到150万亩以上。农业水、肥资源利用率提高10%以上，全市农业年用清水总量控制在8.0亿方以内；规模养殖场畜禽粪便污水处理率达到90%；渔业、景观水域修复率达到30万亩以上，农业系统的生态服务价值提高10%。

④农业科技水平与社会化服务能力显著增强　以国家农业科技城建设为契机，显著提升农业科技创新能力、新型产业培育能力和社会化服务能力。农业科技贡献率达到68%；建立完善的农业信息化服务体系；全市农业社会化服务与管理能力显著增强，村镇农业社会化服务覆盖度达到95%。

⑤农业基础装备国内领先　新建基础完善、装备现代的基本农田150万亩，基本农田建设与综合开发达到210万亩。农田水利设施基本配套，节水灌溉面积占灌溉面积的比例达到95%；农作物重大病虫草害专业化防治比率由目前的8%提高到30%，灌溉水利用系数由0.67提高到0.7；全市耕种收综合机械化水平达到70%以上，粮食作物生产全程机械化，农业生产基本实现现代化。

2. *发展原则*

①因地制宜　根据地理位置、资源条件、气候类型、生态环境等实际情况，科学、合理布局主导产业和空间，充分发挥首都的地理优势、资源优势和人才优势，进一步健全适合农业发展水平和首都特点的都市型现代农业产业体系。

②产业融合　大力推进一、二、三产业的融合，以二、三产业发展带动农业发展；引导农村劳动力的转移，吸纳农村劳动力进入二、三产业，提高农民收入；推进城乡经济、社会、文化、生态等各领域的相互融合和可持续发展，服务首都社会经济发展。

③安全生态　强化生产基础，为城市提供安全、放心、优质的农产品，稳定本市农产品的自给率，增强对农产品的控制力，确保安全率。注重生态效益，加大农业生态环境治理力度，提高农业资源利用效率，推动农业废弃物资源性再利用，构建和谐城乡绿色空间。

④资源整合　引进发达国家或农业先进国家的新技术、新品种、新设施，整合相关行业和相关部门的资源，合理聚焦要素、资金、政策，形成合力，深化农业结构战略性调整，以现代服务业引领现代农业，培育新型农业产业。

⑤机制创新　在要素配置方式、组织服务体系、农业保护支持体系等方面进行探索和创新，充分发挥首都高端科技、人才、资金等资源优势，按照市场经济规律推动农业生产模式和经营管理方式转变，培育以农民为主的专业种养大户，积极推进适度规模经营。从拓展农业生产功能和延长产业链着手，把生产、流通、加工紧密结合起来，提升都市型现代农业的核心竞争力。

3. *总体布局*

按照产业融合、科学循环、优势主导的原则，突出大城市郊区农业区特点和首都特色，科学高效配置农业资源要素，加快形成生态优良、环境优美、产业优势、产品优质的都市型现代农业产业格局。

①城市农业区　包括东城、西城、石景山和其他新城核心区，是都市型现代农业的适度发展区。重点发展公园农业、社区农业、校园农业、家庭农业等不同类型的城市农业，挖掘农耕文化和示范教育功能，提升城市景观，缓解城市热岛效应，丰富市民生活。

②近郊农业区　包括朝阳、海淀、丰台城乡结合部和新城的周边地区，是都

市型现代农业的研发、展示和会展区。重点发展农业高新技术研发、总部经济、会展农业、农产品流通业、农业主题公园和休闲观光农业，打造农产品展示交流平台，积极营造城市田园景观，将农业生产空间与城市居住环境空间融为一体，增强农业生态、生活服务功能。

③平原农业区　包括顺义、大兴、通州和房山、平谷、昌平的平原地区，是都市型现代农业的核心区和首都“菜篮子”农产品的重要生产基地。重点建设“名特优新”农产品生产基地、现代农业示范园区，发展农产品加工业、设施农业、现代种业与景观农业，为首都市场提供鲜活安全的农产品。

④山区农业区　包括房山、门头沟、昌平、怀柔、延庆、密云、平谷的山区，是都市型现代农业作为充分体现人文、科技、绿色特征的低碳产业重要示范区，也是融合性产业的重点发展区。着重发展循环农业、低碳农业、有机农业和沟域经济，打造一批特色果品产业带和有机农产品生产基地，提高农业生态服务价值和农民增收能力。

⑤京外合作区　重点包括河北、山西等周边省、区农产品主产地区，是首都农产品供应的重要保障区。新发展 20 万亩农产品生产基地，外埠供应基地达到 80 万亩，并与城区“菜篮子”产品销售网络相对接，形成首都农产品外埠供应基地网络，以提升农产品市场控制力，并辐射带动周边区域农业发展。

第五节　北京“沟域经济”发展模式内容

山区发展一直是北京全面发展的重点和难点。没有山区的现代化，北京不可能率先基本实现现代化；没有山区的富裕，北京不可能实现城乡统筹发展；没有山区作生态屏障，北京不可能建成生态宜居的城市；没有山区的科学发展，党的十八大提出 2020 年全面建成小康社会奋斗目标难以实现。北京建成小康社会的关键在农村，农村的关键在山区，没有山区的小康就没有全市的小康。因此，发展沟域经济是首都率先建成小康社会的重要突破口。北京市面积 1.6 万平方千米，山区占 62%，在京、津、沪三大直辖市中是独特的，在世界各大国首都中也是少有的，全市拥有 1 千米以上的沟域达 2300 多条。北京这座城市就不可能建成国际一流和谐宜居城市。从一定意义上，山区是北京的希望与未来。

“沟域经济”是北京近年来探索出来的一种新的山区发展模式，属于区域经济范畴，是一种经济形态。2007 年，北京市门头沟区率先提出沟域经济概念，并精选了包括妙峰山、斋堂等在内的 18 条沟域进行规划。2008 年 7 月，北京市社会主义新农村建设领导小组下发《关于推进山区沟域经济发展试点工作的指导意见》，进行房山蒲洼沟域等三个沟域经济试点建设。同年 11 月，北京市召开第二次山区工作会议，出台《北京市人民政府办公厅转发市农委关于进一步推进山区经济社会发展若干政策措施》，明确了“推动沟域经济发展，促进农民增收”的发展思路。2009 年 11 月，市委常委会研究推动本市山区沟域经济发展，沟域经济上升为市委决策，会议指出：发展沟域经济是发展绿色经济的重要内容，是建设“三个北京”的重要组成部分，也是本市山区落实功能定位、破解产业发展难题、走上文明小康之路的正确发展方向。2010 年 12 月，北京市下发了《北京市人民政府关于促进沟域经济发展的意见》，进一步明确了促进沟域经济发展的指导思想、总体目标和工作原则以及主要内容和重要着力点，标志着北京市沟域经济进入了一个以保护生态为基础、以富民为根本的良性发展新阶段。

一、沟域经济的内涵

“沟域经济”是指以山区沟域为地理空间、以内聚力发展变化为基础、实现山区增长及发展的一种经济形态。沟域经济属于区域经济范畴，有特定的地理空间，具有地域特色，这种地域特色与其地理位置、历史人文、特定资源等相互融合，形成各具特色的产业链，能够产生巨大的经济效应。

“北京沟域经济”是指在北京城市发展推动下形成的外延式或需求拉动式的生态沟域经济，主要以生态涵养与保护为基础，以生态建设与休闲旅游产业为龙头，集生态涵养、旅游观光、经济发展和人文价值于一体，打造统一规划、形式多样、产业融合、集约经营、规模适度、特色鲜明的产业经济带，实现山区发展与农民致富的一种经济形态。其内涵主要体现在以下几方面：

1. 生态优先

“沟域经济”以生态保护为前提，立足首都经济，大力发展生态休闲与服务产业，以涵养保发展，以发展促涵养，实现生态涵养与经济建设的协调发展，为山区开辟一条生态友好型可持续发展道路。

2. 生活丰富

沟域经济以发展休闲旅游产业为主，对沟域产业进行合理配置，对村庄进行科学布局，将农业与旅游业进行有效对接和融合，变农业产品为旅游产品，变农业园区为旅游园区，变生活资料为旅游资料，有效地提升了农产品附加值，丰富了市民生活。同时，农民生活方式发生重大改变，生活观念更趋于城市化，市民与农民的生活更加丰富多彩。

3. 生产集约

立足于首都生态涵养发展区的功能定位，沟域经济把产业发展放在首位，以沟谷、川和公路沿线、河流沿岸为依托，吸引产业集聚，采取集约化经营。同时，积极培育发展新兴产业，大力发展文化创意产业、商务会展物流业等生态友好型新兴产业，形成三次产业互动、城乡经济相融的新发展格局。

4. 规划先行

沟域经济以统一规划为先导，利用资源优势，统筹安排，合理布局，精心打造。沟域内的各项建设项目符合土地利用总体规划和城市总体规划，依法有序进行。

5. 农民主体

广大农民是建设新山区的主体和依靠力量，是建设沟域经济的主力军。坚持以人为本，培育和造就一批有文化、懂技术、会经营、闯市场的新型农民。充分发挥农民的主体作用，试点沟域内的各项工程农民优先干、社会力量参与的也要把吸纳农民就业作为重要条件。

6. 政策集成

充分利用现有小流域治理、新农村建设、“十百千”工程、生态搬迁等政策，将农村环境综合治理、新村创建、生态建设、旅游开发等工作统筹考虑，搭建沟域经济发展平台。

7. 文化创意

运用文化生产力提高农业附加值。农产品融入文化创意，拓宽销售渠道，克服农产品季节性强、产品单一的弊端，提升农产品附加值。挖掘农村传统文化，整理、传承民间各类传统艺术活动。培育发展特色艺术品制作，提升产品的内在品质。

8. 开放合作

坚持引进来、走出去、打破行政区域界限，以功能为纽带整合区域资源，合作开发、共同发展，实现山区与城区优势互补，实现山区与城区资源要素优化配置。同时，加强与周边地区的生态保护协作，共同增强生态屏障功能；整合区域资源，推进山区县之间的产业互补和整体发展；加强与城区乃至国内国际的合作，引进和培育高端产业，为实现区域跨越式发展奠定基础。

二、沟域经济的主要特征

1. 在发展理念上坚持生态优先，发展绿色产业，促进人与自然和谐

成功的沟域从人与自然和谐发展的高度，坚持生态优先，发挥生态优势，发展绿色产业，建设生态文明。

2. 在产业布局上实行以点成线、以线带面、融合发展沟域经济的发展与演化是区域经济一体化的过程，以当地特殊资源为依托、在龙头企业带动下逐渐形成产业集聚的经济外部性。成功的沟域是由若干知名度高、吸引力强的龙头产业点形成超强客流带动周边区域发展。

3. 在建设模式上采取统一规划、政府扶持、集体搭台、农民主体、社会参与，聚集人气

“统一规划”指由沟域所在地乡镇政府组织，对沟域生态环境、基础设施、产业布局、产业方向、外观风貌等进行科学规划。政府扶持是指由政府集成市、区县财政和部门资金，集中投资建设道路、造林、水利工程等村庄基础设施。“集体搭台”指由所在村负责规划与实施村庄改造与产业发展，发动与培训农民，积极参与产业建设。“农民主体”指农户发展产业、改造房屋以农民投资为主，政府和集体服务引导，有条件时给予扶持，如樱桃沟村和官地村，对农民改善住宿接待条件翻建房屋，集体按户给予少量引导性定额补贴。

4. 在内涵开发上注重文化与科技融合，发展创意农业

创意农业是文化与科技相结合的产物，呈现出智能化、特色化、个性化、艺术化的特点。创意农业要求科技创新与文化创意相结合的发展新思路，积极挖掘

和开拓文化生产力在农业发展中的巨大潜力和价值空间。成功的沟域实现了文化与科技元素的融合，开发出一系列创意产品，受到消费者青睐。

5. 在市场营销上突出特色，打造沟域品牌

随着旅游业发展的多样化，品牌已成为生态旅游经营成功与否的关键因素。成功的沟域非常重视品牌建设，积极开发历史文化资源，提高旅游产品和服务的文化含量，加快基础设施建设，注重旅游人才培养，努力形成特色品牌，提升知名度。一是产品具有独特创意；二是挖掘特色资源；三是注重推介宣传；四是提供热情、有特色、高质量的服务。

6. 在发展宗旨上坚持服务首都、富裕农民

当经济发展到一定阶段，城市要素不断向乡村转移而形成涓流效应。成功的沟域抓住这一契机，按照"依托城市、服务城市、致富农民"的发展思路，充分利用当地的区位优势、资源优势和产业优势，积极发展休闲旅游业，增加农民收入。

三、沟域经济的主要模式

1. 文化创意先导模式

通过创新思维改变人们现有的消费理念、方式和途径，依托自然、历史、文化资源开发文化创意产业，打造新的经济增长点。如密云汤河沟域"紫海香堤"以"浪漫香花，山水长城"为定位，以现有汤河农业和村庄人员为基础，以生态农业、花草种植为基地，以周边的水域环境和错落有致的山体为依托，建设集养生、度假、休闲旅游为一体的长城脚下最具时尚浪漫、国际型的香草庄园。庄园由香草艺术园、香草产业园、汤河香草亲水乐园、香草艺术庄园、生态农业与果园示范区5部分组成，种植了熏衣草、紫苏、万寿菊、马鞭草等品种。目前，紫海香堤艺术庄园直接吸纳劳动力300多人，带动340户、526人人均增收500元。

2. 特色产业主导模式

利用已有的特色支柱产业资源，注入科技、绿色、健康内涵，配套发展环境友好型生态产业，延伸产业链，提升产业整体竞争力，发展特色产业。如平谷大华山镇依托大桃产业打造桃花谷沟域经济，昌平南口镇重点发展百合花主导产业，房山琉璃河镇建设以肉鸭加工、面粉加工为主的农产品加工园区，怀柔雁栖镇神堂峪的"虹鳟鱼一条沟"等。

3. 龙头景区带动模式

以国家认定的景区为龙头，加快推进旅游项目建设，提升休闲旅游业发展水平和产业培育层次，带动周边地区产业发展，形成辐射面较大的经济区域。如房山区以十渡景区为龙头打造"十渡山水文化休闲走廊"，通过对已有乡村旅游资源的提升与整合利用，发挥其与周边优质景点的连动作用，融合当地文化，打造品牌化的乡村旅游示范带，带动周边产业兴起和农民致富。

4. 自然风光旅游模式

依托现有自然景区，重点发展休闲观光旅游业，并带动特色林果业、农业观

光园区和休闲农业等产业发展。如延庆千家店充分利用优美的自然环境，启动了“黑白河沿线百里山水画廊工程”，提高乡村旅游的硬件条件和接待能力，提升旅游环境档次和水平，打造出远近闻名的“百里山水画廊”，大大推进了沟域经济发展。

5. 民俗文化展示模式

依托传统民居、宗教寺庙、革命遗址等人文景观，重点发展民俗旅游、文化旅游和红色旅游，并带动特色林果业、休闲农业和农业科技园区的发展。如门头沟妙峰山沟域、密云司马台古长城等。

四、沟域经济取得实效

短短几年，北京沟域经济建设初见成效，探索出了沟域经济发展模式，实现了经济、社会和生态效益的有机统一，带动了山区经济发展、农民增收，促进首都经济加快转型，穷山沟变成生态优美的新山区。北京发展沟域经济成果显著，必将在全国发挥积极的示范和导向作用，并将在建设世界城市进程中展现独特魅力。

2010 年，本市首次面向国内外，公开征集沟域经济发展规划。历经两年时间，目前全市重点建设的 11 条沟域，共实施项目 264 个，完成投资 59. 4 亿元，其中公益类项目 198 个，完成投资 17. 6 亿元；产业类项目 76 个，完成投资 41. 8 亿元。全市重点建设的 11 条沟域，特色产业已初具规模，四季花海、古北水镇、天河川等沟域及特色项目已成为郊区新名片。各区县、乡镇也在积极推进沟域经济建设，已经有 70 条沟域完成规划，并陆续启动建设。

2011 年，市农委对“四季花海”、司马台、雾灵山国际休闲度假区等 7 条 2010 年完成规划的沟域进行了重点建设。以环境综合整治工程为重点，同时实施了生态建设、基础设施配套、特色产业建设、村庄节点建设五项工程。2011 年以道路、河道两侧和村庄的治脏治乱，绿化、美化、净化为内容，拆除了一批违规私搭乱建，清除了一批垃圾、煤厂，实施了若干河道清淤、山体护坡、村庄外立面美化、绿色通道建设等工程，使沟域面貌发生了明显变化。7 条沟域共实施各类项目 156 个，完成投资 38. 2 亿元。

与此同时，2011 年完成了 7 条沟域经济发展规划公开征集工作。探索研究出公司遴选、方案遴选、方案完善、方案审定“四步骤”规划公开征集模式，在整个山区广泛推广。据了解，这一轮的规划设计理念更有创意，每个沟域的规划都与沟域实际特色、资源优势相结合，体现了“一沟一色”的特点；规划也更加注重项目的落地性，节点布局更加合理，工程项目更贴近现实，在沟域建设中更便于项目节点的实施。

2012 年 11 月，北京沟域经济建设成果展示暨招商推介会在北京国际会展中心举行，来自顺义、房山等 7 个区(县)展示了各自沟域经济发展的规划成果，吸引了大量投资者参观。本次推介会是为了推动各区县之间通过相互比较、学习借鉴、取长补短，提高沟域经济发展规划的水平，广泛征集社会各界和市民的意见和建议，进一步完善规划方案。同时，使社会各界更加了解山区、走进山区、共建山区。

几年来的实践证明，“沟域经济”这个模式全面提升了山区的发展水平，山区生态环境改善，89.6%的水土流失面积得到治理，告别了千年采矿史。延庆“四季花海”种植万寿菊、玫瑰等花卉近万亩，大尺度地打造大地景观，成为北京山区亮丽的风景线。四海镇实现花卉销售收入3500万元，全镇人均增收5000元。密云县引进中青旅，计划投资35亿元打造“古北水镇”，已完成投资23亿元，工程品位高、进展快。这些特色产业快速崛起有效地促进了山区一二三产的融合发展。此外，山区搬迁工程极大地改善了山区的人居环境，也推动了农民的生产生活方式的转变，截至2011年年底，共建新村123个，聚集自然村410个，共完成搬迁21 992户、56 752人。平谷张家台村自“五一”劳动节搬入新居后，全村78户农民中70户从事民俗旅游接待，仅半年时间，收入就达100万元，是全村过去全年收入的2倍。山区农民人均纯收入由2005年的6867元提高到2011年的12 908元。实践证明，北京山区已经初步形成了具有一定规模的沟域经济，并逐渐探索出文化创意先导、特色产业主导、龙头景区带动、自然风光旅游、民俗文化展示五种沟域经济发展新模式，为山区农民增收开辟了新途径。

思考题

1. 什么是“都市型现代农业”？
2. 与传统农业相比，都市型现代农业的突出特点是什么？
3. 如何发展都市型现代农业？
4. 北京发展都市型现代农业的政策有哪些？
5. 北京都市型现代农业“十一五”时期是如何发展的？
6. 北京都市型现代农业“十二五”规划的主要内容是什么？
7. “沟域经济”的内涵是什么？
8. “沟域经济”对北京发展都市型现代农业的影响？

参考文献

图　书

国务院新闻办公室 . 2014. 习近平谈治国理政[M]. 北京：外文出版社 .

胡锦涛 . 2012. 坚定不移沿着中国特色社会主义道路前进 为全面建成小康社会而奋斗[M]. 北京：人民出版社 .

教育部社科司组 . 2008. 普通高校思想政治理论课文献选编(1949—2008)[M]. 北京：中国人民大学出版社 .

廖怀高 . 2010. 形势与政策[M]. 北京：中国人民大学出版社 .

刘川生 . 2009. 大学生日常思想政治教育实效性研究[M]. 北京：北京师范大学出版社 .

石家铸 . 2008. 海权与中国[M]. 上海：上海三联书店 .

苏洁，邓春梅 . 2014. 高校形势与政策教育创新模式研究[M]. 北京：光明日报出版社 .

王英梅，王晋京 . 2013. 中国梦党员干部读本[M]. 北京：研究出版社 .

吴潜涛 . 2014. 中国精神教育读本[M]. 北京：人民出版社 .

习近平 . 2014. 青年要自觉践行社会主义核心价值观——在北京大学师生座谈会上的讲话[M]. 北京：人民出版社 .

张宏宇 . 2002. 中国农村的土地制度变迁[M]. 北京：中国农业出版社 .

张文木 . 2014. 论中国海权[M]. 3 版 . 北京：海洋出版社 .

中共中央办公厅 . 2013. 关于培育和践行社会主义核心价值观的意见[M]. 北京：人民出版社 .

中央文献研究室 . 2011. 十六大以来重要文献选编(下)[M]. 北京：中央文献出版社 .

周淑珍，韩晓昌，贾佳 . 2009. 形势与政策[M]. 山东：山东人民出版社 .

期　刊

薄燕. 2008. 积极应对气候变化、生物多样性保护等全球性环境问题——中国的视角[J]. 绿叶 8(4)：65 - 69.

曹秋菊 . 2010. 开放贸易下中国农业安全问题研究[J]. 农业现代化研究(3)：281 - 284.

陈舒超，谢彦 . 2012. 市民化进程中的新生代农民养老保险制度问题研究[J]. 广西财经学院学报(4)：57 - 60.

程同顺，郝永超 . 2014. 当前中国农业安全隐患及其战略选择[J]. 中共中央党校学报(3)：69 - 74.

崔卫杰 . 2015. 开放形势下中国农业产业安全[J]. 国际经济合作(1)：46 - 50.

丰雷，叶剑平，蒋妍，等 . 2011. 中国农村土地调整的时序变化及地区差异——基于 1999—2010 年 17 省调查的实证分析[J]. 中国土地科学(5)：14 - 22.

冯应斌，杨庆媛 . 2014. 转型期中国农村土地综合整治重点领域与基本方向[J]. 农业工程学报(1)：175 - 182.

高佳，李世平 . 2014. 城镇化进程中农户土地退出意愿影响因素分析[J]. 农业工程学报(6)：212 - 220.

顾益康 . 2010. 袁海平中国农业安全问题思考[J]. 农业经济问题(4)：53 - 57，111.

韩长赋 . 2013. 科学把握农业农村发展新形势[J]. 求是(7)：23 - 25.

何忠伟，李昀，王有年. 2010. 北京沟域经济发展的内涵与模式分析[J]. 农业经济问题(9)：105－109.

黄映晖，史亚军，李立伟. 2007. 中国都市型农业发展研究[J]. 中国农学通报，23(9).

回良玉. 2013. 坚持不懈做好"三农"这篇大文章[J]. 求是(3)：7－12.

金永明. 2013. 中国建设海洋强国的路径及保障制度[J]. 毛泽东邓小平理论研究（2）：81－85，92.

孔祥智. 2007. 都市型现代农业的内涵、发展思路和基本框架[J]. 北京农业职业学院学报，21(4)：20－27.

乐章. 2010. 农民土地流转意愿及解释——基于十省份千户农民调查数据的实证分析[J]. 农业经济问题(2)：64－70，111.

李斌雄. 2012. 形势教育与政策教育及其关系辩证[J]. 学校党建与思想教育(10)：4－7.

李建华，蔡尚伟. 2013. "美丽中国"的科学内涵及其战略意义[J]. 四川大学学报(5)：135－140.

李立伟，史亚军. 2009. 北京新农村建设与城乡一体化发展研究[J]. 中国农学通报，25(24)：600－603.

李林. 2014. 全面推进依法治国是一项宏大系统工程[J]. 国家行政学院学报(6)：14－23.

李明. 2015. 实现中国梦，基础在"三农"[J]. 华中农业大学学报(社会科学版)（1）：1－6.

李慎宁. 2011. 北京都市型现代农业发展进入佳境[J]. 中国农村科技(11)：24－25.

李卫红. 2013. 在高校思想政治理论课2013年新修订教材和教学大纲示范培训班上的讲话[J]. 思想理论教育导刊(9)：4－6.

梁亚滨. 2015. 中国建设海洋强国的动力与路径[J]. 太平洋学报，23(1)：79－89.

刘波，尤国珍. 2013. "美国梦"与"中国梦"的比较及现实启示[J]. 理论月刊(9)：5－9.

刘赐贵. 2012. 关于建设海洋强国的若干思考[J]. 海洋开发与管理(12)：8－10.

刘冠军. 2013. "中国梦"思想融入高校思想政治理论课的必要性和重要性[J]. 北京教育高教版(9)：14－16.

刘剑雄. 2014. 推进城镇化建设中的农村土地流转：问题与出路[J]. 中国社会科学院研究生院学报(5)：40－47.

刘乐山. 2002. 中国"入世"后的农业安全问题及其对策[J]. 喀什师范学院学报(1)：23－26.

卢艳，龙方，唐琼. 2013. 基于AHP的失土农民保障需求分析[J]. 湖南财政经济学院学报(5)：107－112.

罗重谱. 2014. 改革开放以来依法治国基本方略的演进轨迹[J]. 改革(9)：5－18.

骆郁廷，史姗姗. 2013. 中国梦教育：大学生思想政治教育新课题[J]. 思想理论教育(9)：38－44.

马俊哲. 2006. 对北京发展都市型现代农业若干问题的思考[J]. 北京农业职业学院学报，20(5)：32－35.

孟东方，王资博. 2013. 中国梦的内涵、结构与路径优化[J]. 重庆社会科学(5)：12－23.

苗润莲，蔚晓川，张红. 2011. 北京都市型现代农业发展现状分析及对策建议[J]. 北京农业(3)：9－11.

农业部课题组. 2014. 2014年美国农业法案的主要内容及其对我国的启示[J]. 农产品市场周刊(10)：53－60.

彭腾. 2015. 习近平"三农"思想初探[J]. 湖南行政学院学报(1)：85－90.

彭宇文，吴林海. 2007. 中美农业科技资金投入比较及对策分析[J]. 北京：中国科技论坛

(12)：89－92.

齐恩平.2014. 我国农村土地政策的历史演进与比较分析[J]. 天津师范大学学报(社会科学版)(1)：57－61.

秦波，焦永利.2010. 从世界城市演进看北京建设世界城市的策略[J]. 中国特色社会主义研究(4)：99－103.

沈晓冲，李小健.2015. 新型城镇化：以人为本．追求质量[J]. 中国人民大学学报(3)：20－21.

陶德田.2013. 加强生态文明宣传教育　努力为建设美丽中国鼓与呼[J]. 环境教育：31－34.

田宪臣.2013. 建设生态文明绘就美丽中国[J]. 学习论坛，29(1)：9－13.

统计科学研究所.2002. 农业及粮食安全问题[J]. 统计研究(10)：17－20.

汪文庆.2014. 法治是中国共产党的必然抉择——访中共中央党史研究室主任曲青山[J]. 中共党史研究(12)：5－16.

王芳.2006. 国外农产品质量安全政府管理及对中国的启示[J]. 世界农业(1)：37－39.

王建国.2014. 在全面建成小康社会征程中加快农业农村发展——学习习近平总书记关于"三农"工作讲话精神的体会[J]. 农村财政与财务(5)：4－9.

王松梅.2012. 我国农业安全问题研究现状综述[J]. 生产力研究(1)：249－251.

王晓广.2013. 生态文明视域下的美丽中国建设[J]. 北京师范大学学报(2)：19－25.

王晓莉，李慧英.2014. 我国农村土地政策与实践分析——聚焦农村妇女土地权益问题[J]. 科学社会主义(1)：116－120.

王新玉.2014. 低碳发展与循环发展、绿色发展的关系研究[J]. 生态经济，30(9)：39－44.

伍学林.2011. 我国农村土地集约利用政策与集约利用方向[J]. 社会科学家(5)：110－113.

习近平.2013. 继续朝着中华民族伟大复兴目标奋勇前进——在参观《复兴之路》展览时的讲话[J]. 思想政治工作研究(1)：4－5.

辛向阳.2013. 中国梦的历史演进及其启示[J]. 重庆社会科学(5)：5－11.

薛蒙林.2013. 剖析"三农"问题的内外部逻辑[J]. 农村经济(1)：104－108.

杨璐璐.2014. 中国土地政策演进阶段性结构特征与经济发展转型[J]. 现代财经(天津财经大学学报)(2)：104－113.

杨巍.2009. 外国资本流入与我国农业安全——基于价格传导机制的分析[J]. 南京农业大学学报(社会科学版)(1)：20－24.

张仕超，魏朝富，邵景安，等.2014. 丘陵区土地流转与整治联动下的资源整合及价值变化[J]. 农业工程学报(12)：1－17.

张伟.2013. 美丽中国战略的内涵、缘起及实施路径探讨[J]. 济南大学学报，23(2)：1－6，91.

张文显.2014. 建设中国特色社会主义法治体系[J]. 法学研究(6)：13－19.

赵成.2008. 生态文明的内涵释义及其研究价值[J]. 思想理论教育(5)：46－51.

赵海滨.2014. 大学生海权意识调查研究报告[J]. 社科纵横(11)：162－165.

赵涛.2011. 农村土地非农化进程中的土地政策问题及对策研究[J]. 软科学（11)：124－127.

郑有贵.2007. "三农"政策突破与理论创——9个中央1号文件的重大突破[J]. 教学与研究(9)：10－19.

郑志刚，等.2014. 高校形势与政策教育中海洋意识教育现状探究[J]. 福建教育学院学报(10)：27－30.

朱继东.2013. "中国梦"与"美国梦"的差异在哪里？[J]. 理论导报(3)：14－15，33.

朱晓峰.2002. 论我国的农业安全[J]. 经济学家(1): 25-30.
邹学荣. 2014. 我国土地政策面临的矛盾及制度和政策设计[J]. 西南民族大学学报(人文社会科学版)(10): 209-215.
左希迎.2014. 中国在钓鱼岛争端中的战略动员[J]. 外交评论(2): 39-58.

报 纸

程如烟.2012. 美国: 全面布局应对农业发展新挑战[N]. 科技日报, 2012-2-23.
李林.2015. 党的领导是中国特色社会主义法治之魂[N]. 人民日报, 2015-4-2.
习近平.2013. 顺应时代前进潮流 促进世界和平发展——在莫斯科国际关系学院的演讲[N]. 人民日报, 2013-3-24.
习近平.2013. 习近平在会见萧万长一行时强调 两岸同胞要共同为实现中华民族伟大复兴的中国梦而努力奋斗[N]. 人民日报, 2013-4-9.
习近平.2013. 永远做可靠朋友和真诚伙伴——在坦桑尼亚尼雷尔国际会议中心的演讲[N]. 人民日报, 2013-3-26.
习近平.2013. 在第十二届全国人民代表大会第一次会议上的讲话[N]. 人民日报, 2013-3-18.
习近平.2013. 在同各界优秀青年代表座谈时的讲话[N]. 人民日报, 2013-5-5.
习近平.2013. 中国梦与世界各国人民的美好梦想相通[N]. 人民日报, 2013-6-28.
习近平.2014. 在中法建交50周年纪念大会上的讲话[N]. 中国青年报, 2014-3-29.
张军社.2014. 新型海上安全观符合各国利益[N]. 人民日报海外版, 2014-9-23.
中共农业部党组理论学习中心组.2014. 坚持不懈推进农业强农村美农民富——深入学习贯彻习近平同志关于“三农”的重要论述[N]. 人民日报, 2014-6-23.

国家骨干院校重点建设专业校企合作教材

Qiche Weixiu Jiedai ShiXun JiaoCheng

汽车维修接待实训教程

韩　风　主编

人民交通出版社

内 容 提 要

本教材是高等职业教育汽车技术服务与营销专业的校企合作教材，也是汽车技术服务与营销专业的技术岗位能力教材，内容分为预约服务、接车准备、接车制单、维修、质检、交车结算和跟踪服务7个项目。

本书作为系统化学习维修接待专业知识的配套教材，适用于汽车技术服务与营销专业、汽车维修专业方面的学生，也可供汽车企业培训和职工自学使用。

图书在版编目(CIP)数据

汽车维修接待实训教程 / 韩风编. —北京：人民交通出版社，2013.3

国家骨干院校重点建设专业校企合作教材

ISBN 978-7-114-10410-7

Ⅰ. ①汽… Ⅱ. ①韩… Ⅲ. ①汽车维修业—商业服务—高等职业教育—教材 Ⅳ. ①F407.471

中国版本图书馆CIP数据核字(2013)第041630号

国家骨干院校重点建设专业校企合作教材

书　　名：汽车维修接待实训教程
著 作 者：韩　风
责任编辑：卢仲贤　丁润铎
出版发行：人民交通出版社
地　　址：(100011)北京市朝阳区安定门外外馆斜街3号
网　　址：http://www.ccpress.com.cn
销售电话：(010)59757973
总 经 销：人民交通出版社发行部
经　　销：各地新华书店
印　　刷：北京交通印务实业公司
开　　本：787×1092　1/16
印　　张：3.5
字　　数：90千
版　　次：2013年3月第1版
印　　次：2013年3月第1次印刷
书　　号：ISBN 978-7-114-10410-7
定　　价：12.00元